चीन-भारत
सांस्कृतिक आदान प्रदान

वाङ शूइङ

भूमिका क्रियेशन्स
नई दिल्ली

Cataloging in Publication Data—DK
[Courtesy: D.K. Agencies (P) Ltd. <docinfo@dkagencies.com>]

Wang, Shuying, 1938– **author.**
[China-India cultural exchange. Hindi]
Cīna-Bhārata sāṃskr̥tika ādāna pradāna / Vāṅa Śūiṅa.
pages cm
In Hindi.
On history of China-India cultural relations.
"Hindi translation of the English language edition of 'China-India cultural exchange' published under an agreement with China Intercontinental Press, Beijing, P.R. of China"--Title page verso.
ISBN 9788192889986 (HBD)

1. China--Relations--India. 2. India--Relations--China. I. Title.

LCC DS450.I4W36 2018 | DDC 303.48251054 23

प्रकाशक:
भूमिका क्रियेशन्स
'लीला कुंज' सी-37 बाली नगर,
नई दिल्ली-110015, भारत
E-mail : info@bhumikacreations.com
Web : www.bhumikacreations.com

Published by:
Bhumika Creations
'Leela Kunj' C-37 Bali Nagar,
New Delhi–110015, India

चाइना इंटरकॉन्टिनेंटल प्रेस, बीजिंग, चीन से अनुबंध के अंतर्गत प्रकाशित अंग्रेजी भाषा की पुस्तक 'China-India Cultural Exchange' का हिन्दी अनुवाद।

Hindi translation of the English language edition of 'China-India Cultural Exchange' published under an agreement with China Intercontinental Press, Beijing, P. R. of China.

Under B & R Book Program

ISBN: 978-81-928899-8-6 (HBD)

प्रकाशन वर्ष: 2018
Published: 2018

डी.के. फाईन आर्ट प्रेस (प्रा.) लि., दिल्ली द्वारा भारत में मुद्रित

प्रस्तावना

हम सब जानते हैं कि दुनिया में चार प्राचीन सभ्यता वाले देश हैं, चीन और भारत इनमें से दो हैं। मनुष्य ने कुल चार प्राचीन सांस्कृतिक प्रणालियां बनाईं, चीन और भारत एक साथ जोड़के उनका आधा बना है। चीन और भारत की सांस्कृतिक प्रणालियों के अपने अलग प्रभावी क्षेत्र हैं। दोनों ने मनुष्य की सभ्यता को बड़ा योगदान दिया है। इन दोनों सांस्कृतिक प्रणालियों के बीच आदान प्रदान और द्विपक्षीय प्रभाव भी है, जिससे एक दूसरे का विकास आगे बढ़ाया गया। यही है इतिहास, यही है वास्तविकता। इसलिए हम ऐसा कह सकते हैं कि अगर चीन और भारत के बीच आदान प्रदान नहीं हुआ, दोनों ने एक दूसरे से नहीं सीखा, तो दोनों देशों का सांस्कृतिक विकास इतना समृद्ध नहीं हो सका। पूरी दुनिया में चीन और भारत के बीच संस्कृति के घनिष्ठ संबंध अद्वितीय हैं।

मेरा मानना है कि अगर चीन और भारत को विकास और समृद्धि चाहिए, तो विकसित देशों से उन्नत प्रौद्योगिकी सीखते समय, एक दूसरे से भी सीखने की ज़रूरत है। दोनों देशों की स्थिति एक जैसी है: इतिहास में दोनों देशों के साथ दुःखद व्यवहार किया गया, साम्राज्यवादी देशों ने दोनों पर हमला किया था। आज दोनों विकासशील देश हैं। दोनों देशों में समृद्ध संसाधन और परिश्रमी जनता है। दोनों देशों के सामने समान कार्य भी है: देश का निर्माण अच्छी तरह से करना। इसके अलावा दोनों पड़ोसी देश भी हैं, एक दूसरे से सीखना और आदान प्रदान करना बहुत महत्वपूर्ण है।

चीन और भारत, दुनिया में सबसे बड़ी जनसंख्या वाले देश हैं और सबसे पुराने इतिहास वाले देश भी हैं। दोनों के बीच आदान प्रदान 2 हज़ार वर्ष से पहले ही शुरू हुआ। दोनों देशों की जनता के बीच सांस्कृतिक आदान प्रदान ने मनुष्य की समृद्धि और विकास के लिए अहम योगदान किया है। वर्तमान में मनुष्य नए युग में आ गया है, इन सालों में एशियाई देशों में आर्थिक विकास भी तेज़ी से हो रहा है। आर्थिक विकास के साथ सांस्कृतिक विकास भी ज़रूर होगा, इससे एशियाई देशों में राजनीतिक और आर्थिक विकास और आगे बढ़ाया जाएगा। इस के दौरान चीन और भारत अहम भूमिका निभाते हैं। दोनों देश एशिया के विकास की शक्ति हैं, यह एक सर्वसम्मति है।

इन वर्षों में चीन और भारत के बीच सरकारी व गैर-सरकारी आवाजाही बढ़ती जा रही

है। दोनों के बीच सहयोग की परियोजना और क्षेत्र व्यापक हो रहा है। यह खुशी की बात है, उत्साहजनक बात है। ज्यादा से ज्यादा चीनी लोग भारत के बारे में अधिक जानना चाहते हैं, जबकि ज्यादा से ज्यादा भारतीय लोग चीन को भी जानना चाहते हैं। वे एक दूसरे की राजनीति, अर्थव्यवस्था, इतिहास, धर्म, भाषा, साहित्य, संगीत, नृत्य, विज्ञान, प्रौद्योगिकी, खानपान और जातीय रस्म आदि जानना चाहते हैं।

आज भारत का विकास तेज़ी से हो रहा है, चीन में भी बड़ा परिवर्तन हो रहा है। दोनों देशों ने समृद्ध कामयाबियां हासिल की हैं, यह पूरी दुनिया ने मान लिया है। दोनों देशों ने सब लोगों की नज़रें आकर्षित की हैं।

एसी स्थिति में अपना निर्माण कार्य आगे बढ़ाने के लिए चीन और भारत को एक दूसरे से सीखना चाहिए, आपस में आदान प्रदान मज़बूत करना चाहिए। चीन और भारत एशिया में दो बड़े देश हैं, दोनों के बीच सांस्कृतिक आदान प्रदान का महत्व होता है। अर्थव्यवस्था और संस्कृति सिर्फ आदान प्रदान से समृद्ध बनेंगी, और सिर्फ़ आदान प्रदान से ही एक दूसरे की सर्वश्रेष्ठता ज्यादा व्यक्त होगी। यह एक सत्य है, जो इतिहास में साबित हो चुका है। इस किताब में चीन और भारत के बीच प्राचीन समय से आदान प्रदान की स्थिति बताई गई। साथ ही यह भी साबित किया गया कि दोनों के बीच आदान प्रदान एकतरफा नहीं, बल्कि द्विपक्षीय है।

विकास की नई मांग पूरी करने, दोनों देशों के बीच समझ, सहयोग और आदान प्रदान मज़बूत करने के लिए, दोनों के बीच परंपरागत मित्रता व्यापक करने के लिए, मैंने यह किताब लिखी। मुझे उम्मीद है कि इसे पढ़ने से दोनों देशों के पाठकों को लाभ मिल सके, अगर कहीं गलती हुई, कृपया आप ठीक कीजिए।

वाङ शूइंग
6 अक्टूबर, 2013

विषय-सूची

पहला अध्याय: प्राचीन भारतीय सभ्यता

भारतीय सभ्यता पर संक्षिप्त चर्चा

भारत मानव सभ्यता के पालनों में से एक है। चीन में पश्चिमी हान राजवंश से ही कुछ किताबों में भारत के बारे में लिखित प्रमाण मिल सकता है। उसी समय चीनी भाषा में भारत को 'शनदू','सिंधु','थ्येनजू' आदि नाम से कहलाते थे। थाङ राजवंश के काल में श्वेन त्साङ ने भारत का नाम चीनी भाषा 'यीन्दू (Yindu)' निश्चित किया और इस नाम का आज तक उपयोग किया जाता है। पुराने भारत का दायरा आज का दक्षिणी एशिया उपमहाद्वीप है, मुख्य तौर पर आज के भारत, पाकिस्तान और बांग्लादेश शामिल थे।

पुराने पाषाण युग से ही भारत में मानव रहते थे, यानी 5 लाख वर्षों से पहले भारत में मानव रहने लगे। उसी समय उन लोगों ने पत्थर के टुकड़ों से औज़ार बनाते थे, जिन्हें आज भारत के विभिन्न स्थलों में बरामद किए गए हैं। वे फल और पौधे की जड़ खाते थे, उन्हें खेती का काम करना, आग जलाना और मकबरा बनाना नहीं आता। वे विन्ध्यन (Windhyan) पहाड़ के दक्षिण में रहते थे। नए पाषाण युग में भारतीय लोग बढ़िया औज़ार बना सकते थे, वे प्रारम्भिक खेती का काम करते थे, पशुपालन करते थे, मिट्टी के बर्तन बनाते थे, बांस और लकड़ी से आग जला सकते थे, फिशिंग और हन्टिंग करते थे। उन्हें जलाशय, कुआं, रस्सी, नाव और कपड़े बना भी आता था। आज पूरे भारत में नए पाषाण युग के सांस्कृतिक स्थल मिल सकते हैं। उसी समय लोगों को धार्मिक चेतना होने लगी, उन्हें जीवन चक्र पर विश्वास था, वे पूर्वजों और देवताओं की पूजा करते थे। नए पाषाण युग समाप्त होने से पहले शव जलाने की रस्म लोकप्रिय हो गई, लोगों को प्रारंभिक खगोलीय ज्ञान प्राप्त हुआ। वर्ष 2000 ईसा पूर्व के आसपास तांबे के उत्पाद अपिर्ड हुए, इसके बाद लोहे के उत्पाद भी। इससे लोग हन्टिंग और फिशिंग छोड़कर खेती का काम करने लगे। इससे भारत में प्रागैतिहासिक संस्कृति खत्म हो गई और सिंधु घाटी सभ्यता शुरू हुई।

सिंधु नदी भारत की प्रमुख नदियों में से एक है। सिंधु घाटी सभ्यता का मतलब है सिंधु नदी के पास रहने वाले लोगों की सामाजिक, धार्मिक, आर्थिक, सांस्कृतिक और राजनीतिक स्थिति। सिंधु घाटी सभ्यता शहरों और व्यापार पर आधारित सभ्यता थी। उसी समय सिंधु नदी के पास कई बड़े शहरों का निर्माण किया गया और विदेशों के साथ व्यापार भी शुरू हुआ। लेकिन वहां रहने वाले लोग किस जाति के हैं, इसका जवाब अब तक नहीं मिला है,

इसलिए इसे सिंधु घाटी सभ्यता कहलाते हैं। कई विद्वान उसे हड़प्पा-मोहनजोदड़ो (Harappan Mohenjo-Daro) सभ्यता भी कहते हैं। हड़प्पा पंजाब के पश्चिम में स्थित है और मोहनजोदड़ो भारत के लरकाना क्षेत्र में स्थित है। पुरातात्विक खोज से पता चला कि उसी समय इन दो जगहों में दो विशाल शहर थे, शहरों में सड़कें बहुत चौड़ी थीं, मुख्य सड़कों पर एक साथ कई कैरिज एक साथ चल सकती थीं। सड़कों के पास मज़बूत इमारतें थी, मुख्य तौर पर दो मंज़िला इमारतें थीं। इन इरारतों का निर्माण ईंट से किया गया। इमारतों के दरवाजे और खिड़कियां बहुत बढ़िया थे। शहरों में एकीकृत जल निकासी व्यवस्था थी। शहरों की चारों ओर में खाई और दीवार थी, ताकि शहर को सुरक्षा मिल सकी। खुदाई से पता चला कि उसी समय लोग खेती का काम करते थे, वे गेहूं, जौ, मटर, मछली, मांस, अंडे खाते थे, कभी फल, दूध और सब्जियां भी खाते थे। हस्तशिल्प उद्योग बहुत विकसित था, मिट्टी के बर्तन बनाने, कताई करने और रंगने की कला विकसित थी। लोग ऊन और कपास से बने हुए कपड़े पहनते थे। पुरुषों और महिलाओं के कपड़ों में कोई बडा अंतर नहीं था। नेक्लस , कंगन, अंगूठी आदि आभूषण पहनना भी लोकप्रिय था। लेकिन सिर्फ महिलाएं नाक आभूषण, कर्ण आभूषण और पैर आभूषण पहनती थीं। अमीर लोग सोने और चांदी के आभूषण पहनते थे और गरीब लोग तांबे या हड्डियों के। लोग देवी की पूजा करते थे, इसलिए महिलाओं की सामाजिक स्थिति ऊंची थी। पुरुष और महिला एक साथ धर्म और त्यौहार गतिविधियों में भाग लेते थे। सिंधु घाटी सभ्यता के समय में व्यापार बहुत विकसित था, हड़प्पा और मोहनजोदड़ो दोनों अहम व्यापार केंद्र थे। खुदाई से पता चला कि सिंधु घाटी में रहने वाले लोग मध्य एशिया, फारस, अफगान और दक्षिण भारत के साथ व्यापक व्यापार करते थे। वे सोना, चांदी, तांबा, टिन का आयात करते थे और कपड़ों का निर्यात करते थे। उसी समय माप प्रणाली भी संपूर्ण हुई। उसी समय प्रचलित धर्म प्रकृति की पूजा थी। लोग सूर्य, जल, अग्नि की पूजा करते थे, कुछ लोग मानते थे कि पेड़ और पौधे भी पवित्र हैं, वे बोधि पेड़ और तुलसी घास की पूजा करते थे। नृत्य और संगीत कला काफी अच्छी तरह से विकसित हो गई। पुरातात्विक खोजों से कई नाच कर रही मूर्तियां और संगीत उपकरण मिले हैं। मोहनजो दड़ो की खुदाई से पता चला कि लोग 3 तरीकों से शव संभालते थे: भूमि के नीचे दफनाना, जानवरों को खिलाना और आग में जलाना।

प्रागैतिहासिक भारतीय संस्कृति और सिंधु घाटी सभ्यता

भारत की प्रागैतिहासिक संस्कृति

पुराने पाषाण युग से, यानी 5 लाख वर्षों पहले ही भारत में मानव रहते थे। वे पत्थर से बने हुए सरल औज़ार का उपयोग करते थे। दक्षिण भारत के तंजौर, मदुरै, कदूर, गुंटूर, गोदावरी, कृष्णा और उत्तर भारत के बंगाल, बिहार आदि प्रदेशों में पत्थर के सरल कुल्हाड़ियां, स्क्रेपर्स और तीर बरामद किए गए हैं। इनमें अधिकांश क्वार्टज पत्थर से बने हुए हैं और बहुत सरल हैं। भारत की सभी जगहों में, खासकर पूर्वी और दक्षिण तटीय क्षेत्रों में बड़ी संख्या में ऐसे औज़ार मिले हैं। उसी समय लोगों को धातु का उपयोग, खेती का काम करना और आग जलाना नहीं आता। वे कब्रों का निर्माण भी नहीं करते थे। वे मुख्य रूप से समुद्र के तट पर, झील के पास और गुफाओं में रहते थे, ज्यादातर लोगों को कोई निश्चित निवास नहीं था। कृषि से अनभिज्ञ होने से वे सिर्फ फल और पौधे की जड़ खाते थे, कभी जानवरों का मांस भी खाते थे।आदमी मरने के बाद शव दफनाया नहीं जाता था।

समय के चलते चलते मानव ज्यादा शक्तिशाली बना, इसलिए पुराने पाषाण युग से नए पाषाण युग में प्रवेश हो गया। नए पाषाण युग के स्थल भारत में अधिक व्यापक रूप से मिले हैं, लगभग पूरे भारत में मौजूद हैं। तमिलनाडु के सलेम, केरल के मालाबार, कर्नाटक के मैसूर, काठियावाड़ प्रायद्वीप, सिंध, बलूचिस्तान आदि जगहों में बरामद हुए हैं। नए पाषाण युग में लोग ज्यादा प्रकार के औज़ार यूज़ करते थे, सरल औज़ार के अलावा वे विभिन्न तरह के पत्थरों से बढ़िया औज़ार भी बना सकते थे। वे शव दफनाते थे, कब्रों का निर्माण करते थे, आज दक्षिण भारत में नए पाषाण युग में बने हुए मकबरे बरामद किए गए हैं। लोग शव को बड़े कलश में रखकर दफनाते थे, पहले की तुलना में यह एक बेहतर तरीका है। लोग आदिम कृषि और पशु प्रजनन करते थे। उन्हें बांस और लकड़ी से आग जलाना भी आता था। वे मिट्टी से विभिन्न आकार और रंग के बर्तन बना सकते थे। लोगों ने जलाशयों और कुओं का निर्माण सीख लिया। वे कुत्ते, गाय और भेड़ का प्रजनन करते थे। इसलिए पहले की तुलना में लोगों के भोजन विविध हो गए। जंगली पौधे और फल खाने के अलावा, वे विभिन्न सेम, अनाज और डेयरी उत्पाद भी खाते थे। उन्हें पनीर और मक्खन बनाना आता था। लोगों के कपड़े बहुत सरल थे, आम तौर पर बहुत कम पहनते थे। शुरुआत में वे पेड़ की छाल से शरीर को ढकते थे, बाद में ऊन और कपास से कपड़े बनाते थे।

नए पाषाण युग में लोगों को धार्मिक चेतना होने लगी, उन्हें जीवन चक्र पर विश्वास है, पूर्वजों और देवताओं की पूजा करते थे। मृतकों की आत्मा शांत करने के लिए लोग मकबरों का निर्माण करने लगे। नए पाषाण युग समाप्त होते समय शव जलाना और इसके बाद एक कलश में रखना एक परंपरा बन गया। मानव बलि भी बड़े पैमाने पर किया जाता था।

धातुओं की खोज और उपयोग के साथ, मानव सभ्यता का विकास एक नए चरण में आया। लोग सोने का इस्तेमाल करने लगे। नव पाषाण काल के अंत में सोने से आभूषण बनाने लगे। भारत में सोने की खोज सबसे पहले दक्षिण में हुई। कुछ पुरातत्वविदों का मानना है कि मिस्र, मेसोपोटामिया और सिंधु घाटी के शहरों ने दक्षिण भारत से सोने का आयात करते थे। दैनिक उपयोग वाले औज़ार और हथियार, दक्षिण भारत में लोहे से बनाए जाते थे, जबकि उत्तर भारत में पहले तांबे से बनाए जाते थे, बाद में लोहे ने तांबे की जगह ले ली। लोगों ने हन्टिंग और फिशिंग छोड़कर खेती का काम शुरू किया। तांबे और लोहे उत्पाद के काल आने से भारत में प्रागैतिहासिक काल का अंत हो गया और तांबे उत्पाद काल की एक समृद्ध सभ्यता, अर्थात् सिंधु घाटी सभ्यता शुरू हुई।

सिंधु घाटी सभ्यता

सिंधु नदी भारत में मुख्य नदियों में से एक थी, जिस का उत्पति स्थान हिमालय में है, वह पंजाब आदि स्थानों से बहकर अरब सागर में जाती है। सिंधु घाटी का मतलब है जहां सिंधु नदी बहती थी और सींचती थी। किसी क्षेत्र की सभ्यता का मतलब है वहां रहने वाले लोगों के सामाजिक, धार्मिक, सांस्कृतिक, राजनीतिक जीवन कैसे थे। इसलिए सिंधु घाटी सभ्यता का मतलब है सिंधु घाटी में लोगों की सामाजिक, धार्मिक, सांस्कृतिक, राजनीतिक स्थिति कैसे थे। लेकिन वहां रहने वाले लोग किस जाति के थे, अब इस सवाल का निश्चित जवाब नहीं है, इसलिए इसे सिंधु घाटी सभ्यता कहलाते हैं। कई विद्वान उसे हड़प्पा-मोहनजोदड़ो सभ्यता भी कहते हैं। हड़प्पा पंजाब के पश्चिम में स्थित है और मोहनजो दड़ो भारत के लरकाना क्षेत्र में स्थित है। वर्ष 1922 में उक्त स्थानों से बहुत सांस्कृतिक विरासत स्थल बरामद किए गए। इन सांस्कृतिक विरासतों के अध्ययन से पता चला कि भारतीय सभ्यता की शुरुआत बहुत लंबे समय पहले ही हुई, वैदिक सभ्यता युग से भी पूर्व थी। सिंधु घाटी के कुछ हिस्सों में भी हड़प्पा और मोहनजो दड़ो की तरह समान सांस्कृतिक विरासत मिली। इसका प्रमाण हुआ कि पूरी सिंधु घाटी में एक ही सभ्यता थी। इसलिए सिंधु घाटी सभ्यता को हड़प्पा-मोहनजो दड़ो सभ्यता भी कहलाते है, लेकिन अधिकांश विद्वान इसे सिंधु घाटी सभ्यता कहते हैं। हज़ारों साल पहले वहां लोगों का सामाजिक, धार्मिक, सांस्कृतिक, राजनीतिक जीवन कैसा था, इस सवाल में पूरी दुनिया की जनता को रुचि है।

पुरातात्विक खोज से पता चला कि हड़प्पा और मोहनजोदड़ो दोनों विशाल शहर थे, दोनों का निर्माण योजना के अनुसार किया गया था। वहां सड़कें उत्तर-दक्षिण दिशा और पूर्व-पश्चिम दिशा में थीं। सड़कें बहुत चौड़ी थीं, मुख्य सड़कों की चौड़ाई 33 फीट पहुंची, जिस पर कई

कैरिज एक साथ चल सकती थीं। सड़कों के साथ गलियां जोड़ती थीं, सबसे छोटी गलि की चौड़ाई भी 4 फीट थी।

सड़कों के पास ईंट से बनी मज़बूत इमारतें थीं, ये ईंट लकड़ियों को जलाकर बनाए गए। अधिकांश इमारतें दो मंजिला थीं, दीवार बहुत मोटी थी, दो से अधिक मंजिला वाली इमारतें भी थीं। ऊपर-नीचे जाने की सीढ़ियां भी थीं, अधिकांश सीढ़ियां छोटी थीं, लेकिन चौड़ा वाली भी थीं। ऊंची इमारतों के दरवाजे भी बहुत बड़े थे, कुछ दरवाजे छोटे तो थे, लेकिन कैरिज आसानी से गुज़र सकती थी। इमारतों और दरवाजों पर खिड़कियां भी थीं, ताकि हवा और प्रकाश अंतर आ सके। सबसे बड़ी विशेषता यह है कि सभी दरवाजे और खिड़कियां कक्षों के साथ जोड़ती थीं, लेकिन इमारतों की जो दीवार सड़क से जोड़ती है, उस पर दरवाजा और खिड़की नहीं थी। इरमात के केंद्र में आंगन था, रसोई घर कोने में बनाया गाय। प्रत्येक कमरे में एक बाथरूम था। स्नान पूल के मंजिल ईंट से बनाए गए, अधिकांश स्नानघर के पास शौचालय थे।

शहर में एकीकृत जल निकासी नेटवर्क था, प्रति घर का अपशिष्ट पानी जल निकासी नेटवर्क से नदियों में बहता था। जल निकासी नेटवर्क का निर्माण ईंट और पत्थरों से किया गया था।

उसी समय कुएं थे, छोटे कुएं की चौड़ाई 2 फीट थी और ब़डे कुएं की 7 फीट थी। सार्वजनिक उपयोग के कुएं थे और व्यक्तिगत कुएं भी थे। मोहनजोदड़ो में जलाशय भी बरामद हुआ, जिसकी लंबाई 39 फीट, चौड़ाई 33 फीट और गहराई 8 फीट थी। यह जलाशय ईंट से बना था, बहुत ठोस था। शहर की चारों ओर गहरी खाई और ऊंची दीवार बनाई गई थी, जिससे शहर को सुरक्षा की गारंटी मिल राकी।

मोहनजोदड़ो में खोज से यह भी पता चला कि सिंधु घाटी समाज में लोगों को चार वर्ग में विभाजित किए गए थे। पहला वर्ग विद्रान थे, जिनमें पुजारी, चिकित्सक और ज्योतिषी शामिल थे। दूसरा वर्ग योद्धा थे, जिनका कर्तव्य समाज की रक्षा करना था। तीसरा वर्ग व्यापारी थे, वे विभिन्न व्यापार करते थे। चौथा वर्ग नौकर और मज़दूर थे।

खुदाई में यह भी मालूम हुआ कि उसी समय लोग गेहूं,जौ, खजूर, मटर, मछली, मांस, अंडे खाते थे, कभी फल, दूध और सब्जियां भी खाते थे। खुदाई में बैल, गाय, भैंस, भेड़, हाथी, ऊंट, बकरी, सूअर, मुर्गी आदि घरेलू पशुओं के अवशेष भी पाए गए।

स्थानीय लोगों में ज्यादा छोटी दाढ़ी रखते थे, कुछ लोग नहीं रखते। लोगों के बाल की लंबाई भी अलग थी। अगर लंबे बाल रखते थे, तो ब्रेड (braid) के रूप में सिर के पीछे बांधते थे। लोग ऊन और कपास से बने हुए कपड़े पहनते थे, पुरुषों और महिलाओं के कपड़े के बीच कोई बड़ा फर्क नहीं था। नेक्लस , बाजूबंद, पट्टी, कंगन, अंगूठी आदि आभूषण पहनना भी लोकप्रिय था। लेकिन सिर्फ महिलाएं नाक आभूषण, कर्ण आभूषण और पैर आभूषण पहनती थीं। अमीर लोग सोने और चांदी के आभूषण पहनते थे और गरीब लोग तांबे या हड्डियों के पहनते थे। इनके अलावा कांस्य शिशे और हाथी-दांत कंघी आदि अवशेष पाए गए।

उसी समय हन्टिंग मनोरंजन का मुख्य तरीका था। लोग धनुष और तीर से जंगली बकरी और हिरण का शिकार करते थे। पक्षियों का पालन करना भी एक मनोरंजन था। बच्चे मिट्टी से

बने खिलौना खेलते थे। लोग बोर्ड खेल, जुआ, मुर्गबाजी और बैलबाजी भी खेलते थे।

उसी समय लोग देवी की पूजा करते थे। इसलिए अनुमान है कि महिलाओं की सामाजिक स्थिति ऊंची थी, उनका सम्मान किया जाता था। बच्चों का पालन और घर का कामकाज करना महिलाओं का मुख्य काम था। पुरुष और महिला एक साथ धार्मिक गतिनिधियों में भाग लेते थे, एक साथ त्यौहार मनाते थे।

मोहनजोदड़ो की खुदाई से पता चला कि लोग 3 तरीकों से शव संभालते थे: भूमि के नीचे दफनाना, जानवरों को खिलाना और आग में जलाना। अधिकांश लोग तीसरा उपाय अपनाते थे।

सिंधु घाटी सभ्यता के समय में व्यापार बहुत विकसित था, हड़प्पा और मोहनजोदड़ो दोनों अहम व्यापार केंद्र थे। वहां खुदाई में बहुत ऐसे माल मिले हैं, जिनका उत्पादन वहां नहीं था। इसलिए अनुमान कर सकते हैं कि सिंधु घाटी में रहने वाले लोग मध्य एशिया, फारस, अफगान और दक्षिण भारत के साथ व्यापक व्यापार करते थे। वे सोना, चांदी, तांबा, टिन का आयात करते थे और कपड़ों का निर्यात करते थे।

उसी समय मुख्य प्रचलित धर्म प्रकृति की पूजा है, आत्मा की दन्तकथा लोकप्रिय थी। सिंधु धाटी में रहने वाले लोग सूर्य, जल, अग्नि, कुछ लोग मानते थे कि पेड़ और पौधे भी पवित्र हैं, इनकी पूजा भी करते थे। उदाहरण के लिए बोधि वृक्ष और तुलसी घास की पूजा आज तक भी की जाती है। इसके अलावा पुरातत्व खुदाई में जानवरों की मूर्तियां भी मिलीं, इसलिए प्रमाण किया जा सकता है कि उसी समय लोग जानवरों की पूजा भी करते थे। आज तक हिंदू लोग गाय को पवित्र समझते हैं और इनकी पूजा करते हैं।

उसी समय नृत्य और संगीत कला काफी अच्छी तरह से विकसित हो गई है। सिंधु घाटी के लोग नाचने और गाने में निपुर्ण थे। खुदाई में नृत्य कर रही मूर्ति भी मिली, नृत्य लड़की मूर्ति नंगी थी, लेकिन बहुत आभूषण पहनती थी। मूर्ति के बाल भी अच्छी तरह से कंघे किए गए। खुदाई में अनेक संगीत वाद्य मिले हैं, कुछ जगहों में खंजरी और ड्रम के अवशेष भी मिले। इससे ज़ाहिर है कि स्थानीय लोग संगीत पसंद करते थे।

उसी समय सील कला भी विकसित थी। सिंधु घाटी में खुदाई से विभिन्न प्रकार के सील बाहर निकाले हैं। ये सील पत्थर, धातु, हाथी दांत और मिट्टी से बने थे, इन चौकोर सीलों पर जानवरों के चित्र और शब्द काटे गए हैं।

लेकिन लोगों को एक सवाल है कि किन लोगों ने इस सभ्यता की स्थापना की। विद्वानों के पास अलग जवाब हैं। कुछ विद्वान मानते हैं कि आर्य लोगों ने सिंधु घाटी सभ्यता और वैदिक सभ्यता की स्थापना की, लेकिन यह असंभव है, क्योंकि सिंधु घाटी सभ्यता और वैदिक सभ्यता के बीच बहुत बड़ा फर्क है, एक ही जाति इतने बड़े अंतर वाली दो सभ्यताओं की स्थापना नहीं कर सकती। कुछ विद्वानों का मानना है सिंधु घाटी सभ्यता के रचनाकार सुमेरियन हैं, जबकि ज्यादा विद्वान मानते हैं कि वे द्रविड़ लोग थे। क्योंकि दक्षिण भारत में द्रविड़ लोग जो मिट्टी और पत्थर के उत्पाद बनाए थे, वे सिंधु घाटी सभ्यता से बराबर हैं। यह विचार काफी हद तक सही है और विश्वसनीय है।

चीन-भारत सांस्कृतिक आदान प्रदान

सिंधु घाटी सभ्यता के अस्तित्व समय पर विद्वानों के विचार भी अलग हैं। समुचित समय बताना बहुत मुश्किल है, अधिकांश विद्वानों का मानना है कि सिंधु घाटी सभ्यता का समृद्ध समय वर्ष 3000 और 2000 ईसा पूर्व के बीच था।

सिंधु घाटी सभ्यता और वैदिक सभ्यता अलग थी, क्योंकि वैदिक सभ्यता गांवों और कृषि के आधार पर थी, लेकिन सिंधु घाटी सभ्यता शहरों और व्यापार के आधार पर थी। सिंधु घाटी सभ्यता के समय बहुत बड़े शहरों का निर्माण हुआ और विदेशों के साथ व्यापारिक संबंध भी स्थापित किए गए।

सिंधु घाटी सभ्यता कब और कैसे समाप्त हुई, इस सवाल पर लोगों का ध्यान भी केंद्रीत है। विद्वानों के अनुसार, वह वर्ष 1750 ईसा पूर्व के पास समाप्त हुई। इससे पहले इसका पतन लंबे समय तक चल रहा, लेकिन अचानक रूप से तबाह हुई। तबाही का कारण अनिश्चित है, विद्वानों का अनुमान है कि सिंधु नदी की बाढ़, अकाल, भूकंप, जलवायु परिवर्तन, खासकर विदेशी आक्रमण से इसकी तबाह हुई। मोहनजोदड़ो में शहर को जला दिया गया, शहर में नरसंहार के बाद बहुत कम लोग बचे हुए थे। हड़प्पा में तबाही के बारे में बहुत कम सबूत बचे, क्योंकि वहां भूमि की सतह नष्ट की गई, सामग्रियों (मुख्य रूप से ईंट) का इस्तेमाल आधुनिक इमारतों के निर्माण में किया गया।

इसके अलावा किन लोगों ने सिंधु घाटी सभ्यता तबाह की, क्या आर्यों का आक्रमण इससे संबंधित था, इसके बाद यहां के समाज और संस्कृति में किस प्रकार का परिवर्तन हुआ, इन सवालों में लोगों को भी दिलचस्पी है।

दूसरा अध्याय: भारत में धर्म का आरंभ

हिंदू धर्म का आरंभ और उसका विकास

भारत का इतिहास बहुत पुराना है, आर्य लोगों के आने से पहले यहां द्रविड़ लोगों ने उन्नत संस्कृ ति की स्थापना की थी, वे प्रकृति की पूजा करते थे। वर्ष 2000 ईसा पूर्व के आसपास, कई आर्यों ने मध्य एशिया से भारत के उत्तर पश्चिम में प्रवेश किया और स्थानीय लोगों पर हमला किया। वर्ष 500 या 600 ईसा पूर्व के पास आर्य लोग गंगा नदी के पास पहुंचे। उन लोगों ने खानाबदोश जीवन का त्याग किया और खेती का काम करने लगे। इन आर्यों ने स्थानीय लोगों की मूल आस्था को स्वीकार किया, इससे सिंधु घाटी में मूल निवासियों का धर्म और मध्य एशिया से आए आर्य लोगों का धर्म एक साथ एकीकृत होकर वैदिक धर्म बनाया गया। इस धर्म की विशेषता है दैवीकरण प्राकृतिक शक्तियों और पूर्वजों की पूजा करना। इसके बाद भारत में दासत्व देशों के विकास के दौरान वैदिक धर्म में नए तत्वों का समावेश हुआ और वर्ष 700 ईस पूर्व के पास ब्राह्मण धर्म का विकास हुआ। ब्राह्मण धर्म में वेद को धर्मग्रंथ माना जाता है, वे कई देवताओं पर विश्वास रखते थे, लेकिन तीन मुख्य देवता हैं: ब्रह्मा, विष्णु और शिव। वे अलग तौर पर संसार की स्थापना, संरक्षण और विनाश करते हैं। ब्राह्मण धर्म ने वेदों के ज्ञान से ब्रह्मज्ञान की प्राप्ति, धार्मिक कर्मकांड की सर्वशक्तिमत्ता और धार्मिक कर्मकांडों को करने वाले ब्रह्मणों की सर्वोच्चता का प्रतिपादन किया जाता है। वर्ण व्यवस्था की आधारशिला पर तत्व ज्ञान और धार्मिक -कर्मकांड की जटिल विधियों का निर्माण किया गया। मौर्य राजवंश के दौरान सम्राट अशोक (273-232 ईसा पूर्व) ने बौद्ध धर्म को बढ़ावा दिया, इसलिए बौद्ध धर्म बहुत विकसित किया गया और ब्राह्मण धर्म कुषाण राजवंश तक कमजोर होता रहा। गुप्ता राजवंश के दौरान कई सम्राट ब्राह्मण धर्म मानते थे और इसे राष्ट्रीय धर्म भी बनाया, ऐसे में ब्राह्मण धर्म को पुनर्जीवित किया गया और बड़ा विकास भी मिला। भारत में इस्लाम आने के बाद, बौद्ध धर्म और इस्लाम से मुकाबला करने के लिए और अस्तित्व और विकास करने के लिए ब्राह्मण धर्म में आवश्यक सुधार हुआ। इस दौरान सबसे प्रभावशाली व्यक्ति शंकराचार्य थे। 8वीं सताब्दी में शंकराचार्य ने बौद्ध और जैन धर्म के कुछ सिद्धांत आत्मसात् कर सुधार और संशोधान द्वारा हिन्दू धर्म को (या नया ब्राह्मण धर्म) संगठित रूप दिया।

हिंदू धर्म में कई संप्रदायोंके मिश्रण से बहुत जटिल है, अधिकांश हिंदू कई देवताओं की पूजा करते हैं। हिंदू धर्म मानता है कि मानव की आत्मा हमेशा मौजूद है। बुद्धि, विश्वास और

कार्य से व्यक्ति की आत्मा और सर्वव्यापी भावना दोनों का एकीकरण होगा। हिंदू धर्म कर्मफल और जीवन चक्र, यानी आत्मा का पुनर्जन्म भी मानता है। अगर एक व्यक्ति ने अच्छा कार्य किया, तो मरने के बाद वह स्वर्ग में जाएगा, अगर बुरा कार्य किया, तो वह अगले जीवन में पशु बनेगा। हिंदू धर्म के त्यौहार बहुत हैं, 140 से अधिक बड़े त्यौहार हैं, जैसे होली, दुर्गा, दशहरा और दिपावली। मुख्य घर्मग्रंथ हैं 'वेद', 'पुराण', 'महाभारत' और 'रामायण'। हिंदू धर्म में वर्ण व्यवस्था है, जिसके मुताबिक लोगों को चार जातियों में विभाजित किए गए और उनकी जाति जन्म से ही निश्चित है, यहां तक कि उनके पेशे भी तय है, नहीं बदल सकता। उनका विवाह एक ही जाति के भीतर होता है। जाति-आधारित भेदभाव व्यापक होने से लोगों को असंतोष होने लगा, लोगों के दिलों में परिवर्तन की इच्छा पैदा हुई, समाज गड़बड़ था, इसलिए बौद्ध धर्म पैदा हुआ।

शाक्यमुनि और बौद्ध धर्म

छठी शताब्दी ईसा पूर्व में, भारत में अनेक राष्ट्र थे, उसी समय विभिन्न विचारधाराओं के बीच विवाद भी सक्रिय था और विभिन्न संप्रदाय भी स्थापित किए गए। कुल 16 मुख्य शक्तिशाली राष्ट्र थे। विभिन्न राष्ट्रों के बीच युद्ध होने और ब्राह्मण धर्म का विकास होने के कारण, वेद पर सरल विश्वास कमज़ोर हो गया, धार्मिक संस्कार जटिल हो गया, धर्मक्रिया दिन ब दिन बोझिल बनी। खासकर जाति भेद ज्यादा गंभीर हो गया, लोगों के दिल में असंतोष पैदा हुआ, समाज में अन्याय जाति व्यवस्था बदलने की मज़बूत मांग हुई। इस समय बहुत दर्शनशास्त्र, सामाजिक सिद्धांत और धार्मिक प्रणालियां सामने आईं। ऐसी स्थिति में बौद्ध धर्म की स्थापना हुई।

बौद्ध धर्म का संस्थापक सिद्धार्थ गौतम (563-483 ईसा पूर्व) थे, वे शाक्य वंश के थे, लोग उन्हें शाक्यमुनि कहलाते थे, मतलब है शाक्य वंश के ऋषि। सिद्धार्थ गौतम एक क्षत्रिय थे, वे कपिलवस्तु (अब नेपाल में) में पैदा हुए थे, उनके पिता सुद्धोदन शाक्य वंश के प्रधान थे। 16 साल की उम्र में सिद्धार्थ गौत का विवाह यशोधरा के साथ हुआ, 29 साल (कुछ मानते हैं 19 साल) की उम्र में उन्होंने संन्यास धारण कर लिया। बचपन से ही सिद्धार्थ समृद्ध जीवन बिताते थे। समाज को ज्यादा समझने के लिए उन्होंने बाहर जाकर यात्रा की, आम लोगों का दुख और दुर्भाग्य देखा, इसलिए उन्होंने बौद्ध भिक्षु बनने का फैसला किया।

उन्होंने 7 साल में बहुत जगहों की यात्रा की, अंत में एक बोधि वृक्ष के नीचे आए, सात दिन व रात तक वे समाधि करते रहे, 36 साल की उम्र में वे बुद्धा बने। तब से दुनिया भर में वे शाक्यमुनि के नाम से मशहूर हैं।

सिद्धार्थ गौतम ने बहुत शिष्यों को भी सिखाया, इन शिष्यों से बौद्ध धर्म और इसके सिद्धांतों का प्रचार प्रसार व्यापक हो गया। बौद्ध अनुयायियों की संख्या लगातार बढ़ने से सिद्धार्थ गौतम ने बौद्ध धर्म के नियम भी बनाए।

सिद्धार्थ गौतम का देहांत 80 साल की उम्र में हुआ था। लेकिन इसी साल में उन्होंने भी शिष्य लेकर बौद्ध धर्म का प्रसार किया। अंत में वे कुशिनगर पहुंचे और बीमार हो गए। यह खबर सुनकर बहुत भिक्षुओं ने उन्हें देखने के लिए आए। मरने से पहले उन्होंने उन लोगों से कहा: 'मैं तुम लोगों से अलविदा करने वाला हूं, लेकिन ऐसा सोचने की ज़रूरत नहीं है। मुझ से सिखाए

गए सिद्धांत और ज्ञान हमेशा तुम लोगों के साथ रहेंगे। लोगों का जन्म होता है और मरण भी होता है। अवास्तविक विचार नहीं होना चाहिए।' ये उनके अंतिम शब्द थे, जिसका आज तक भी बौद्ध धर्मियों पर प्रभाव पड़ता है।

बौद्ध धर्म के बुनियादी सिद्धांत हैं चतुर्सत्य, आर्याष्टाङ्गिकमार्ग, द्वादशाङ्गप्रतीत्यसमुत्पाद, कर्मफल की अनिवार्यता और जीवन चक्र आदि।

चार उत्तम सत्य में कहा गया है कि दुनिया दुख से भरी है, क्योंकि लोग के दिल में लालसा है, जिसे नष्ट करना चाहिए। इसे नष्ट करने के एट्फोल्ड पैथ हैं। लोगों को अपनी समझ, सोच, भाषा, कर्म, भाग्य, नियम, विचार और चिंतन ठीक करना चाहिए।

बौद्ध धर्म अहिंसा और सार्वभौमिक प्रेम मानता है और जाति-प्रथा व ब्राह्मण विशेषाधिकार का विरोध करता है। लेकिन वह लोगों को समाज में व्यवहारिक संघर्ष से भागकर अपनी आशा को परवर्ती जीवन पर रखने के लिए प्रोत्साहित करता है, यह वैज्ञानिक नहीं है।

तीसरा अध्याय: छिन और हान राजवंशों में चीन-भारत सांस्कृतिक आदान प्रदान का आरंभ

तीसरा अध्याय: छिन और हान राजवंशों में चीन-भारत सांस्कृतिक आदान प्रदान का आरंभ

चीन और भारत दोनों की गिनती दुनिया में चार पुरानी सभ्यता वाले देशों में की जाती है, दोनों के बीच आदान प्रदान दूसरी शताब्दी ईसा पूर्व ही शुरू हुआ, भौतिक संस्कृतिक और आध्यात्मिक संस्कृति दोनों जगतों में आदान प्रदान हुआ था। धर्म के अलावा साहित्य, कला, दर्शनशास्त्र आदि क्षेत्रों में आदान प्रदान भी था। दो हज़ार सालों में दोनों देशों के बीच इतना आदान प्रदान हुआ और एक दूसरे पर इतना गहरा प्रभाव पड़ा कि पूरी दुनिया में भी कम देखा जाता है। दोनों देशों की जनता एक दूसरे का सम्मान करती रही, एक दूसरे से सीखती रही, एक दूसरे की अच्छाइयां सीखकर अपनी कमियां दूर करती रही, कठिन समय में एक दूसरे का समर्थन करती रही, दोनों के बीच गहरी दोस्ती हुई। चीन और भारत के बीच आदान प्रदान का इतिहास वास्तव में सांस्कृतिक आदान प्रदान का इतिहास ही है, दोनों देशों की जनता के बीच दोस्ती का इतिहास ही है।

पुरातात्विक खोज और अध्ययन के मुताबिक, हड़प्पा और मोहनजोदड़ो में मिले सिंधु घाटी सभ्यता के मिट्टी के बर्तनों और चीन के गानसू प्रांत में पाए गए पूर्व ऐकिहासिक काल के मिट्टी के रंगीन बर्तनों में कुछ समानताएं हैं। यह संभव है कि उनके अद्भव के बीच किसी प्रकार का संबंध रहा हो। खगोलीय विज्ञान क्षेत्र में प्राचीन चीन औक भारत, प्राचीन मिस्र, फारस और अरब देशों ने नक्षत्रों का गंभीरतापूर्वक निरीक्षण किया था, साथ ही नक्षत्र समूह को तथाकथित 28 क्षेत्रों में विभाजित किया। इन देशों में चीन और भारत की उपलब्धि सबसे महत्वपूर्ण है। दोनों देशो ने इन 28 क्षेत्रों का नामकरण किया। इस क्षेत्र में भी दोनों देशों के बीच पारस्परिक प्रभाव अवश्य था। लेकिन किसने किससे सीखा, इस सवाल पर अकादमिक जगत में विवाद होता रहा है। कुछ विद्वान चीन को खगोलीय विज्ञान का स्रोत मानते हैं, तो कुछ भारत को। चीनी विद्वान चु खचन और जापानी विद्वान आलाशिलोशिन्जो ने अत्यंत अध्ययन करके कहा कि चीन खगोलीय विज्ञान का स्रोत है। उन्होंने विश्वासनीय सबूत भी दिए। चीन के प्राचीन इतिहास की किताबों 'शिजी' और 'हान राजवंश की पुस्तक' में लिखा है कि चीन में पश्चिम चो राजवंश के बाद खगोलज्ञों ने अपने ज्ञान का विदेशों में प्रसार किया, इसलिए इतिहास में चीन और भारत के बीच खगोल विज्ञान जगत में प्रत्यक्ष या अप्रत्यक्ष आदान प्रदान होने की बड़ी संभावना है।

चीन और भारत के बीच प्रारंभिक आदान प्रदान

भारतीय लोगों ने कब से चीन के बारे में जाना और चीन के साथ क्या आदान प्रदान किया, भारत के ऐतिहासिक किताबों में निश्चित रिकॉर्ड नहीं है। दोनों देशों के बीच भौतिक संस्कृति का आदान प्रदान कब शुरु हुआ, इस पर विद्वानों का विचार भिन्न है। बल्कि भारत के दो महाकाव्य 'महाभारत' और 'रामायण' आदि किताबों में चीन के बारे में उल्लेख है। 'महाभारत' में चीन के घोड़े और सैनिकों का उल्लेख था। इस किताब में कई बार 'चीन' का उल्लेख था, आम तौर पर माना जाता है कि यह शब्द चीनी भाषा में 'छिन (Qin) ' से आया है। लेकिन 'महाभारत' का लिखना कब संपन्न हुआ, इस पर भी बहुत विभिन्न विचार है, लेकिन आम तौर पर माना जाता है कि 4वीं शताब्दी ईसा पूर्व और 4वीं शताब्दी ईस्वी के बीच हुआ। इसके अलावा 'रामायण' और 'मनुस्मृति' में भी कई बार चीन का उल्लेख किया गया। लेकिन इन किताबों के रचनाकाल के बारे में निश्चित समय नहीं है। यद्यपि इन किताबों की रचना ईसा पूर्व काल में हुई थी, लेकिन किताबों में बहुत सारी बातें बाद में शामिल की गईं। सामान्य अनुमान है कि 'चीन' का शब्द चीनी भाषा के 'छिन (Qin) ' से आया है। इससे चीन और भारत के बीच आदान प्रदान का आरंभ चीन के छिन राजवंश और हान राजवंश, यानी वर्ष 100 और 200 ईसा पूर्व के दौरान हुआ। चीन की ऐतिहासिक रिकॉर्ड में लिखा है कि 200 ईसा पूर्व चीन के स्छ्वान प्रांत से उत्पाद भारत में आया था। लगभग वर्ष 100 ईसा पूर्व के पास भारत से बौद्ध धर्म चीन में आया। जाहिर है कि दोनों देशों के बीच आदान प्रदान वर्ष 200 ईसा पूर्व ही शुरु हुआ था, अब तक 2 हज़ार से अधिक साल हो चुके हैं।

हान राजवंश के दौरान चीन-भारत आदान प्रदान

चीन भारत संबंधों का आरंभ कब हुआ, इसके बारे में निश्चित रूप से कहना कुछ कठिन है, फिर भी यह कहा जा सकता है कि हान राजवंश में चीन और भारत के बीच बड़े पैमाने पर और प्रमाणित रूप से आर्थिक और सांस्कृतिक आदान प्रदान शुरू हो गया। चीन के महान ऐतिहासिक ग्रंथ 'शिजी' के मुताबिक चीन-भारत के संबंधों का उल्लेख सबसे पहले 'शीनान यि लिए च्यांन (दक्षिण-पश्चिम की अल्प जातियों का वर्णन)' और उसके बाद 'तायुअन लिए च्यांन (तायुअन का वर्णन)' में मिलता है। 'शीनान यि लिए च्यांन' में यह लिखा है कि जांग छ्येन को बैक्ट्रिया में राजदूत के रूप में भेजा गया था, उसने कहा कि बैक्ट्रिया में रहते समय उसने वहां स्छ्वान प्रांत के कपड़े और बांस की बनी लाठियां देखी थीं। जब उसने पूछा कि ये सामान कहां से आए, तो उससे कहा गया कि यहां से कई हज़ार ली की दूरी पर सिंधू नामक देश है, वहां स्छ्वान के व्यापारियों का बाज़ार है, ये सामान वहीं से आए हैं। 'तायुअन लिए च्यांन' में भी इस घटना का उल्लेख है। इससे स्पष्ट है कि बैक्ट्रिया (आज अफगानिस्तान का भूभाग) में स्छ्वान प्रांत के कपड़े और बांस का बना सामान बिका करता था। चीनी इतिहास में भारत से संबंध एतिहासिक साक्ष्यों का यह सबसे प्राचीन उदाहरण है। यह ईसा पूर्व 2-1 शताब्दी का प्रलेख है, इससे यह सिद्ध होता है कि आज से दो हज़ार वर्षों से पहले चीन और भारत के बीच व्यापार और वाणिज्य क्षेत्र में आदान प्रदान शुरू हुआ।

हान राजवंश के दौरान भारत से बौद्ध धर्म चीन के सिन्चांग में अल्पसंख्यक जातियों के माध्यम से भीतरी चीन में आया। बौद्ध धर्म के आने के साथ साथ चीन में भारतीय संस्कृति का प्रसार भी धीरे धीरे शुरू हुआ।

चीन में बौद्ध धर्म का प्रचार कब शुरू हुआ, इसके बारे में अनेक विभिन्न विचार है। लेकिन अगर चीन के ऐतिहासिक ग्रंथों के साक्ष्य को माने, तो पश्चिम हान वंश के परवर्ती काल में (ईसा पूर्व 1 सदी के अंत) बौद्ध धर्म चीन में आया और पूर्वी हान राजवंश के बाद (ईसा पूर्व 3 सदी) यह चीन में पल्लवित-पुष्पित होने लगा। एक अनुश्रुति यह भी है कि चीन के मध्य भाग में प्रवेश करने के पूर्व बौद्ध धर्म तत्कालीन पश्चिम क्षेत्र और दक्षिणी समुद्री क्षेत्र में प्रचलित हो चुका था। यह भी कहा जाता है कि पूर्वी हान राजवंश के सम्राट मिंग ती के शासन काल में एक व्यक्ति को बौद्ध धर्म के विषय में जानकारी प्राप्त करने के लिए पश्चिम क्षेत्र में भेजा गया। इस तरह चीन

में आगमन बौद्ध धर्म की विधि पहली सदी का मध्य काल निश्चित होती है। इस अनुश्रुति के मुताबिक मिंग ती को एक रात में एक सुनहले व्यक्ति को दर्शन हुए, राजदरबार के विद्वान में सपने दिखे इस व्यक्ति को बुद्ध बतलाया। तब सम्राट ने बौद्ध धर्म सूत्र लाने के लिए दूतों को पश्चिम क्षेत्रों में भेजा। लौटते समय वे भारत से अपने साथ न सिर्फ बौद्ध प्रतिमा और अनेक बौद्ध सूत्र लाए, बल्कि भारत के विद्वानों को भी लेकर आए। बौद्ध भिक्षु अपने सामान और सूत्रों को सफेद घोड़ों पर ढोकर लाए थे। अतएव सम्राट ने भारतीय भिक्षुओं के रहने के लिए जिस मंदिर की स्थापना की, उसे श्वेताश्व मंदिर कहा गया।

चीन में बौद्ध धर्म के अनवरत प्रचार प्रसार के कारण चीन और भारत के संबंधों का मार्ग प्रशस्त होता गया। हमारे पूर्वजों ने भारतीय बौद्ध धर्म के अनुयायियों के माध्यम से भारतीय दर्शन, विज्ञान, साहित्य और कला क ज्ञान प्राप्त किया। इस तहर चीनी संस्कृति दिन ब दिन समृद्ध हो गई। उसके विकास की गति द्रुततर हुई। इसके साथ ही चीन और भारत के बीच आर्थिक और सांस्कृतिक क्षेत्रों में भी आदान प्रदान हुआ। भारतीय विज्ञान और संस्कृति के विकास में इस आदान प्रदान ने एक महत्वपूर्ण भूमिका निभाई। हालांकि इस तथ्य के प्रमाण में ऐतिहासिक सामग्री जुटाना आज तक सहज नहीं रहा है।

भारतीय प्रसिद्ध विद्वान सुनीति कुमार चटर्जी ने कहा था कि पहली शताब्दी ईस्वी के बाद चीन और भारत के बीच सीधा आदान प्रदान हुआ, दोनों की विचारधारा और विश्वदृष्टि में समानताएं थीं। भारत चीन की आध्यात्मिक कामयाबियों से आकर्षित हो गया। भारत ने इन कामयाबियों को आत्मसात करके अपनी संसकृति में शामिल किया। उसे पूर्णरूप से अपनी वस्तु में परिगणित कर दिया। ठीक इसी तरह चीन ने भी भारत के वैचारिक व तकनीकी क्षेत्रों में से कुछ सीख लिया। (यहां तक कि भारत ने चीन की अपेक्षा बहुत अधिक वस्तुओं को आत्मसात किया) उनका कहना ठीक हो सकता है। तो हम बात करेंगे कि चीन से क्या भौतिक संस्कृति भारत में आई।

हम सब जानते हैं कि चीन में सबसे पहले रेशमी कीड़ा का पालन किया गया और रेशम कपड़े बनाए गए। यह वैश्विक संस्कृति में चीनी लोगों द्वारा दिया गया एक अहम योगदान है। 3 हज़ार साल पहले, यानी शांग और चो राजवंश के दौरान, चीनी लोगों ने रेशमी कीड़ा का पालन करके भव्य रेशम का उत्पादन किया। युद्धरत राज्य अवधि में चीनी रेशम दुनिया में मशहूर हो गया, कुछ यूरोपीय देशों में चीन को 'रेशम देश' कहा जाता था। चीनी रेशम भारत में भी आए। प्राचीन भारत की किताब 'अर्थशास्त्र' में 'चीनपट्ट (Cinapatta)' का शब्द था, मतलब है चीन में उत्पादित रेशम का बंडल। इसके अलावा संस्कृत में 'चीनांशुक' नामक शब्द है, जिसका अर्थ है चीनी वस्त्र और रेशमी वस्त्र। रेशम से संबंधित ये शब्द चीन से संबंधित है। ज़ाहिर है कि रेशम सबसे पहले चीन में उत्पादित था। 4वीं शताब्दी ईसा पूर्व चीनी रेशम भारत में आया और लोकप्रिय भी बना। उसके बाद दोनों देशों की बीच व्यापार लगातार विकसित होता गया। भारत के मैसूर क्षेत्र में खुदाई में प्राप्त 2वीं शताब्दी ईसा पूर्व के चीनी सिक्कों का उत्खनन भारत और चीन के प्राचीन व्यापारिक संबंधों के अकाट्य साक्ष्य हैं। हान राजवंश के दौरान चीन के राजदूत

जांग छ्येन ने पश्चिम क्षेत्रों की यात्रा की, इससे रेशम मार्ग स्थापित किया गया और चीनी रेशम विभिन्न देशों में आया।

कागज बनाने की कला भी विश्व संस्कृति में चीन का एक बड़ा योगदान है। दुनिया में सबसे पहले चीन ने कागज़ बनाने की कला का आविष्कार किया। वर्ष 105 ईस्वी में छाई लून (Cai Lun) ने मछली पकड़ने का जाल, वृक्ष की छाल, पटसन आदि आम सामग्रियों से कागज़ बनाने का तरीके का आविष्तकार किया। कागज़ बनाने की यह कला बहुत जल्दी से फैल गई। दूसरी शताब्दी के आरंभ में लोयांग में कागज़ निर्माण का कार्य बड़े पैमाने पर शुरू हुआ। धीरे धीरे यह कला पूरे देश में फैल गई। इसके बाद कागज़ का पश्चिमी अभियान शुरू हुआ। फौजी और विदेशी व्यापार की ज़रूरत के कारण इस नई कला का प्रचार चीन के उत्तर पश्चिम क्षेत्र में हुआ। विद्वानों के शोध के मुताबिक कान्सू प्रांत के पश्चिम क्षेत्र लौलान, तुर्फान, काओछांग, कूचा, येरचियांग, खोतान आदि क्षेत्रों में पूराने ज़माने के कागज़ का उत्खनन हुआ है। इन खोज़ों के वर्षकाल के आधार पर यह कहा जा सकता है कि छाई लून द्वारा कागज़ के आविष्कार के तुरंत वाद कागज़ का इन क्षेत्रों में प्रसार होने लगा। चीन की सीमा के बाहर दक्षिणी एशिया और फारस, अरब आदि पश्चिमी एशिया देशों में इसका प्रचार प्रसार हुआ, भारत भी बेशक इसमें शामिल हैं।

चीन के भिक्षु यीजिंग वर्ष 671 से 695 तक भारत में रहते थे, उनके भारत जाने से पहले भारत में कागज़ का उत्पादन शुरु हुआ। अर्थात 7 वीं सदी के अंत के पहले कागज भारत में पहुँच गया था।

हम सब जानते हैं कि चीन ने बहुत समय से पहले इस्पात बनाने का तकनीक पाया। वसंत व शरद काल (770-476 ईसा पूर्व) में ही चीनी लोगों को इस्पात के बारे में जानकारी हुई थी। युद्धरत राज्य अवधि (403-221 ईसा पूर्व) इस्पात बनाया गया। इन वर्षों की पुरातात्विक खुदाई से पता चला कि उसी समय इस्पात बनाने का तकनीक बहुत विकसित था। पश्चिमी हान राजवंश के दौरान चीन में इस्पात ढालने का तकनीक का विकास और आगे बढ़ाया गया। भारत ने लोहे बनाने का तकनीक भी बहुत समय से पहले पाया, आर्य लोगों ने वर्ष 1100 ईसा पूर्व यह तकनीक भारत में लाया। ऐतिहासिक रिकॉर्ड के मुताबिक, 4वीं शताब्दी ईसा पूर्व से पहले भारत उच्च गुणवत्ता वाले इस्पात का निर्यात करने लगा। लेकिन संस्कृत में इस्पात को 'चीनज (cinaja)' कहते हैं, मतलब है चीन में उत्पादित हुआ। इसलिए यह संभव है कि इस्पात बनाने का तकनीक चीन से भारत में आया। इस्पात उत्पादित करने के क्षेत्र में चीन और भारत के बीच बहुत लंबे समय से पहले आदान प्रदान शुरू हुआ। हान राजवंश के दौरान चीन और कश्मीर क्षेत्र ने राजनयिक संबंध भी स्थापित किए, भारत से चीन ने खजाना, सफेद जेड, क्रिस्टल और सुलेमानी पत्थर का आयात किया। पहली शताब्दी ईस्वी में चीन से भारत में आडू और नाशपाती के पेड़ों का आयात हुआ। पुराने समय में भारत में नाशपाती पेड़ को चीनराजपुत्र कहते थे।

भारत में संगीत का इतिहास बहुत पुराना है। वैदिक युग से ही लोग संगीत पसंद करते थे। संगीत के बारे में अभिलेख भी बहुत ही प्राचीन काल से लिखे जाते थे। उदाहरण के लिए

चीन-भारत सांस्कृतिक आदान प्रदान

'सामवेद' का 'गंधर्ववेद' एक संगीतशास्त्र है। चीनी में अनुदित बौद्ध धर्म के ग्रंथों में भी गंधर्व देव, यानी संगीत देव का उल्लेख है। इसके अलावा 'ऋग्वेद' में भी संगीत, गायन, नृत्य, मृगया और तीरंदाजी आदि खेल लिखे हुए हैं। बौद्ध धर्म के युग में संगीत वाद्य की विविधता बढ़ गई।

चीन के छिन राजवंश और हान राजवंश के दौरान भारतीय संगीत चीन में आया, स्वई (Sui) राजवंश और थाङ (Tang) राजवंश के दौरान चीन में भारतीय संगीत का विकास शिखर पर पहुंचा, फिर य्वान (Yuan) राजवंश और मिंग (Ming) राजवंश के दौरान इस का पतन हुआ। भारतीय संगीत बौद्ध धर्म के माध्यम से चीन में आया। प्रवेश का मार्ग सीधा नहीं, बल्कि पश्चिम क्षेत्र से चीन में हुआ। चीनी अनुदित सद्धर्मपुण्डरीक सूत्रों में बांसुरी, वीणा, पीपा और झाल आदि वाद्ययंत्रों के उल्लेख मिलते हैं। ये यंत्र दुनह्वांग गुफाओं के भित्तिचित्र और युनगांग के प्रस्तर पर उत्कीर्ण मूर्तियों में भी मिल सकते हैं। भारतीय संगीत वाद्य चीन में आने के बाद चीन के परंपरागत संगीत में भी बड़ा परिवर्तन हुआ। पीपा वाद्ययंत्र भारत और फारस दोनों देशों में मिलता है। संस्कृत में इसके लिए शब्द है भार्भु, जो पीपा से ध्वनि में मिलता जुलता है। वीणा ऋग्वेद युग का एक प्रतिनिधि वाद्ययंत्र है और इसका चीन में प्रवेश भी हान राजवंश के दौरान हुआ। शीघ्र ही लोकप्रिय बना। हान राजवंश के एक संगीतकार ने वीणा के लिए खोंग हऔइन (वीणा के लिए संगीत) नामक संगीतलिपि लिखी। उत्तरी वेइ राजवंश काल में पत्थरों में उत्कीर्ण मूर्तियों में हमें बहुत से संगीतकारों के हाथों में वीणा देखने को मिलती है। भारत के बौद्ध धर्म के तीर्थस्थान बौद्धगया की खुदाई में प्राप्त पत्थर की मूर्तियों में भी वीणा-वादन करता हुआ आदमी दिखता है। दोनों के बीच समानताएं आकस्मिक नहीं हैं, इन दोनों में निश्चित रूप से सांस्कृतिक संबंध के सूत्र मिलते हैं।

चीन से भारत में संगीत वाद्य भी गया। उदाहरण के लिए चीन में दक्षिणी और उत्तरी राजवंशों के दौरान 10 कटोरों में बहुत या कम पानी भरने के बाद लकड़ी से बजाया जाता था। आज तक दक्षिण भारत में ऐसी संगीत वाद्य लोकप्रयि है।

चीन की ऐतिहासिक रिकॉर्ड में लिखा है कि वर्ष 135 ईसा पूर्व हान राजवंश के सम्राट ने राजदूत जांग छ्येन (Zhang Qian) को पश्चिम यात्रा करने के लिए भेजा। जांग छ्येन ने राष्ट्र बैक्ट्रिया (आजा अफगानिस्तान में स्थित है) में चीन द्वारा उत्पादित बांस और कपड़े देखे, और ये बांस और कपड़े भारत से आए थे। इसलिए साबित किया जा सकता है कि वर्ष 200 ईसा पूर्व चीन और भारत के बीच व्यापारिक आदान प्रदान शुरू हो गया। चीन-भारत संबंधों में यह घटना सबसे विश्वासनीय उल्लेख है।

बौद्ध धर्म का चीन में प्रसार

बौद्ध धर्म की जड़ भारत में थी। चीन और मध्य एशियाई देशों के बीच आर्थिक और सांस्कृतिक आदान प्रदान के चलते हान राजवंश के दौरान बौद्ध धर्म चीन में आया। उसी समय चीन की सामाजिक और ऐतिहासिक स्थिति में बौद्ध धर्म ने चीन में जड़ जमा दिया और इसका विकास भी हुआ। बौद्ध धर्म चीन के सामंती समाज की जटिल रचना का एक हिस्सा बना। चीन में बौद्ध धर्म का प्रचार और विकास दो हज़ार साल रहा और चीन पर इसका गहरा प्रभाव भी पड़ा। चीन में बौद्ध धर्म का निरंतर प्रसार के साथ चीनी जनता ने भारत से बहुत सीख लिया, जैसे दर्शनशास्त्र, नैतिकता, साहित्य, मूर्तिकला, वास्तुकला, चित्रकला, विज्ञान, संगीत, नृत्य और चिकित्सा आदि क्षेत्रों में। इससे चीन में राजनीतिक, आर्थिक और सांस्कृतिक आदि क्षेत्रों पर असर पड़ा, चीनी संस्कृति ज्यादा समृद्ध हो गई, इसके विकास को भी आगे बढ़ाया गया। चीन में सामाजिक रीति रिवाज़ और लोगों के विचार भी समृद्ध हो गए। ऐसा कहा जा सकता है कि अगर बौद्ध धर्म भारत से चीन में नहीं आया, तो चीन की संस्कृति आज जैसी समृद्ध नहीं हो सकेगी। साथ ही बौद्ध धर्म के प्रसार से चीन और पड़ोसी देशों के बीच सांस्कृतिक आदान प्रदान भी आगे बढ़ाया गया, चीनी और विभिन्न देशों की जनता के बीच दोस्ती गहरी हो गई।

बौद्ध धर्म कब चीन में आया, इस सवाल पर विद्वानों का विचार भिन्न है। विश्वसनीय ऐतिहासिक रिकॉर्ड के अनुसार, पश्चिमी हान राजवंश के अंत में (वर्ष 100 ईसा पूर्व) बौद्ध धर्म का प्रसार चीन में हुआ और पूर्वी हान राजवंश (वर्ष 300 ईस्वी) के दौरान प्रचलित होने लगा। चीन के प्रसिद्ध विद्वान ची श्येनलिन (Ji Xianlin) का मानना है कि बौद्ध धर्म भारत से सीधे सीधे चीन में नहीं आया, बल्कि मध्य एशिया में कुछ पुरानी जातियों के लोगों के माध्यम से चीन में आया, हो सकता है तेहेरियन (Tokharian) लोगों के माध्मय से। चीन की ऐतिहासिक रिकॉर्ड के मुताबिक, चीन में बौद्ध धर्म का प्रसार सबसे पहले आम लोगों के बीच नहीं, बल्कि राजभवन में और उच्च अधिकारियों के बीच हुआ। तीन राज्यों की अवधि में सिर्फ विशेषाधिकृत अभिजात वर्ग के दान करते समय आम आदमी को बौद्ध धर्म से संपर्क हो सकता था। इससे धीरे धीरे बौद्ध धर्म आम लोगों के बीच फैला हुआ।

पुरानी अवधि में यातायात की सुविधा बहुत खराब थी, लेकिन अनेक भातीय विद्वानों ने इन मुश्किलों का सामना करके चीन में आकर बौद्ध सूत्रों का अनुवाद किया और बौद्ध सूत्रों का

ज्ञान सिखाया। उनमें अधिकांश लोग चीन में ही ठहरे, भारत वापस नहीं गए। उन्होंने ने न सिर्फ अपना ज्ञान चीन को दिया, बल्कि अपनी जान भी। हम कभी उन्हें नहीं भूलेंगे।

ऐतिहासिक रिकॉर्ड के मुताबिक, सन् 179 में एक भारतीय भिक्षु ने चीन में आकर बौद्ध सूत्रों का अनुवाद किया, वे ऐसा करने का प्रथम भारतीय भिक्षु थे। उनके बाद ज्यादा से ज्यादा भारतीय भिक्षु चीन में आए, उन लोगों ने चीन में बौद्ध धर्म के विकास के लिए बहुत योगदान किया।

बौद्ध धर्म के चीन में आने का और एक अफ़वाह

बौद्ध धर्म कब चीन में आया, इसके बारे में और एक अफ़वाह है। बताया जाता है कि पूर्वी हान राजवंश के दौरान (58-75 ईस्वी) एक सम्राट मिंगती ने सपने में बुद्ध को देखा, इसलिए उन्होंने कई दूत भारत भेजे। ये दूत भारत से बौद्ध सूत्र और मूर्तियां वापस लाए, साथ ही भारत से कई प्रख्यात भिक्षुओं को चीन आने का आमंत्रण भी दिया। इन भिक्षुओं को बसाने के लिए चीन के लुओयांग में 'बाइमा (सफेद घोड़ा) ' मठ का निर्माण भी किया गया। उसी समय कुछ बौद्ध सूत्रों का अनुवाद किया गया, जिसमें 'चालीस-दो अंश सूत्र' आज तक भी प्रचलित है। उसी समय भारत से कश्यप मतंग और धर्मरक्ष चीन में आमंत्रित किए गए।

लेकिन यह अफ़वाह अविश्वसनीय है। चीन के भारत शास्त्र विद्वान और विशेषज्ञ इस सवाल के प्रति विभिन्न रुख अपनाते हैं। उदाहरण के लिए चीन के प्रसिद्ध विद्वान ची श्येनलिन ने अनुसंधान करके कहा कि कश्यप मतंग और धर्मरक्ष अयथार्थ व्यक्ति थे, उनके बारे में कोई विश्वासनीय ऐतिहासिक उल्लेख नहीं है। इसके अलावा बौद्ध धर्म उन दोनों के काल में चीन में आया नहीं। उन्होंने स्पष्ट रूप से कहा कि बौद्ध धर्म ईसा पूर्व ही चीन में आया, लेकिन विशिष्ट समय अभी निश्चित नहीं किया जा सका। बौद्ध धर्म सबसे पहले भारत से सीधे चीन में नहीं आया, बल्कि मध्य एशिया और शिन्च्यांग में कुछ जातियों के माध्यम से चीन में आया। बौद्ध सूत्रों के आरंभिक अनुवादकों के नाम और संस्कृत लिप्यंतरण से स्पष्ट निष्कर्ष प्राप्त कर सकते हैं। सम्राट मिंगती के सपने देखकर भारत दूत भेजने की कहानी बनी हुई है, कश्यप मतंग और धर्मरक्ष की कहानियां भी अविश्वसनीय है। आधुनिक चीन के प्रसिद्ध बौद्ध इतिहास के विशेषज्ञ टांग योंगटोंग ने भी कहा कि सम्राट मिंगती के शासन काल में बौद्ध धर्म चीन में मौजूद था। बौद्ध धर्म उनके शासन काल में चीन में आया नहीं। उन्होंने इस क्षेत्र में बहुत शोध किया।

समस्या का ज्यादा समाधान करने के लिए ची श्येनलिन ने प्राचीन भाषाओं का अनुसंधान करके कहा कि आरम्भिक समय में चीन में बौद्ध सूत्रों के अनुवादक मध्य एशिया से आए प्रख्यात भिक्षु थे, बाद में भारत से भिक्षु चीन आए। शुरुआत में चीन से भिक्षु भारत भी नहीं गए। सबसे पहले बौद्ध सूत्र सीधे से संस्कृत या पाली भाषा से नहीं, बल्कि मध्य एशिया और शिन्च्यांग में कई प्राचीन भाषाओं से चीनी भाषा में अनुवाद किया गया। ये प्राचीन भाषा अब अस्तित्व में नहीं हैं।

प्रसिद्ध चीनी बौद्ध विद्वान रन जीयू ने भी चीनी ऐतिहासिक किताबों में भी संदेहास्पद बिंदु बरामद किया। उन्होंने स्पष्ट रूप से कहा था कि कश्यप मतंग इतिहास में मौजूद थे या नहीं, 'चालीस-दो अंश सूत्र' का अनुवाद उन्होंने किया या नहीं, इस की पुष्टि करना मुश्किल है। लेकिन अगर कहा कि वे पूर्वी हान राजवंश के सम्राट मिंगती के शासन काल में रहते थे, इस कहने का पर्याप्त सूबत नहीं है। धर्मरक्ष तो बिल्कुल नकली थे। चीनी ऐतिहासिक किताब में लिखी गई है कि हान राजवंश के दौरान राजदूत जांग छ्येन ने पश्चिम क्षेत्र में एक श्रमण से मुलाकात की और 'चालीस-दो अंश सूत्र' का अनुवाद करवा कर चीन में लाए। इसमें धर्मरक्ष का उल्लेख बिल्कुल नहीं था।

बाइमा (मतलब है सफेद घोड़ा) मठ के निर्माण के बारे में कई चीनी ऐतिहासिक किताबों में लिखा गया है कि पूर्वी हान राजवंश के सम्राट मिंगती ने भारत में दूत भेजा, फिर दूत सफेद घोड़ों की मदद से भारत से बौद्ध सूत्र चीन में लाए। इसलिए सम्राट मिंगती ने बाइमा मठ का निर्माण करवाया। विद्वान रन जीयू ने कहा कि बौद्ध धर्म के आने के साथ भारत से आए भिक्षुओं को बसाने के लिए कुछ मठों का निर्माण करना तो संभव है, लेकिन उस समय मठ का नाम बाइमा नहीं था। उन्होंने चीनी ऐतिहासिक सामग्रियों का अनुसंधान करके कहा कि बाइमा मठ का नाम बाद में दिया गया और यह नाम 'सफेद घोड़ों के बौद्ध सूत्र लाने' से कोई सीधा संबंध नहीं है।

पूर्वी हान राजवंश के सम्राट मिंगती के सपने देखकर भारत से बौद्ध धर्म वापस लाने की कहानी के बारे में बहुत उल्लेख मिलतें है और कहानियों का वर्णन विभिन्न है। सबसे पहले 'चालीस-दो अंश सूत्र' उल्लेख किया गया था। विद्वान रन जीयू ने कहा कि पूर्वी हान राजवंश के 'चालीस-दो अंश सूत्र' से ही इस कहानी के बारे में कोई मूल रिकॉर्ड या मूल रिकॉर्ड का हवाला नहीं है। परवर्ती काल में इस कहानी का उल्लेख ज्यादा विस्तृत हो गया, हो सकता है कि लेखक ने अपनी कल्पना के अनुसार इस कहानी में बहुत सामग्रियां शामिल की हैं।

ऊपर वर्णन से पता चल सकता है कि पूर्वी हान राजवंश के सम्राट मिंगती के सपने देखकर भारत से बौद्ध धर्म वापस लाने की कहानी अविश्वासनीय है। ची श्येनलिन ने कहा था कि बौद्ध धर्म के चीन में आने के विभिन्न सुराग से देखे जाए, सम्राट मिंगती के शासन काल से पहले ही बौद्ध धर्म चीन में आया। कश्यप मतंग और धर्मरक्ष की कहानियां भी अविश्वासनीय हैं। बौद्ध धर्म के चीन में आने का समय ईसा पूर्व में था। बौद्ध धर्म के चीन में किस प्रकार आने के बारे में ची श्येनलिन ने कहा कि बौद्ध धर्म सबसे पहले भारत से सीधे चीन में नहीं आया, बल्कि दो अलग मार्ग से विभिन्न समय में चीन में आया। बौद्ध धर्म सबसे पहले बाक्ट्रिया (Bactria) से चीन में आया, फिर मध्य एशिया की कुछ प्राचीन जातियों से, हो सकता है तेहेरियन लोगों के माध्यम से।

चौथा अध्याय: वेइ, चिन और उत्तरी-दक्षिणी राजवंशों के दौरान चीन में बौद्ध धर्म का प्रचलन

प्राचीन चीन में विभाजन और उथल-पुथल गंभीर था, जबकि चीन-भारत सांस्कृतिक आदान प्रदान मज़बूत हो गया

दो चिन राजवंश और दक्षिणी-उत्तरी राजवंश चीन के इतिहास में महत्वपूर्ण काल थे, खास कर दक्षिणी व उत्तरी राजवंशों के दौरान चीन में प्रशासन का विभाजन बहुत लंबे समय तक चल रहा। इतिहासकारों का मानना है कि इस दौरान संकट की अवधि है, वे मानते हैं इस दौरान सिर्फ पूर्वी चिन राजवंश और दक्षिणी राजवंश वैध थे, अन्य राजवंश अवैध थे।

चीन में वसंत व शरद और युद्धरत राज्यों की अवधि में विभिन्न देशों के बीच संघर्ष होता रहा। विभिन्न देशों के बीच आर्थिक आदान प्रदान, सांस्कृतिक आदान प्रदान और युद्ध के बढ़ावे से चीन के दक्षिण, उत्तर, पूर्व और पश्चिम में विभिन्न जातियों का मेल हुआ, विभिन्न क्षेत्रों के बीच सांस्कृतिक आदान प्रदान को बढ़ावा मिला, इससे विभिन्न क्षेत्रों में संस्कृति समृद्ध बन गई।

वेइ, चिन राजवंशों और दक्षिणी व उत्तरी राजवंशों के दौरान चीन में विभिन्न जातियों का विलय वसंत व शरद और युद्धरत राज्यों की अवधि की तुलना में ज्यादा गहरा एवं व्यापक हो गया। जातियों के बीच विलय होने के तरीके भी विविध थे। कुछ क्षेत्रों में हान जाति प्रमुख स्थान पर था, इसलिए हान जाति अल्पसंख्यक जातियों की संस्कृति आत्मसात् की। कुछ जगहों में अल्पसंख्यक जातियां प्रमुख स्थान पर थीं, तो वे हान जाति की संस्कृति आत्मसात् की। इस विलय और आत्मसात् करने से समग्र चीन जाति की संस्कृति समृद्ध हो गई। इससे स्वई और थाङ राजवंशों के काल में अत्यधिक विकसित सामंती संस्कृति होने के लिए आधार बनाया गया।

दक्षिणी और उत्तरी राजवंशों के दौरान लंबे समय तक विभाजन होने के कारण, दक्षिण और उत्तर चीन में विद्वान और पंडित अपनी फुट्होल्ड ढूढ़ने के लिए इधर उधर यात्रा करते थे। अगर इस देश में फुट्होल्ड नहीं मिल सकती, तो वे दूसरे देश में जाएंगे। कभी उत्तर चीन में उनका स्वागत नहीं है, तो वे दक्षिण में जाएंगे, वहां उनका स्वागत किया गया। कभी दक्षिण चीन में किसी विद्वान की किताब में उत्तर चीन में प्रसारित हुआ, तो इसे ज्यादा महत्व दिया गया। इन विद्वानों की यात्रा से दक्षिणी और उत्तरी देशों के बीच सांस्कृतिक आदान प्रदान आगे

बढ़ाया गया।

दक्षिणी और उत्तरी राजवंशों के काल में कन्फ्यूशियसवाद, बौद्ध और ताओ तीन धर्मों के बीच प्रतियोगिता थी, लेकिन तीनों एक दूसरे से भी सीखती थी और सहयोग करती थी। दक्षिणी और उत्तरी राजवंशों के 300 वर्षों में विचारधारा का विकास की मुख्य स्थिति इसी ही है। इस दौरान चीनी बौद्ध संस्कृति का विकास तत्कालीन सामाजिक विचारधारा और ऐतिहासिक विकास में हुआ।

दक्षिणी और उत्तरी राजवंशों के दौरान चीन में बौद्ध धर्म बहुत प्रचलित था। इसका प्रभाव भी व्यापक हो गया। बौद्ध धर्म के प्रसार और चीनी परंपरागत संस्कृति के बीच घनिष्ठ संबंध था। इससे चीनी विशेषता वाला बौद्ध धर्म, यानी चीनीकरण बौद्ध धर्म पैदा हुआ। इतना ही नहीं, चीन और पड़ोसी देशों के बीच मैत्रीपूर्ण आवाजाही के माध्यम से फिर चीनी विशेषता वाले बौद्ध धर्म का प्रसार कोरिया, जापान, वियतनाम आदि देशों में भी हुआ। चीन और विदेशों के बीच सांस्कृतिक आदान प्रदान में बौद्ध धर्म ने अहम भूमिका निभाई है।

इस काल में चीन दीर्घकालीन विभाजन और उथस-पुथल के दौर से गुज़र रहा था। बौद्ध धर्म के चीन में प्रवेश के समय, विशेष रूप से इसके उत्तरी व दक्षिणी राजवंश के काल में पहुंचने के समय गल्पकथा की विद्या बहुत प्रचलित थी और तेज़ी से विकसित हो रही थी। बौद्ध धर्म के प्रभावस्वरूप इसमें और विस्तार आया। इस तरह चीन में बौद्ध धर्म के क्रमिक प्रचार चीन और भारत के बीच सांस्कृतिक आदान प्रदान के इतिहास में एक महत्वपूर्ण अध्याय जुड़ा।

हमारे पूर्जनों ने अतीत में भारतीय संस्कृति के अनेक तत्वों को आत्मसात् किया। उन्होंने विदेशी संस्कृति के तत्व को चीन की वास्तविक परिस्थितियों के साथ मिलाया और चीन की धरती पर बहुत परिश्रम के साथ सांस्कृतिक समन्वय के इस पौधे को सींचा, जिससे कालान्तर में भूरपर फल-फूल उगे। इसके दृष्टान्त अनेक क्षेत्रों में उपलब्ध है, लेकिन साहित्य जगत में यह ज्यादा विशिष्ट प्रतीत होता है।

पूर्वी हान काल में बौद्ध सूत्रों का चीनी भाषा में अनुवाद शुरु हुआ। चिन राजवंश के बाद अनूदित लेख ज्यादा समृद्ध हुआ। बौद्ध धर्म में भूत-प्रेत से संबंधित नीतिकथाओं की संख्या बहुत है। चीन में परियों और देवी-देवताओं की कहानियां भी प्रचलित थीं। छह राजवंशों के काल (चिन राजवंश से स्वई राजवंश तक, यानी 3वीं सदी के मध्य से 7वीं सदी की शुरूआत तक) में भारत से आयातित बौद्ध साहित्य की भूत-प्रेत की कथाओं का जब चीनी जनता में प्रचार हुआ, तब चीन के साहित्यकारों ने भूत-प्रेत के विषय पर रचना शुरु किया। यह स्वाभाविक है कि जब बौद्ध धर्म परवान पर था, तब बौद्ध अनुयायियों ने बौद्ध कथाओं के लिखने और प्रचार प्रसार करने का काम बहुत उत्साह के साथ किया। इस प्रकार छह राजवंश से स्वई राजवंश तक चीन में एक नई साहित्यिक विद्या का उद्भव हुआ। वह विद्या है भूत-प्रेत की विचित्र कहानियों के बारे में लिखना और इसके प्रतिनिधि उदाहरण हैं 'श्र इ जी (परित्यक्त वस्तुओं को चुनने की कहानियां)' और 'सौ शन जी (भूत को खोजने की कहानियां)' आदि।

स्वर विज्ञान के जगत में बौद्ध धर्म के चीन आने से भारतीय भाषाओं का चीनी भाषाओं के

विकास पर भी अहम प्रभाव पड़ा। इससे पहले चीन में विद्वान सिर्फ चीनी अक्षरों के स्वरूप और अर्थ पर ध्यान देते थे, इनके उच्चारण पर नहीं। पूर्वी हान राजवंश के बाद बौद्ध सूत्रों के माध्यम से बहुत चीनी विद्वानों ने संस्कृत सीखा, भारत की ध्वनिमूलक वर्णमाला सीखने के बाद उन्हें पता चला कि भारतीय लोग भाषा का अध्ययन करते समय शब्द के स्वरूप पर नहीं, बल्कि उच्चरण को महत्व देते थे। इस प्रश्न ने बहुत चीनी विद्वानों का ध्यान आकर्षित किया, वे चीनी अक्षरों के उच्चरण का अध्ययन भी करने लगे। इससे चीन में स्वर विज्ञान का विकास शुरू हुआ। दक्षिणी-उत्तरी राजवंश के दौरान अनेक चीनी विद्वानों ने चीनी भाषा के स्वराघात के विश्लेषण करने के बाद चार स्वरों को निश्चित किया। उसके बाद स्वरों के प्रवर्ग के आधार पर एक नए शब्दकोश का संपादन भी किया। इसके साथ चीनी स्वर से संबंधित अन्य शोधरचनाओं का प्रकाशन होने लगा। स्वई राजवंश के काल में कुछ विद्वानों ने चीनी भाषा के स्वर और व्यंजन के समग्र अध्ययन के आधार पर चीनी भाषा के कुछ शब्दों के स्वर के नियमों का निर्धारण किया। उसके बाद चीन के सभी राजवंशों ने चीनी शब्दों के समान और एकरूप स्वर पर ज़ोर दिया। साथ ही चीनी भाषा के स्वरूप, अर्थ और स्वर पर भी ध्यान दिया गया। चीन का राज्यक्षेत्र विशाल है, हान जाति की प्रादेशिक बोलियां जटिल हैं, एकीकृत और मज़बूत राज्य के निर्माण के लिए चीनी भाषा के शब्दों के समान उच्चारण के लिए एक मापदंड की आवश्यकता थी। इस कार्य का संपादन यह सिद्ध करता है कि यह तत्कालीन राज्य की प्रगतिशील मांग के अनुकूल था और उससे न केवल चीनी जनता की अभिलाषाएं पूरी हुईं, बल्कि देश के एकीकरण और चीनी जनता की भावात्मक एकता में भी इसने सक्रिय भूमिका अदा की।

कला जगत में चीन और भारत ने एक दूसरे पर प्रभाव डाला। बौद्ध धर्म के शुरूआत चरण में भारतीय लोग न बुद्ध का चित्र बनाते थे, न ही बुद्ध की प्रस्तर प्रतिमा का निर्माण करते थे। बाद में यूनानी कला के प्रभाव में भारत के बौद्ध शिल्पकला का उद्भव हुआ। इसके बाद उस तरह की प्रस्तरी शिल्पकला का धीरे धीरे भारत में विकास हुआ। बौद्ध धर्म के प्रचार प्रसार के माध्यम से यह प्रस्तरी शिल्पकला चीन में भी आई। पहले शिन्जांग के क्षेत्र में उसका प्रवेश हुआ, फिर भीतरी चीन में हुआ। जब बौद्ध धर्म भारत में सफलता के शीर्ष पर आरूढ़ था, तब पहाड़ों को तोड़कर पर्वतों की उपत्याकाओं में बौद्ध मंदिर का निर्माण किया जाता था, मंदिर के भीतर पत्थर को तराशकर बौद्ध प्रतिमाएं बनाईं जाती थीं और दीवार पर भित्तिचित्र बनाए जाते थे। इस तरह की प्रवृत्ति और परिपाटी का चीन में आगमन हुआ। उत्तरी वेइ राजवंश से लेकर स्वई राजवंश और थाङ राजवंश तक अनेक गुफा मंदिरों का निर्माण किया गया, जैसे दुन्ह्वांग, युनगांग, क्वांग य्वान आदि गुफाओं में प्रतिमाओं के समूह चीन में इस काल में प्रविष्ट और पनपने की प्रक्रिया के सुखज परिणाम हैं।

भारत की गांधार कला का चीन में प्रवेश होने के बाद चीनी कला पर गहरा प्रभाव पड़ा। जैसा कि ऊपर कहा गया है, ताथोंग के समीप के युनगांग गुफा आदि का निर्माणकार्य 4वीं सदी में शुरू हो गया था। ऐतिहासिक साक्ष्यों के आधार पर चीन के गुफा मंदिरों के निर्माण कार्य के आरंभ का काल भारत के गुप्त राजवंश के स्वर्णयुग का काल था। न केवल ढांचा भारत से

लिया गया था, बल्कि भारत के अनेक बौद्ध भिक्षुओं ने भी इसके निर्माण में भाग लिया। इसलिए युनगांग गुफा के शिल्प में गांधार कला की विशेषताओं को देखा जा सकता है। यह न केवल चीनी और भारतीय जनता के प्रज्ञा की घनीभूत अभिव्यक्ति है, बल्कि दोनों देशों की कलाओं का सफल समन्वय रूप भी है। आज जब हम लोग कला के इन बहुमूल्य अवशेषों को देखते हैं, तो एक तरफ हमें अपने पूर्वजों की बुद्धिमता पर गर्व का अनुभव होता है, दूसरी तरफ हृदय में उन भारतीय मित्रों के प्रति गहरी कृतज्ञता का भाव भी उमड़ता है, जिन्होंने इन अनमोल कलाकृतियों को चीन में स्थापित किया।

चीनी कला ने भारत पर प्रभाव भी डाला। भारत में गुप्त राजवंश के दौरान बनाए गए सिक्कों पर हम यह प्रभाव देख सकते हैं। भारतीय विद्वान सुनीति कुमार चटर्जी ने इसके बारे में बहुत अध्ययन किया। उन्होंने कहा 'कला क्षेत्र में भी चीन के साथ भारत के संबंधों के प्रतिफलन देखने में आते हैं। गुप्तकालीन सिक्कों पर चौथी और पांचवीं सदी की गुप्त ब्राह्मी लिपि में लिखे संस्कृत के अभिलेख हैं। ये संस्कृत अभिलेख सिक्कों के किनारों पर भारतीय विधि के हैं और अक्षर बायें से दायें की तरफ लिखे गए हैं। उदाहरण के लिए संस्कृत का यह अभिलेख सिक्कों पर खुदा हुआ है। 'अप्रतिरथो राजा जित्वा महीम सुचरितेर दिवम जचति ' (अप्रतिरथ राजा ने धरती पर विजय प्राप्त कर ली और अपने सुचित्र से अब वे स्वर्गलोक पर भी विजय प्राप्त कर रहे हैं।) राजा का नाम सिक्के के बीच में खड़ी हुई मुद्रा में उसके चित्र के साथ उत्कीर्ण है और अक्षर चीनी प्रचलन के अनुसार ऊपर से नीचे की ओर लिखे गए हैं, अभिलेख की दो पंक्तियां दायें से बायें की ओर लिखी गई हैं। अभिलेख के अक्षर दो पंक्तियां में हैं और समुद्र और गुप्त ऊपर से नीचे की ओर लिखे गए हैं। बाद में चीन के थाङ राजवंश काल में बनाए गए चीनी-संस्कृत शब्दकोश में संस्कृत के शब्द भी इसी तरह लिखे गए थे। चीनी रेखाक्षर की तरह संस्कृत के अक्षर भी ऊपर से नीचे की ओर एक के बाद एक करके लिखे गए हैं। स्पष्ट है कि सिक्कों की रूपरेखा बनाने वाले ने भारतीय वर्णमाला को नई साजसज्जा के साथ प्रस्तुत किया और ऐसा प्रतीत होता है कि उसे इस सजावट की प्रेरणा चीनी चित्रलिपि की लेखनकला से मिली थी। अनुमानतः कलाकार ने चीनी चित्रलिपि देखी होगी और इस नूतन शैली से प्रभावित होकर उसने सिक्कों पर इस का अनुकरण किया होगा। अगर यह तर्क दिया जाए कि यह चीनी लेखनकला से प्रभावित न होकर कलाकार के मन में स्वतंत्र रूप में उपजा हुआ एक मौलिक विचार था, तो हम यही कह सकते हैं, हममें और चीनियों में काफी तालमेल था और समन्वय का यह इतिहास तब शुरू हुआ जब भारत और चीन के बीच आदान प्रदान विकसित अवस्था में थे। इसके अलावा कुछ गुप्तकालीन सिक्कों में उदाहणार्थ-अश्वमेध सिक्कों में घोडे का चित्र समकालीन चीनी की तरह चित्रों दिखलाया गया है। यहां भी हम चीन से समानता पाते हैं।'

इससे जाहिर है कि 4वीं-5वीं शताब्दी में जब चीन और भारत के बीच आपसी संपर्क का सिलसिला जारी था, भारत की कला पर भी चीनी कला का प्रभाव पड़ा।

चीन का चिकित्सा शास्त्र सदैव उन्नत रहा है, लेकिन भारतीय चिकित्सा शास्त्र का इतिहास भी गौरवशाली और प्राचीन है। वैदिक युग में लिखे गए अथर्ववेद (लगभग 1500-600 ईसा पूर्व) में औषधि रोगों की चिकित्सा पद्धति का वर्णन मिलता है। अर्थशास्त्र में भी 3वीं

शताब्दी ईसा पूर्व में चिकित्सा शास्त्र की स्थिति का उल्लेख है। चीन में बौद्ध धर्म के प्रवेश के बाद भारतीय चिकित्सा शास्त्र के जानकार कई बौद्ध भिक्षु बौद्ध धर्म के प्रचार प्रसार के उद्देश्य से चीन आए। इस तरह क्रमिक रूप से भारतीय चिकित्सा के सिद्धांत, उपचार की पद्धति, औषधि आदि से चीनी जनता परिचित हुई। पूर्वी हान वंश के अंतिम वर्षों में आन शी काओ ने 'शरीर के 404 रोगों का ग्रंथ' नामक भारतीय पुस्तक का चीनी भाषा में अनुवाद किया। इसके बाद भारतीय चिकित्सा शास्त्र और उपचार विधि से संबंधित पुस्तकों का अनवरत रूप से चीनी में अनुवाद हुआ और उनका चीनी जनता में प्रचलन हुआ। उदाहरण के लिए चीन के स्वई राजवंश काल में चीनी में अनूदित विदेशी नुस्खों को चीन में काफी लोकप्रियता मिली। स्वई राजवंश के ऐतिहासिक अभिलेखों में नागार्जुन की उपचार विधि 'पश्चिमी क्षेत्र के विभिन्न ऋषियों की उपचार विधि ', 'पश्चिमी क्षेत्र के ब्राह्मण ऋषियों की उपचार विधि' आदि ग्रंथ का वर्णन मिलता है। बौद्ध सूत्रों में भारतीय चिकित्सा शास्त्र क उल्लेख मान न होकर चिकित्सा शास्त्र के विभिन्न क्षेत्र शिशुरोग, नेत्ररोग, प्रसूतरोग, गुदारोग आदि की चिकित्सा के बारे में विस्तृत विवरण है। ऐतिहासिक अनुश्रुतियों के आधार पर नेत्ररोग की चिकित्सा से संबंध चीन में प्रचलित सबसे पहली भारतीय रचना पूर्वी चिन राजवंश (307-420) का 'फ़ो सुओ चौ मु चिंग' है, जिसका अनुवाद चुथान उलान ने किया। चीन में बौद्ध धर्म के प्रवेश के उपरांत नेत्ररोग के उपचार की विधियों से चीन परिचित हुआ और इसी तरह चीनी चिकित्सा पद्धति की रत्नमंजूषा और भी समृद्ध बनी।

चौथी और पांचवी सदी में भारत के गुप्त राजवंश काल में भारत का विदेश व्यापार अत्यंत विकसित था। भारत का विदेश के साथ विस्तृत पैमाने पर व्यापारिक संबंध था, चीन के साथ भी था, उस समय भारत में 'चीनांशुक' नाम से विख्यात चीनी रेशम भारत के अनेक नगरों में बहुत बिकता था। कालिदास के ग्रंथ 'कुमार संभव' में इसका उल्लेख है।

चीन में बहुत समय से पहले 'चीची' का उत्पादन किया गया। 5वीं शताब्दी ईसा पूर्व के अंत और 6वीं शताब्दी ईसा पूर्व की शुरुआत में दक्षिण चीन में गन्नों से शक्कर का उत्पादन करने का तकनीक प्राप्त किया गया था। थाङ राजवंश के दौरान, सन् 647 में मगध देश के राजदूत चीन की तत्कालीन राजधानी छांगआन में आए, उसने सम्राट थाङ थाईजोंग के सामने भारतीय गुड़ की प्रशंसा की थी। इस लिए थाङ सम्राट थाङ थाईजोंग ने भारतीय गुड़ का उत्पादन करने का तकनीक सीखने के लिए कई दूत मगध देश में भेजे। इन दूतों ने चीन वापस आने के बाद यांगचो में उत्पादित गन्नों से 'चीनी' का उत्पादन किया, इस नए तकनीक से उत्पादित चीनी का रंग और स्वाद भारतीय गुड़ से भी बेहतर थी। य्वान राजवंश (1206-1368) के काल में मिस्र के एक आदमी ने चीन आकर सफेद चीनी बनाने का तरीका सिखाया। मिंग राजवंश (1368-1466) के दौरान चीनी बनाने का चीनी तरीका बहुत विकसित हुआ। चीन से चीनी का उत्पादन करने का तकनीक जापान, दक्षिण एशिया, पूर्व दक्षिण एशिया में फैल गया। शायद इसी दौरान भारत में भी प्रसारित हुआ। इसी लिए हिन्दी भाषा में सफेद शक्कर को चीनी कहा जाता है। इससे पता चल सकता है कि प्राचीन काल में चीन और भारत ने एक दूसरे से चीनी बनाने का तकनीक सीखा था।

चीन में बौद्ध धर्म का तेज़ विकास

वेइ और चिन राजवंशों के काल में चीन दीर्घकालीन विभाजन और उथस-पुथल के दौर से गुज़र रहा था। गल्पकथा की विद्या बहुत प्रचलित थी। इस दौरान बौद्ध धर्म का अभूतपूर्व विकास हुआ। चीन और भारत के बीच भिक्षुओं की आवाज़ाही भी अधिक हो गई। दक्षिणी व उत्तरी राजवंशों के दौरान चीन में बौद्ध धर्म का तेज़ विकास हुआ और बौद्ध धर्म का प्रभाव भी व्यापक हो गया। थाङ राजवंश के दौरान चीन और भारत के बीच हर क्षेत्र में सांस्कृतिक आदान प्रदान चरमोत्कर्ष पर पहुंच गया। बौद्ध धर्म के प्रसार के माध्यम से भारतीय संस्कृति ने भी चीन के अनेक क्षेत्रों पर प्रभाव डाला। चीन-भारत सांस्कृतिक आदान प्रदान चमकदार काल में आया।

4 वीं शताब्दी में भारत के उत्तर पश्चिम से कई भिक्षु चीन में आए। उन लोगों ने चीन में बौद्ध सूत्रों का अनुवाद किया, बौद्ध धर्म का प्रचार प्रसार भी किया। वेइ और चिन राजवंश के दौरान बौद्ध धर्म के लगातार प्रवेश से भारत से ज्यादा भिक्षु चीन में आए, बौद्ध धर्म का प्रचार प्रसार भी अधिक हो गया। पूर्वी चिन राजवंश के दौरान लगातार युद्ध होने से जनता दुख और पीड़ा में डूबी थी, इसलिए उन्होंने आसानी से बौद्ध धर्म स्वीकार किया। बौद्ध धर्म के प्रचार को सुविधाजनक शर्त मिली। इसके अलावा उत्तर चीन में अल्पसंख्यक शासन ने बौद्ध धर्म को बढ़ावा भी दिया, इसलिए चीन में बौद्ध धर्म का तेज़ विकास हुआ। इसके अलावा प्रख्यात भिक्षुओं ने भी अहम योगदान दिया। उन लोगों ने बहुत बौद्ध सूत्रों का अनुवाद किया, सक्रिय रूप से बौद्ध धर्म का प्रचार प्रसार किया। पश्चिमी चिन राजवंश के बाद बौद्ध धर्म का प्रभाव व्यापक हो गया। चीन-भारत सांस्कृतिक आदान प्रदान में भी विशाल विकास हुआ। दोनों देशों के बीच भौतिक आदान प्रदान, राजनीतिक आवाजाही दिन ब दिन घनिष्ठ हो गई, भारत से ज्यादा प्रख्यात भिक्षु चीन में आए, चीन में भी ज्यादा प्रख्यात भिक्षु हुए।

फ़ो तुछेंग (Buddhacinga) भारत से आए एक प्रख्यात भिक्षु थे। उन्होंने न केवल चीन में बौद्ध धर्म का प्रचार प्रसार किया, बल्कि सरकार के सैन्य और राजनीतिक मामलों में भी भाग लिया। ऐतिहासिक रिकॉर्ड के मुताबिक, सामंती शासक ने उन्हें बहुत उच्च स्थान दिया, जब वे राजसभा में आए, सभी अधिकार, यहां तक कि राजकुमार भी उनका समान करते थे। उनके प्रभाव में चीनी सामंती शासक ने आम आदमी को भिक्षु बनने की अनुमति दी।

पूर्वी चिन राजवंश के शी डाओएन (Shi Dao'an) एक प्रभावी भिक्षु थे। उन्होंने सन् 374

में 'सभी बौद्ध सूत्रों की नामसूची' संपादन किया, जिसका परवर्ती काल पर बहुत प्रभाव पड़ा। उन्हें लगा कि नियमों के बिना भिक्षुओं का प्रबंधन करना मुश्किल है। इसलिए उन्होंने संभव नियम भी बनाए। जो परवर्ती काल में चीन में मंदिर प्रणाली की स्थापना के लिए एक आधार माना जाता था। उन्होंने चीनी-विदेशी भिक्षुओं को कई बौद्ध सूत्रों के अनुवाद में भी मदद दी। इसलिए ऐसा कहा जा सकता है कि उन्होंने बौद्ध धर्म के विकास और चीन-भारत सांस्कृतिक आदान प्रदान के लिए बहुत महत्वपूर्ण योगदान दिया।

कुमारजीव चीनी बौद्ध इतिहास और चीनी दर्शन इतिहास में एक उत्कृष्ट व्यक्ति थे। निम्न लेख में मैं उनकी चर्चा करूंगा।

ह्वईय्वान प्रख्यात भिक्षु डाओएन के शिष्य थे। उन्हें चीनी बौद्ध इतिहास में नया युग खोलने वाले माने जाते हैं। भिक्षु बनने के बाद उन्होंने बहुत सूत्र पढ़ लिए। उन्होंने लूशान पहाड़ में स्थित डोंगलिन मंदिर में 30 साल बिताए। यहां उन्होंने जीवन भर शिष्य पढ़ाया, बौद्ध सूत्र समझाया, साथ ही राजनीति जगत और बौद्ध जगत के साथ संपर्क भी बनाए रखे। चीनी विद्वान ची श्येनलिन ने कहा कि ह्वईय्वान की नैतिकता और व्यवहार सर्वोच्च ईमानदार था, उनका ज्ञान भी सर्वोच्च श्रेष्ठ था। तत्कालीन अनेक उच्च अधिकारी और प्रसिद्ध विद्वान उनकी प्रशंसा करते थे। चिन राजवंश के दौरान बौद्ध धर्म की समृद्धि बनाने, भारतीय संस्कृति आत्मसात् करने में ह्वईय्वान ने बहुत महत्वपूर्ण योगदान दिया। डाओएन के बाद उन्हें दूसरा प्रख्यात भिक्षु कहा जा सकता है।

भिक्षु फाश्येन ने भी उत्कृष्ट योगदान दिया, निम्न लेख में इस पर विशेष चर्चा की जाएगी।

भिक्षु परमार्थ दक्षिणी व उत्तरी राजवंशों के दौरान अंतिम प्रख्यात भिक्षु थे। चीन-भारत संबंधों में उनका अहम स्थान है। वे भारत के थे, सन् 546 में 48 साल की उम्र में वे समुद्री रास्ते से चीन में आए। सबसे पहले वे क्वांगचो पहुंचे, फिर नानजिंग आए। ल्यांगवू सम्राट ने उनका गर्मजोशी से स्वागत किया। उन्होंने बहुत अहम बौद्ध सूत्रों का अनुवाद किया। उन द्वारा अनूदित किताबों का चीन पर विशाल प्रभाव पड़ा।

दक्षिणी और उत्तरी राजवंशों के दौरान शासक वर्ग ने सामंती वर्गीकरण का संरक्षण करने के लिए कर्मफल की अनिवार्यता आदि बहाने से लोगों को कानून का पालन करने और अपने कार्य करने में प्रोत्साहित किया, ताकि परवर्ती जीवन में उन्हें अच्छा भाग्य मिल सके और मरने के बाद स्वर्ग में प्रवेश कर सके। इसलिए सामंती शासकों ने बौद्ध धर्म का अधिक सहायता और समर्थन किया। उत्तरी वेइ राजवंश के वनछेंग सम्राट और श्योवन सम्राट ने अपने शालन काल में बड़ी श्रमशक्ति और साधन लगाकर युनगांग और लोंगनम में बौद्ध गुफाओं और मूर्तियों का निर्माण किया, साथ ही बौद्ध सूत्रों के अनुवाद में भी पूंजी लगाई। दक्षिणी राजवंश के सोंगवन सम्राट, खास कर ल्यांगवू सम्राट ने अधिक भी किया। ल्यांगवू सम्राट ने आदेश दिया था कि देश में सिर्फ बौद्ध धर्म वैध है। उन्होंने राजसभा में खुद भी बौद्ध सूत्रों का अर्थ समझाया।

दक्षिणी और उत्तरी राजवंशों के दौरान शासक वर्ग के समर्थन करने से बौद्ध धर्म ने अपनी मठवासी अर्थव्यवस्था भी विकसित की। ऐतिहासिक रिकॉर्ड के मुताबिक, उसी समय दक्षिण

चीन के ल्यांग राजवंश में 2846 मठ थे और भिक्षु-भिक्षुणी की संख्या 8 लाख से अधिक थी। उत्तर चीन में वेइ राजवंश के अंत काल में देश में 30 हज़ार से अधिक मठ निर्मित किए गए, भिक्षु-भिक्षुणी की संख्या 20 लाख से अधिक थी। उसी समय विभिन्न मठ को अपनी भूमि थी, मठ की ओर से व्यापार किया जाता था, उच्च ब्याज दरों में ऋण दिया जाता था, मठ में बहुत पैसे कमाए गए। इस समय चीन में बौद्ध धर्म स्वतंत्र विकास के रास्ते पर आगे बढ़ रहा था, चीन के सामंती समाज की जटिल रचना का हिस्सा भी बना। बौद्ध धर्म ने समाज की विचारधारा और अर्थव्यवस्था पर बहुत असर डाला। इस आधार पर स्वई राजवंश और थाङ राजवंश के दौरान चीनी विशेषता वाले बौद्ध धर्म का विकास हुआ।

अगर दक्षिणी और उत्तरी राजवंशों का काल चीन-भारत सांस्कृतिक आदान प्रदान का उमंग समय माना जाए, तो थाङ राजवंश में स्थिति और अच्छी हो गई, सांस्कृतिक आदान प्रदान ज्यादा शानदार हो गया। चाहे भौतिक संस्कृति में हो या आध्यात्मिक संस्कृति में हो, चाहे सरकारी राजनयिक गतिविधि हो या गैर सरकारी आवाजाही हो, सब एक अभूतपूर्व स्तर पर पहुंचा। इस अवधि में चीन एशिया, अफ्रीका और यूरोप के साथ मैत्रीपूर्ण आदान-प्रदान करता था। राजनीति, अर्थव्यवस्था, धर्म, कला, प्रौद्योगिकी, व्यापार आदि क्षेत्रों चीन और भारत के बीच आदान प्रदान पहले से ज्यादा सक्रिय था। इस दौरान चीन में श्वेन त्साङ और यीजिंग समेत कई भिक्षुओं ने भी सांस्कृतिक आदान प्रदान के लिए शानदार योगदान किया।

चीन-भारत राजनयिक संबंध घनिष्ठ बने

चीन में दो चिन राजवंश से स्वई राजवंश और थाङ राजवंश तक चीन-भारत सांस्कृतिक आदान प्रदान का स्वर्णिम युग था, इसके बीच बौद्ध धर्म ने अग्रणी भूमिका अदा की, यह सब जानते हैं। ऐसा होने का कारण दोनों देशों के बीच घनिष्ठ संबंधों से संबंधित है।

चीनी प्रसिद्ध विद्वान ची श्येनलिन ने इस क्षेत्र में बहुत अध्ययन किया। उनका मानना है कि पश्चिमी चिन राजवंश के बाद चीन और भारत के बीच भूमि पर और समुद्र में यातायात दिन ब दिन सुविधाजनक बना। खास कर 7वीं शताब्दी से समुद्री रास्ते का महत्व ज्यादा बढ़ा। दोनों देशों में राजनीतिक स्थिति में परिवर्तन और आर्थिक विकास की मांग के कारण, आपस में व्यापारिक गतिविधियां और राजनीतिक आदान-प्रदान ज्यादा से ज्यादा घनिष्ठ हो गया। आध्यात्मिक और भौतिक संस्कृति दोनों पक्षों में द्विपक्षीय आदान प्रदान ज्यादा अधिक हो गया। जिससे दोनों देशों में सांस्कृतिक विकास भी आगे बढ़ाया गया। भारत से कई व्यापार राजदूत का नाम नकल करके, चीनी सम्राट के उपहार देने के बहाने से व्यावार करते थे। चीन के इतिहास में ऐसे बहुत उदाहरण थे। यह ऐतिसाहिस सत्य के अनुकूल है। उक्त उदारण से इसकी पुष्टि की जा सकती है कि जो भी व्यापारिक गतिनिधियां हों, वे चीन-भारत घनिष्ठ राजनियक संबंधों को साबित कर सकती हैं। ऐसा होने का कारण धर्म के अलावा राजनीतिक और आर्थिक तत्व भी थे।

दो चिन राजवंशों और दक्षिणी व उत्तरी राजवंशों के दौरान दोनों देशों के बीच लोगों की आवाजाही, व्यापारिक गतिविधियां और सांस्कृतिक आदान प्रदान मज़बूत हो गया। इसके बारे में चीन के 'चिन राजवंश की पुस्तक", 'सुङ राजवंश की पुस्तक' और 'वेइ राजवंश की पुस्तक' समेत कई ऐतिहासिक किताबों में उल्लेख है। इस दौरान भारत से बहुत दूत, खासकर भिक्षु चीन में आए। चीन से भी बहुत भिक्षु बौद्ध सूत्र वापस लाने के लिए भारत गए।

स्वई राजवंश के चीन का फिर से एकीकरण हो गया। स्वई और थाङ राजवंश के दौरान चीन की एकता से चीन जाति की संस्कृति में उदात्तीकरण मिला। स्वई और थाङ राजवंशों को चीनी संस्कृति का सबसे समृद्ध काल माना जाता है। इस काल में सांस्कृति आदान प्रदान की चर्चा बाद में विशिष्ट रूप से की जाएगी।

चीन और भारत के बीच प्रख्यात भिक्षुओं की आवाजाही

चीनी प्रख्यात भिक्षु डाओएन (Dao'an) ने बौद्ध धर्म का नया युग खोला

चीनी प्रख्यात भिक्षु डाओएन पूर्वी चिन राजवंश के दौरान एक प्रसिद्ध बौद्ध विद्वान और लीडर थे। उन्होंने चीन में भिक्षु समूह के गठन और बौद्ध सैद्धांतिक प्रणाली की स्थापना में बहुत महत्वपूर्ण योगदान किया।

भिक्षु डाओएन का जन्म समय निश्चित नहीं है, ऐतिहासिक किताबों में इसका उल्लेख विभिन्न है। आम तौर पर माना जाता है कि भिक्षु डाओएन का जन्म वर्ष 312 में हुआ और उनका देहांत वर्ष 385 में।

उनका परिवार कन्फ्यूशियसवाद मानता था। बचपन में ही उनके माता और पिता मर गए। उन्होंने 7 साल की उम्र मे किताब पढ़ना शुरू किया, फिर भिक्षु बने। वे बहुत मेहनती और बुद्धिमान थे। अध्ययन यात्रा करने के दौरान वे भारत से आए भिक्षु से मिले और उनसे बौद्ध शास्त्र सीखने लगे।

डाओएन ने जीवन भर में बहुत किताबें लिखीं। उन्होंने बहुत किताबें पढ़ीं और लेख रचने में योग्य थे। उन्होंने 48 प्रकार की बौद्ध किताबें लिखीं। जिनमें हीनयान बौद्ध धर्म की किताबें 24 प्रकार की थीं, महायान बौद्ध धर्म की किताबें 14 प्रकार की थीं। इसके अलावा स्थलाकृति की किताब, बौद्ध सूत्रों की नामसूची और बौद्ध नियम भी लिखे।

उन्होंने बौद्ध सूत्रों का प्रबंधन करके बौद्ध सूत्रों की नामसूची भी लिखी। उन्होंने सभी बौद्ध सूत्रों की नामसूची संपादन किया, जिसका परवर्ती काल पर बहुत प्रभाव पड़ा। बौद्ध धर्म ग्रंथ सूची शास्त्र में उन्होंने महत्वपूर्ण योगदान दिया। चीन में बौद्ध सूत्रों के प्रबंधन में उन्होंने अनमोल अनुभव छोड़ा।

बौद्ध सूत्रों के अनुवाद जगत में उन्होंने भी बहुत कार्य किया। छांगआन में उन्होंने बौद्ध सूत्रों के अनुवाद का नेतृत्व किया, अनुवादक चुने और पूंजी भी जुटाई। पैमाना बहुत बड़ा था और कामयाबी भी शानदार थी। उनके नेतृत्व में कुल 14 बौद्ध सूत्रों या 10 लाख से ज्यादा अक्षरों का अनुवाद किया गया।

उन्होंने भिक्षु समूह गठित किया और भिक्षुओं को बाधित करने के लिए नियम भी बनाए। उसी समय चीन में बौद्ध धर्म के नियम तो थे, लेकिन संपूर्ण नहीं थे। डाओएन ने मौजूदा बौद्ध

नियमों के आधार पर संपूर्ण नियम बनाए, जिनका प्रभाव भी व्यापक था। कहा जाता है कि उसी समय देश में सभी मंदिरों में उन द्वारा बनाए गए नियमों का पालन किया जाता था।

वेइ और चिन राजवंशों से बौद्ध अनुयायियों का कुलनाम विभिन्न था। डाओएन ने शाक्यमुनि के नाम के आधार पर सभी भिक्षुओं को 'शी' का एकीकृत कुलनाम दिया। उन्होंने बौद्ध धर्म के प्रचार प्रसार और शिष्यों की शिक्षा को भी महत्व दिया।

इसलिए विद्वान ची श्येनलिन ने कहा कि 'भिक्षु डाओएन ने जीवन भर बौद्ध धर्म के विकास और चीन-भारत सांस्कृतिक आदान प्रदान के लिए बड़ा योगदान दिया। उन्होंने व्यापक प्रभाव भी डाला। इसलिए हम मानते हैं कि उन्होंने चीन में बौद्ध धर्म का नया युग खोल दिया। वे बहुत कम प्रख्यात भिक्षुओं में से एक बने।'

चीनी प्रख्यात भिक्षु ह्वीय्वान (Huiyuan) का असाधारण योगदान

भिक्षु ह्वीय्वान पूर्वी चिन राजवंश के अंत काल में सबसे प्रभावशाली भिक्षु थे। उनका जन्म सन् 334 में हुआ और देहांत सन् 416 में।

ऐतिहासिक उल्लेख के मुताबिक बचपन में वे कन्फ्यूशियस ग्रंथ सीखते थे और इस विषय में विशेषज्ञ बने। फिर उन्हें पता चला कि प्रख्यात भिक्षु डाओएन हेंगशान (Hengshan) पहाड़ पर मठ का निर्माण करके बौद्ध धर्म का प्रसार कर रहे थे, इसलिए वे अपने भाई के साथ वहां गए। भिक्षु बनने के बाद उन्होंने भिक्षु डाओएन से बहुत सीख लिया। अपनी मेहनत और बुद्धि से उन्होंने बहुत कामयाबियां हासिल कीं। 24 वर्षों की उम्र में ही वे बौद्ध सूत्र पढ़ाने लगे।

बाद में वे लूशान (Lushan) पहाड़ गए और वहां बौद्ध धर्म प्रसारित करने, बौद्ध अभ्यास करने और किताबें लिखने लगे। लूशान पहाड़ में उनके नेतृत्व में एक भिक्षु समूह गठित किया गया। वे पहाड़ और जंगल में रहते थे, लेकिन समाज के साथ संपर्क नहीं काटा। लोग, खासकर समाज का ऊपर वर्ग उनका और उनके भिक्षु समूह का सम्मान करते थे।

बचपन से ही उन्होंने बहुत ग्रंथों को पढ़ा, भिक्षु बनने के बाद महायान बौद्ध धर्म और हीनयान बौद्ध धर्म दोनों के सूत्र सिखे, साथ ही कन्फ्यूशियसवाद और ताओवाद की किताबें भी पढ़ी। भिक्षु ह्वीय्वान की किताबों में कन्फ्यूशियसवाद, बौद्ध धर्म और ताओ धर्म के विचारों का विलय है।

चीनी विद्वान ची श्येनलिन ने कहा कि 'ह्वईय्वान की नैतिकता और व्यवहार सर्वोच्च ईमानदार था, उनका ज्ञान भी सर्वोच्च श्रेष्ठ था। तत्कालीन अनेक उच्च अधिकारी और प्रसिद्ध विद्वान उनकी प्रशंसा करते थे। चिन राजवंश के दौरान बौद्ध धर्म की समृद्धि बनाने, भारतीय संस्कृति आत्मसात् करने में ह्वईय्वान ने बहुत महत्वपूर्ण योगदान दिया। डाओएन के बाद उन्हें दूसरा प्रख्यात भिक्षु कहा जा सकता है। उन्होंने चीनी बौद्ध इतिहास में नया युग खोला।'

भारतीय प्रख्यात भिक्षु कुमारजीव ने चीन में बौद्ध सूत्र पढ़ाया और अनुवाद किया

कुमारजीव भारत में प्रसिद्ध विद्वान और अनुवादक थे, चीन के इतिहास में उनका बड़ा प्रभाव भी था। उनके पिता भारतीय थे और माता कुचान (Kuchan) की राजकुमारी थीं। उनका जन्म 344 ईस्वी कुचान में हुआ और देहान्त 413 ईस्वी चीन में हुआ। 9 साल की उम्र में वे माता के साथ भारत वापस गए। भारत में पढ़ाई करके फिर चीन लौट आए। बचपन से ही वे बहुत बुद्धिमान थे, उन्होंने बौद्ध सूत्र, खगोल विज्ञान, गणित, संस्कृत के बारे में बहुत सीख लिया। 402 ईस्वी में वे चीन के छांगआन (Chang'an) आए, वहां रहने वाले 12 सालों में वे बौद्ध सूत्रों का अनुवाद करते थे और बौद्ध ज्ञान सिखाते थे। उसी समय वे पूरे चीन में प्रसिद्ध थे। उन्होंने वज्रच्छेदिका प्रज्ञापारमिता सूत्र, सद्धर्म पुन्दरिका सूत्र आदि का अनुवाद किया। उन द्वारा अनूदित किताबों का चीन के दर्शनशास्त्र और साहित्य पर बड़ा असर पड़ा। उनकी चीनी भाषा बहुत अच्छी थी, वे चीनी भाषा में बौद्ध सूत्रों का मूल अर्थ समझा सकते थे, उनके अनुवाद में भाषा की शैली नहीं बदली। इसलिए वे एक अभूतपूर्व अनुवादक थे। चीन के श्वेन त्साङ की तरह, वे चीन-भारत मैत्रीपूर्ण संबंधों के एक प्रतीक हैं।

चिन राजवंश से ही चीन से भारत जाने वाले विद्वान और ज्यादा होने लगे। ऐतिहासिक उल्लेख के मुताबिक 2वीं सदी ईसा पूर्व में ही चीन और भारत के बीच संपर्क हुआ। वेइ और चिन राजवंशों के दौरान चीन से कई लोग बौद्ध सूत्र सीखने के लिए भारत गए। इसके बाद दोनों देशों के बीच लगातार आवाजाही होती रही। 3वीं शताब्दी के मध्य से 8वीं शताब्दी के मध्य तक, 500 सालों में कुल 160 से अधिक चीनी भिक्षु भारत जाकर बौद्ध ज्ञान सीखा। इसे बाद 1000 वर्षों में भी बहुत भिक्षु भारत गए। इतिहास में फ़ाश्येन, सोंगयुन, श्वेन त्साङ, यीजिंग आदि भिक्षु प्रसिद्ध हैं। उन्होंने बहुत कठिनाइयों का मुकाबला करके भारत पहुंचकर वहां बौद्ध धर्म सीखा। उन्होंने सांसकृतिक आदान प्रदान किया, भारतीय लोगें के साथ गहरी दोस्ती भी बनाई।

चीनी प्रख्यात भिक्षु फ़ाश्येन (Faxian) भारत गए

चीन-भारत संबंधों के विकास में फ़ाश्येन ने बहुत अहम भूमिका निभाई। वे चीन-भारत दोस्ती के एक प्रतीक थे। उन्होंने न केवल चीन में महायान बौद्ध धर्म के विकास के लिए अहम योगदान दिया, बल्कि चीन-भारत दोस्ती आगे बढ़ाने के लिए भी अहम भूमिका निभाई।

फ़ाश्येन 399 ईस्वी छांगआन से भारत की ओर में रवाना हुए। उनके साथ कुल 9 लोग भारत गए, लेकिन अंत में इनमें सिर्फ 3 भारत गए फिर चीन लौट आए। बाकी 6 लोग कुछ रास्ते में ही चीन वापस आए, कुछ भारत में मर गए। 414 ईस्वी वे समुद्री रास्ते से चीन लौट आए। जाने के रास्ते में 6 साल लगे और वापस आने के रास्त में 3 साल लगे। वे भारत में 6 साल ठहरे।

भारत में बौद्ध स्थलों का दौरा करने और बौद्ध नियमों से संबंधित किताबें ढूढ़ने के लिए फाश्येन भारत गए। इतनी लंबी दूर के रास्ते में उन्होंने अनगिनत कठिनाइयों का सामना किया, अंततः भारत पहुंचे।

चीन-भारत सांस्कृतिक आदान प्रदान

उसी समय भारत में चन्द्र गुप्ता द्वितीय का प्रशासन काल था। बौद्ध धर्म के प्रति आस्था और भक्ति के कारण, फाश्येन ने गांधार, पेशावर, कान्यकुब्ज, कोशल, बनारस, कपिलवस्तु, कुशीनगर आदि जगहों की यात्रा की और भिक्षु नियम संबंधी किताबों की तलाश की। लेकिन यह काम आसान नहीं था। उसी समय भारत में अहम किताब लिखित रूप से नहीं, बल्कि ज़बान से सिखाई जाती थी। उन्होंने सीखते समय ये खुद ही किताबों को अक्षरों में लिखा। उन्होंने भारत में 3 साल तक सीखते समय किताबों की नकल की। अंत में अपनी इच्छा पूरी की। फिर वे ये सब बहुमूल्य किताबें लेकर चीन में वापस लौटे। फ़ाश्येन की इस लंबी यात्रा उस समय चौंका देने वाली बात थी। वापस आने के बाद फ़ाश्येन ने भारत में विभिन्न जगहों की सामाजिक और सांस्कृतिक स्थिति के विषय पर किताब 'फ़ाश्येन की जीवन कथा' भी लिखी। इस किताब में उन्होंने भारत में गुप्त राजवंश के दौरान विभिन्न क्षेत्रों में सामाजिक और सांस्कृतिक स्थिति का वास्तविक और सुस्पष्ट उल्लेख किया।

उन्होंने लिखा कि भारत में लोग खुशहाल में रहते थे, जनगणना रजिस्टर और सरकारी कानून नहीं था। अगर सरकारी भूमि में खेती का काम करता है, तो सरकार को किराया देना पड़ता था। लोगों को अपनी इच्छा पर जाने और रहने की आज़ादी थी। अपराधी को जुर्माना करने की सज़ा मिलती थी। अगर दोबारा गंभीर अपराध किया, तो सिर्फ दायें हाथ काटने की सज़ा दी जाती थी। सम्राट के पास गार्ड को वेतन दिया जाता था। पूरे देश में चंडाल के अलावा लोग जानवरों को नहीं मारते थे, शराब नहीं पीते थे, प्याज़ और लहसुन नहीं खाते। चंडाल लोग अलग स्थान पर रहते थे, जब भी वे शहर में आए, तो लकड़ी को टकराकर अन्य लोगों को जानकारी पहुंचते थे। आम लोग इन से भागते थे, छूत नहीं करते। देश में लोग सुअर और मुर्ग का पालन नहीं करते, बाज़ार में पशु नहीं बेचते थे। शराब बेचने वाले भी नहीं थे। व्यापार करने में शेल का इस्तेमाल करते थे। बाज़ार में सिर्फ चंडाल लोग और शिकारी मांस बेचते थे।

प्राचीन भारत का अध्ययन, भारतीय मध्यकालीन इतिहास का अध्ययन, 5वीं सदी के आरंभ में एशिया की स्थिति और यातायात मार्गों का अध्ययन करने के लिए 'फ़ाश्येन की जीवन कथा' एक बहुत अहम ऐतिहासिक किताब है। इसका अंग्रेज़ी भाषा में अनुवाद करके इस किताब ने भारत में बहुत बड़ी प्रतिध्वनि पैदा की।

भारतीय प्रख्यात भिक्षु परमार्थ ने चीन में बौद्ध सूत्रों का अनुवाद किया

परमार्थ का जन्म 498 ईस्वी में भारत में हुआ, वे प्राचीन भारत में प्रसिद्ध भिक्षु थे, साथ ही बौद्ध सूत्रों के प्रसिद्ध अनुवादक थे। ऐतिहासिक उल्लेक के मुताबिक वे भारत के उज्जैन के थे। बचपन से ही उन्होंने कई प्रसिद्ध शिक्षकों से सीखा। 546 ईस्वी, यानी 48 साल की उम्र में वे समुद्री मार्ग से चीन में आए। सबसे क्वांगचो पहुंचे, फिर नानजिंग आए। ल्यांगवू सम्राट ने उनका बहुत समान किया। वे बौद्ध सूत्रों का अनुवाद करना चाहते थे, लेकिन युद्ध की अशांति और अराजकता से शांत स्थान मुश्किल से मिलता था। वे कई बार भारत वापस जाना चाहे, लेकिन असफल रहे। 568 ईस्वी में उन्हें दुनिया त्यागने की इच्छा हुई, एक बार आत्म हत्या की कोशिश

भी की। 569 ईस्वी में उनका देहांत हुआ। चीन में रहने वाले 23 साल में उन्होंने कठिन स्थिति में भी बहुत बौद्ध सूत्रों का अनुवाद किया। इसके अलावा उन्होंने चीन में बहुत शिषयों को भी सिखाया। उनकी प्रतिभा और क्षमता आम लोगों से श्रेष्ठ थी, इतिहास में उनका प्रभाव पड़ा था।

पांचवां अध्याय: स्वई राजवंश और थाङ राजवंश में चीन-भारत आदान प्रदान शिखर पर पहुंचा

व्यापार, कूटनीति और संस्कृति जगतों में आदान प्रदान

दो चिन राजवंशों और दक्षिणी व उत्तरी राजवंशों के दौरान, बौद्ध गतिविधियों के अलावा चीन और भारत के बीच व्यापारिक और राजनयिक आवाजाही भी अधिक थी। चीन की ऐतिहासिक किताबों में इसके बारे में बहुत उललेख हैं। स्वई (Sui) और थाङ (Tang) राजवंशों में ऐसे उल्लेख और अधिक हो गए। ऐतिहासिक उल्लेख के मुताबिक:

619 ईस्वी में भारत से राजदूत कई अनमोल उपहार लेकर छांगआन आए।

626 ईस्वी में भारत से भिक्षु संस्कृत बौद्ध सूत्र लेकर छांगआन पहुंचे।

627 ईस्वी में श्वेन त्साङ बौद्ध सूत्र वापस लेने के लिए भारत गए। ऐसे बहुत उल्लेख हैं। 'नई थाङ राजवंश की पुस्तक', 'पुरानी थाङ राजवंश की पुस्तक' आदि किताबों में बहुत ऐसे उल्लेख हैं।

618 से 704 ईस्वी तक चीन और भारत के बीच आदान प्रदान आश्चर्यजनक स्तर पर रहा। हर साल में दोनों देशों के बीच आवाजाही होती थी और एक साल में कई बार होती थीं। यह चीन-भारत सांस्कृतिक आदान प्रदान के इतिहास में बहुत कम मिलता है। दोनों देशों के बीच आदान प्रदान न सिर्फ धर्म और राजनीति (कूटनीति) जगतों में, बल्कि अर्थव्यवस्था, दर्शनशास्त्र, विज्ञान व प्रौद्योगिकी, साहित्य और कला आदि क्षेत्रों में भी होता था। इसलिए विद्वान इस काल को चीन-भारत सांस्कृतिक आदान प्रदान का सबसे समृद्ध काल मानते हैं।

इसके बाद दोनों देशों के बीच राजनयिक आदान प्रदान और अधिक घनिष्ठ हो गया। ऐतिहासिक रिकॉर्ड के मुताबिक, सन् 710, 713, 714, 715, 717 में भारत से राजदूत भारतीय विशेषता वाले उपहार लेकर चीन में आए।

स्वई और थाङ राजवंशों के समय दोनों देशों के बीच व्यापारिक आदान प्रदान भी अधिक हो गया। उसी समय चीन में यांगचो और छुअनचो समेत कई अहम व्यापारिक पोर्ट थे, बहुत देशों ने इन पार्ट से व्यापार करते थे, खासकर भारत ने। बहुत भारतीय विशेषता वाले माल चीन में पहुंचाए गए, कुछ सम्राट को दिए गए और कुछ बेचे गए। ची श्येनलिन का मानना है कि ऐतिहासिक उल्लेख का मतलब है विदेशी विशेषता वाले माल चीन में लाकर उपहार के रूप में सम्राट को दिया गया, अभिजात और बड़े अधिकारियों को अवश्य भी कुछ मिलता था। सामान्य

परंपरा के मुताबिक बाकी सब माल बेचे जाते थे। इसलिए सम्राट को उपहार देने के बहाने से वास्तविक में व्यापार किया जाता था।

सांस्कृतिक आदान प्रदान भी समृद्ध था। धर्म के अलावा, भारत से साहित्य, कला, नाटक, संगीत, चिकित्सा, खगोल विज्ञान और कैलेंडर आदि चीन में प्रसारित किया गया। लेकिन चीन से भारत में क्या गया, इसके बारे में भारत में बहुत कम उल्लेख है। बौद्ध धर्म का जन्म भारत में हुआ था, फिर चीन में आया, फिर चीन से भारत वापस गया। इस विरल ऐतिहासिक घटना का विद्वान ची श्येनलिन ने बहुत अध्ययन किया और विशिष्ट किताबें लिखीं। इसके अलावा, चीन के प्रसिद्ध चार महान आविष्कार 7वीं सदी के बाद विभिन्न समय पर भारत गया। संगीत, चित्रकला और स्थानीय इतिहास लिखने का तरीका कब भारत गया, ये निश्चित नहीं है, लेकिन प्रभाव तो सचमुच मौजूद था। ऐसे बहुत उदाहरण हैं, एक शब्द में चीन और भारत के बीच आदान प्रदान पारस्परिक रूप से हुआ।

थाङ राजवंश में चीन-भारत सांस्कृतिक आदान प्रदान

थाङ राजवंश चीन के इतिहास में एक समृद्ध और शक्तिशाली साम्राज्य था, उसी समय अर्थव्यवस्था विकसित थी, संस्कृति समृद्ध थी। थाङ राजवंश के दौरान चीन और विदेशों के बीच भूमि पर और समुद्र में यातायात विकसित था, इसलिए एशियाई, अफ्रीकी और यूरोपीय देशों के साथ मैत्रीपूर्ण आवाजाही अधिक थी। थाङ राजवंश के दौरान चीन-भारत आदान प्रदान राजनीति, अर्थव्यवस्था, धर्म, कला, विज्ञान व प्रौद्योगिकी, व्यापार समेत हर क्षेत्र में होता था। खास कर हान राजवंश के अंत से थाङ राजवंश के मध्य तक, लगभग 600 साल, चीन और भारत के बीच आवाजाही का सबसे सक्रिय और समृद्ध काल था।

उक्त लेख में मैं ने लिखा था कि बौद्ध धर्म चीन में प्रवेश के बाद चीनी साहित्य पर उसका गहरा प्रभाव पड़ा। थाङवंश के काल में उस का प्रभाव केवल साहित्य के विषय-वस्तु पर ही सीमित नहीं रहा, बल्कि साहित्य की संरचना और शैली पर भी असर पड़ा।

छह राजवंशों के काल में भारत के प्रभाव में जन्मी और विकसित हुई भूत-प्रेत से संबंधित कहानियों की विषय-वस्तु में और भी व्यापकता आई और साहित्य के कलात्मक पक्ष पर भी ज्यादा ध्यान दिया गया। फलस्वरूप विस्मयजनक कहानियों की विधा का विकास हुआ। थाङ राजवंश में कथा-साहित्य का कुछ भाग भारत में प्रचलित भूत-प्रेत की कहानियों (जैसे भूत का भिन्न-भिन्न रूपों में प्रकट होना) का रूपांतर है, उदाहरण के लिए स्वई राजवंश और थाङ राजवंश के बीच वांग तू नामक लेखक द्वारा लिखी कई किताब 'कू जिंग जी (प्राचीन दर्पन की कथा)' में भूत-प्रेत का गहरा संबंध है। शन जीचो की किताब 'चन जोंग जी (तकिए की कहानी)' में अत्यंत मनोरम ढंग से भय कल्पना और तिलस्म का प्रयोग हुआ है। छन श्वेनकू की 'ली हुन जी (आत्मा की प्रस्थान की कहानी)", त्वान छंगशी की 'यओ यांग चा चू (पूजा के भिन्न-भिन्न बर्तन)", शन याची की 'छिन मंग जी (छीन के स्वप्न की कहानी)' आदि में देवी-देवता, भूत-प्रेत आदि अलौकिक शक्तियों का वर्णन है। ये प्रत्यक्ष या अप्रत्यक्ष रूप से बौद्ध धर्म से संबंधित है।

थाङ राजवंश के साहित्य में भूत-प्रेत के विस्मयकारी विषय के अतिरिक्त भारत के प्रभाव में विकसित हुई एक और विधा है 'ब्येन वन"। दुनह्वांग गुफाओं में बड़ी मात्रा में ब्येन वन निकले हैं। ब्येन वन मूलतः बौद्ध कथाएं हैं। उनकी विषय वस्तु कुछ तो बौद्ध सूत्रों पर आधारित है और

कुछ का स्रोत चीन की प्राचीन कथाएं हैं। ब्येन बन तुकांत पद्य और गद्य के समवेत रूप हैं। इस तरह की संरचना स्पष्ट रूप से भारत की गल्पविद्या से प्रेरित है।

थाङ राजवंश के दौरान चीन में संगीत और नृत्य का काफी विकास हुआ, उस समय चीन में विदेश संगीत और नृत्य भी लोकप्रिय थे। चीनी ऐतिहासिक ग्रंथ 'नई थाङ राजवंश की पुस्तक', 'पुरानी थाङ राजवंश की पुस्तक' में लिखा है कि उसी समय भारत से संगीत, नृत्य और नाटक का दल चीन आया था। उनके कला प्रदर्शन की बारीकी से जनता मंत्रमुग्ध हो गई। थाङ श्वेनजोंग के शासन काल में (8वीं सदी के आरंभ में) राजभवन के संगीत दल में भारतीय संगीत भी शामिल था, विभिन्न प्रकार के ढोल और अन्य भारतीय वाद्ययंत्र चीन में प्रवेश होने के बाद चीनी जनता के बीच लोकप्रयि बनी। थाङ राजवंश के संगीत की पुस्तक के मुताबिक, उस समय का सर्वाधिक विकसित संगीत जैसे कान चौ राग, ल्यांग चौ राग का शिन्च्यांग प्रांत और गानसू प्रांत से होकर चीन के भीतरी हिस्से में प्रवेश हुआ। बाद में अन्य राग भी विकसित हुए, जैसे कुची राग और भारत राग आदि।

चित्रकला क्षेत्र में दोनों देशों ने एक दूसरे पर प्रभाव डाला। चीन के दक्षिणी-उत्तरी राजवंशो, स्वई राजवंश और थाङ राजवंश के दौरान चित्रकार अकसर बौद्ध मंदिरों के लिए चित्र करते थे, उनके चित्रों का विषय बौद्ध धर्म कहानी और भूत-प्रेत से संबंधित था। ज़ाहिर है यह भारतीय प्रभाव था। थाङ राजवंश के वांग वेइ, कु हुथौ, वू ताओच आदि की प्रसिद्धि का आधार बौद्ध चित्रकला है। पूर्वी चिन राजवंश से थाङ रादवंश तक चीन और भारत के विद्वानों के आवागमन का सिलसिला भी अबाध गति से कामय रहा और इसने चित्रकला के उदय और विकास में महत्वपूर्ण भूमिका निभाई। रांबद्ध विषय के विद्वानों के मत में चीन कै चित्रों का भारत में भी प्रवेश हुआ। थाङ राजवंश के बाद फारस में चीनी चित्रकला लोकप्रिय और आदरणीय हुई, फारस के लोगों ने चीनी चित्र शैली और स्वरूप का अनुसरण किया। इसलिए चीनी चित्रकला फारस होते हुए भारत पहुंची और फलस्वरूप भारत में पुष्प और पक्षियों के चित्र बनाने की कला चीनी चित्रकला से प्रभावित हुई।

7वीं शताब्दी में चीनी रेशम भारत में बहुत प्रचलित था और तत्कालीन भारतीय लोगों में उसे काफी लोकप्रियता मिली। 'हर्षचरित' में भी इसका उल्लेख मिलता है।

भारतीय तक्षणकला का चीन पर भी प्रभाव पड़ा। उक्त कहा गया था कि बौद्ध धर्म के शुरुआती दिनों में भारतीय लोग बुद्ध के चित्र नहीं करते थे, उनकी मूर्ति नहीं बनाते थे। बाद में यूनानी कला के प्रभाव में उत्तर-पश्चिम भारत में पत्थरों पर बुद्ध मूर्तियां बनाई जाती थीं, बाद में धीरे धीरे इसका विकास हुआ। चीन में बौद्ध धर्म का प्रसार होते समय यह तक्षणकला भी चीन में आई। पहले पश्चिम चीन के शिन्च्यांग में आई, फिर भीतरी क्षेत्र में। चीन में विकास होने के बाद न केवल पत्थर, बल्कि मिट्टी से भी बुद्धा की मूर्तियां बनाई जाती थीं।

भारत में बौद्ध धर्म के उत्थान के काल में पहाड़ों को तोड़कर गुफा बनाने की कला का प्रचलन था। गुफाओं के अंदर पाषाण प्रतिमाएं उत्कीर्ण थीं और दीवारों पर भित्तिचित्र बनाए गए थे, गुफा बनाने की इस कला का भी चीन में प्रवेश हुआ। उत्तरी वेइ राजवंश काल में शुरू

होकर थाङ राजवंश तक यह परंपरा कायम रही। थाङ राजवंश काल में भारत की गुप्तकालीन कला (बुद्ध की मूर्ति की नक्काशी की कला) का चीन में प्रवेश हुआ और चीन की बौद्ध कला पर इसका गहरा प्रभाव पड़ा। उस समय भारत से चीन आने वाले बौद्ध भिक्षुओं ने बौद्ध स्थापत्य और नक्काशी के कार्य में हिस्सा लिया। युनगांग गुफाओं की नक्काशी इसका एक ज्वलन्त उदाहरण है। विशेषज्ञों के अध्ययन के अनुसार चीन में बौद्ध धर्म के आरंभिक काल की मूर्ति बनाने की कला पर भारत के गुप्तकाल की बौद्ध कला का असर पड़ा।

भारतीय चिकित्सा विज्ञान का चीन पर बड़ा प्रभाव पड़ा था। थाङ राजवंश के दौरान यह प्रभाव जारी रहा। इस समय लिखित कई चिकित्सीय किताबों में भारतीय चिकित्सा और दवा का परिचय किया गया। उदाहरण के लिए मशहूर वैद्य चिकित्सा शास्त्री वांग थाओ की 'वाय थाय मि याओ", सुन स्याओ की 'छ्येन जिन इ फ़ांग' आदि पुस्तकों में भारतीय चिकित्सा का वर्णन किया गया है। भिक्षु यीजिंग ने भी अपनी यात्रापुस्तक 'नान हाए छि कुइ ने फा चुआन' में भारत की चिकित्सा के सिद्धांत और जड़ी-बूटी औषधि का जिक्र किया है। इनमें चीनी चिकित्सा शास्त्र से संबंधित पुस्तकों में 'वाय थाय मि याओ' सब से महत्वपूर्ण है। विद्वानों ने इस पुस्तक का बहुत अध्ययन किया। इस में बहुत चिकित्सा सिद्धांत और औषधि बहुत प्रचलित था। भारत से नैत्र-विज्ञान भी चीन में आया, चीन पर इसका बहुत बड़ा प्रभाव पड़ा। थाङ राजवंश के दौरान कई प्रसिद्ध कवियों और सम्राटों का इलाज भारतीय डॉक्टरों ने किया था।

चीन में स्वर शास्त्र की उत्पत्ति और विकास भी भारत की संस्कृत भाषा से संबंधित था। पूर्वी हान राजवंश के बाद बौद्ध धर्म का चीन में प्रचार प्रसार होते हुए चीनी विद्वानों ने संस्कृत सीखकर चीनी भाषा के उच्चरण का अध्ययन करने पर ध्यान दिया। चीन भाषा की तुक और लयात्मकता की उतपत्ति का यही आरंभ बिंदु है। दक्षिणी और उत्तरी राजवंशों के दौरान विद्वानों ने चीनी भाषा के चार स्वराघात निश्चित किए और इसके आधार पर चित्राक्षरों के वर्गीकरण का काम शुरू किया और शब्दकोश का संपादन कार्य संपन्न किया। इसके बाद चीनी भाषा के स्वर, व्यंजन के विश्लेषण के आधार पर चीनी चित्राक्षरों के उच्चारण प्रणाली और अन्य संबद्ध नियमों को क्रमबद्ध रूप से तैयार किया गया। उदाहरण के लिए स्वई राजवंश के 'छ्ये युव' और बाद में सुङ राजवंश के 'क्वांग युन' नामक पुस्तकों को इसी किस्म में रखा जा सकता है। इस शोधकार्य से चीन की स्थानीय भाषाओं के अध्ययन और एकीकृत उच्चारण करने में काफी मदद मिलती है। थाङ राजवंश काल में शौ वन नामक एक बौद्ध भिक्षु ने संस्कृत की वर्णमाला (देवनागरी) के आधार पर चीनी भाषाओं के व्यंजनों की सूची का निर्माण किया, जिसमें 36 अक्षर थे। इस तरह चीनी भाषा के उच्चारण के विश्लेषण में विस्तार आया और चीनी भाषा शास्त्र के अध्ययन को एक नया आयाम मिला।

चीन में मिट्टी के बर्तन बनाने का इतिहास बहुत पुराना है और वह पूरी दुनिया में प्रसिद्ध है। 8वीं शताब्दी यानी थाङ राजवंश से चीन ने विदेशों में मिट्टी के बर्तन का बाज़ार खोल दिया है, उसके बाद इसका अनवरत विकास होता रहा। निस्संदेह इसका भारत के साथ भी आदान प्रदान का संबंध था। भूमि पर रेशम मार्ग के पास मध्य व पश्चिम एशिया और मिस्त्र में, समुद्र

में चीनी जहाज़ और अरबी जहाज़ों पर लदकर हिंद महासागर के पास विभिन्न देशों में इस का प्रवेश हुआ। इन क्षेत्रों में थाङ राजवंश में उत्पादित मिट्टे के बर्तनों के टुकड़े बरामद हुए हैं। 9वीं शताब्दी से कई अरब किताबों में चीन के मिट्टे के बर्तनों के बारे में रिकॉर्ड थी। इब्नेबतूता ने अपनी किताब अल-मसलिक वाल-मामालिक (Kitab al-Masalik wal-Mamalik) में चीन के समुद्रतटवर्ती क्षेत्रों के प्रसिद्ध बंदरगाहों में चीनी मिट्टी के बर्तनों की बिक्री का उल्लेख किया है। भूगोलशास्त्री इब्न फाजी ने 'भूगोल का इतिवृत' नामक पुस्तक में चीन में बने मिट्टी के बर्तनों को तीन मशहूर सामग्रियों में एक माना है। उस समय कुछ अरबी व्यापारियों ने विदेशी बाज़ारों में चीनी वर्तनों को बेचकर काफी मुनाफा कमाया। पश्चिम एशिया में प्रचलित 'येंतु लाङजी चि (भारत की यात्रा का वर्णन)' नामक लेखों के संग्रह में यह वर्णन मिलता है कि एक अरबी व्यापारी ने 883-884 ईस्वी में पूर्वी देशों में आकर व्यापार किया और 913 ईस्वी में अमन लौटकर चीन से साथ ले गए चीनी बर्तनों और रेशम के कारण मालामाल हो गया। इस काल में चीनी बर्तनों का भारत में प्रवेश हुआ। इसमें दो मत नहीं है। इसके बारे में पुरातात्त्विक उत्खनन से कई साक्ष्य प्राप्त हुए हैं।

भारत के कोलोमोन्डोर समुद्रीतट के अरिकामेडु की खुदाई से यह पता चला कि रोमन साम्राज्य काल में यह विदेशी व्यापार का एक विकसित और विस्तृत बंदरगाह था। सन् 1937 और 1945 में अंग्रेज़ों ने यहां खुदाई का काम किया। सन् 1947-48 में फ्रांस की सरकार ने भी वहां खुदाई करवाई और वहां नौवीं सदी से दसवीं सदी तक के चीन के युयेयाव नामक स्थान के मिट्टी के बर्तन मिले हैं। एख नीले रंग की छोटी देगची और नीले और सफेद रंग के बर्तन का अवशेष। सन् 1945 में अंग्रेज पुरातत्त्वशास्त्री मार्सल के नेतृत्व में तीन महीनों तक खुदाई की गई। इस उत्खनन में ऊपरी परत में सुङ राजवंश के 14 चीनी बर्तन युयेयाव स्थान के बर्तन, लोंगछुअन नीले बर्तन के अवशेष, छचौ प्रदेश के बर्तन के अवशेष प्राप्त हुए। साथ ही 11वीं सदी से लेकर 12वीं सदी के अंत में चुलुओ नामक चीनी स्थान के कांसे के बर्तन भी मिले। इससे स्पष्ट है चीनी मिट्टी के बर्तन का बहुत पहले भारत में प्रवेश हो चुका था। सन् 1983 में एक भारतीय मित्र ने मुझे एक चीनी बर्तन दिखाया, जिस पर चीनी चित्राक्षर अंकित थे। यह बंगाल में पाया गया था। यह मिंग राजवंश काल का प्रतीत होता था। चीन में बने मिट्टी के बर्तन का भारत में प्रवेश हुआ था, यह यथार्थ है, हिन्दी में एक शब्द है चीनी मिट्टी, जिसका अर्थ है चीन की मिट्टी जो भारत और चीन के बीच आपसी संबंधों को संकेतित करता है। इस दौरान चीन से कई प्रख्यात भिक्षु भारत गए। निम्न लेख में उनमें से कुछ का संक्षिप्त परिचय किया जाएगा।

वांग श्वेनचे (Wang Xuance) की भारत यात्रा

हान राजवंश के दौरान बौद्ध धर्म चीन में आने के बाद दोनों देशों के बीच भिक्षुओं की आवाजाही ज्यादा से ज्यादा हो गई। दक्षिणी और उत्तरी राजवंशों के दौरान अधिकांश सम्राट बौद्ध धर्म मानते थे, इसलिए दोनों देशों के संबंध ज्यादा घनिष्ठ बने। ऐतिहासिक किताबों में लिखा गया है कि भारत में गुप्ता राजवंश के दौरान अर्थव्यवस्था समृद्ध थी और संस्कृति विकसित थी, और चीन के साथ आदान प्रदान करता था। सन् 428 से 502 तक भारत में राजाओं ने कई राजदूत चीन में भेजे। तत्कालीन चीनी उत्तरी राजवंशों के सरकार ने कई बार भारत से आए राजदूत का सत्कार किया।

थाङ राजवंश के दौरान दोनों देशों के राजनयिक संबंध अधिक घनिष्ठ हो गए। दोनों देशों के बीच राजदूतों की आवाजाही भी ज्यादा हो गई। व्यापारिक गतिविधियां भी दिन ब दिन ज्यादा हो गईं। भारत से न केवल चिकित्सक चीन में आमंत्रित किए गए, बल्कि चिकित्सा ज्ञान और औषधि भी चीन में आए। चीन ने भारत से शक्कर बनाने का तरीका भी सीखा। 7वीं शताब्दी में राजा हर्षवर्धन के प्रशासन में भारत की अर्थव्यवस्था, विज्ञान, साहित्य और कला बहुत विकसित थी। राजा हर्षवर्धन और थाङ राजवंश के सम्राट थाईजोंग ने कई बार एक दूसरे के देश में राजदूत भेजे। सन् 641 में दोनों देशों ने राजनयिक संबंधों की स्थापना की। राजा हर्षवर्धन और थाङ थाईजोंग ने आपस में कई बार राजदूत भेजे। वांग श्वेनचे उनमें सबसे प्रसिद्ध थे।

थाङ राजवंश के काल में चीन और भारत के बीच न केवल जनता की आवाजाही होती थी, बल्कि सरकारी आवाजाही भी अधित हो गई। भारत के उत्तर से दक्षिण तक, विभिन्न राष्ट्र ने चीन में राजदूत भेजे। चीन ने भी भारत में राजदूत भेजे। 7वीं शताब्दी में उत्तर भारत में हर्षवर्धन एक प्रसिद्ध राजा थे, उन्होंने 641 ईस्वी में चीन में राजदूत भेजा। चीन ने भी भारत में कई राजदूत भेजे, वांग श्वेनचे उनमें सबसे प्रसिद्ध थे।

वांग श्वेनचे ने कुल 3 बार भारत की यात्रा की। पहली बार सन् 643 से 646 तक थी, उसी समय वे उप राजदूत थे। भारत में वे राजा हर्षवर्धन से मिले। राजा हर्षवर्धन ने उनका भव्य स्वागत किया। दूसरी बार सन् 647 में, वे राजदूत थे। लेकिन इस समय राजा हर्षवर्धन मर गए, उनका कोई संतान नहीं था। गड़बड़ी में एक मंत्री अर्जुना ने सिंहासन छीन लिया और वांग श्वेनचे

के प्रतिनिधिमंडल पर हमला किया। वांग श्वेनचे ने टुबो (Tubo) और नेपाल का समर्थन प्राप्त किया, उन्होंने सैनिक लेकर उस अर्जुना को हराकर उसे गिरफ्तार किया, फिर उसे छांगआन भी लेकर वापस आया। सन् 657 में उन्होंने तीसरी बार भारत की यात्रा की। उन्होंने बौद्ध साकका भारत में पहुंचाया, उनके लिए आयोजित बौद्ध समारोह में भी भाग लिया। सन् 660 में उन्होंने महाबोधि मंदिर में स्मरक भी खड़ा किया और सन् 661 में चीन लौट आए।

वांग श्वेनचे एक बौद्धधर्मी थे, साथ ही सराकरी राजदूत भी थे। वे भारत के बारे में बहुत कुछ जानते थे। चीन वापस आने के बाद उन्होंने भारत में अपने अनुभव के आधार पर एक किताब 'जोंग थ्येन जू कुओ यो जी (भारत की यात्रा)' भी लिखी, जिसका उच्च ऐतिहासिक महत्व था। खेद की बात है कि यह किताब इतिहास में खो गई। उनकी तीन बार भारत यात्राओं से दोनों देशों के बीच मैत्रीपूर्ण संबंध, राजनीतिक व सांस्कृतिक आदान प्रदान आगे बढ़ाया गया।

प्रख्यात भिक्षु श्वेन त्साङ (Xuanzang) की भारत यात्रा और चीन लौटने के बाद उनका योगदान

श्वेन त्साङ चीन के थाङ राजवंश के दौरान एक प्रसिद्ध भिक्षु थे, उन्होंने बहुत कामयाबियां हासिल कीं, बहुत योगदान भी किया। वे पूरी दुनिया में, खास कर भारत में प्रसिद्ध हैं। बुद्धिजीवी वर्ग में सब को पता है कि वे चीन के इतिहास में एक प्रसिद्ध विद्वान थे। वे आज तक चीन-भारत दोस्ती का प्रतीक भी हैं।

श्वेन त्साङ ने 7वीं शताब्दी में भारत की यात्रा की, उसी समय उत्तर भारत में हर्षवर्धन का प्रशासन था। उन्होंने कई सालों तक भारत में यात्रा और पढ़ाई की। चीन वापस आते समय वे बहुत बौद्ध सूत्र भी लाए। चीन वापस आने के बाद उन्होंने बहुत बौद्ध सूत्रों का अनुवाद किया और 'महा थाङ राजवंश काल में पश्चिम की तीर्थयात्रा का वृत्तांत (Buddhist Records of the Western World) ' किताब भी लिखी। उन्होंने न केवल बौद्ध धर्म का अध्ययन, बल्कि भारत के समाज, परंपरा और इतिहास का अध्ययन भी किया। इसलिए उस समय का भारत जानने के लिए यह किताब एक ज्ञान भंडार माना जाता है।

श्वेन त्साङ का जन्म सन् 600 में हुआ और देहांत सन् 664 में। उनका भाई भिक्षु भी था, वे 13 साल की उम्र में भी भिक्षु बने। वे बहुत मेहनत से पढ़ते थे, सत्य का पीछा करते थे। उन्हें बौद्ध सूत्र का अध्ययन करने में बहुत रुचि थी। उन्होंने चीन में कई मंदिरों की यात्रा की, लेकिन पता चला कि विभिन्न संप्रदायों के बीच बौद्ध सूत्रों की समझ पर विवाद होता था। उन्हें लगा कि बौद्ध सूत्रों के अनुवाद में गलती होने से विवाद पैदा हुआ। इसलिए वे बौद्ध सूत्रों के मूललेख पढ़ने लगे। सन् 629 में उन्होंने भारत जाने का फैसला किया। रास्ते में उन्होंने बहुत कठिनाइयों का सामना किया, 20 से अधिक देशों से गुज़र गए। भारत पहुंचने के बाद उन्होंने बौद्ध स्थलों का दौरा किया और बौद्ध सूत्र भी पढ़े। भारत में बौद्ध केन्द्र नालंदा में उन्होंने 5 साल तक पढ़ाई की। पढ़ते समय उन्होंने बौद्ध ज्ञान भी सिखाया और संस्कृत में निबंध लिखे। अकादमिक बहस में उन्होंने भी जीत हासिल की। इन कामयाबियों से वे भारत में भी बहुत प्रसिद्ध बने। राजा हर्षवर्धन ने कई बार उन्हें आमंत्रित किया।

राजा हर्षवर्धन हर्ष राजवंश के सबसे प्रसिद्ध राजा थे। श्वेन त्साङ की नज़रों में राजा हर्षवर्धन बहुत बुद्धिमान और ज्ञानपूर्ण थे। उनके प्रशासन में देश शक्तिशाली था और जनता

सुखमय जीवन बिताती थी। राजा हर्षवर्धन ने कई बार श्वेन त्साङ का सत्कार किया। दोनों ने चीन-भारत सांस्कृतिक सवालों पर कई बार विचार विमर्श किया। राजा हर्षवर्धन ने श्वेन त्साङ के ज्ञान पर बहुत ध्यान दिया। श्वेन त्साङ को आश्चर्य हुआ कि राजा हर्षवर्धन ने प्राचीन चीनी संस्कृति के बारे में बहुत जानते थे। राजा हर्षवर्धन के देश में श्वेन त्साङ ने 9 साल (635-643 ईस्वी) तक ठहरे, दोनों के बीच गहरी दोस्ती हुई। भारत यात्रा के दौरान श्वेन त्साङ ने कई बार अकादमिक संगोष्ठियों में भाग लिया। क्योंकि वे भारत में प्रसिद्ध थे, कई राजाओं ने उन्हें बौद्ध ज्ञान सिखाने के लिए आमंत्रित भी किया। राजा हर्षवर्धन ने राजधानी कन्यकुब्ज में श्वेन त्साङ के लिए धार्मिक समारोह आयोजित किया था। समारोह में श्वेन त्साङ द्वारा संस्कृत में लिखे गए निबंध पढ़ाए गए, फिर बहस की गई। कुल 18 राष्ट्र के राजाओं और असंख्य विद्वानों ने इस समारोह में भाग लिया। उन सब ने श्वेन त्साङ के ज्ञान की प्रशंसा की। लेकिन इसी समारोह में राजा हर्षवर्धन पर हमला हुआ। क्योंकि राजा हर्षवर्धन बौद्ध भिक्षुओं को ज्यादा पसंद करते थे, इसलिए ब्राह्मण धर्म के अनुयायियों को अंसतोष हुआ। इन अनुयायियों ने राजा हर्षवर्धन को मारने के लिए एक हत्यारा भेजा। सौभाग्य की बात है कि यह साजिश नहीं सफल हुई। हत्यारा को गिरफ्तार किया गया और प्रधान आपराधियों को सज़ा दी गई।

श्वेन त्साङ ने राजा हर्षवर्धन की प्रशासन कौशल की बहुत सराहना की। उन्होंने कहा कि राजा हर्षवर्धन एक उदार शासक थे, वे स्वयं नागरिक प्रशासन करते थे और जनता की सुरक्षा और सुख को महत्व देते थे। राजा हर्षवर्धन महायान बौद्ध धर्म मानते थे, उन्होंने बहुत बौद्ध मंदिरों और स्तूपों का निर्माण किया। लेकिन वे समाज में विभिन्न धर्मों का सम्मान भी करते थे। वे सांस्कृतिक उपक्रमों को भी महत्व देते थे और सांस्कृतिक कार्यों में बहुत पूंजी लगाई।

उसी समय भारत की राजनीतिक स्थिति पर श्वेन त्साङ ने लिखा कि भारतीय लोगों को स्थानान्तरण करने की आज़ादी थी, मज़दूरों को काम में नहीं विवश किया जाता था, लोगों के कंधों पर कराधान कम दबाव था। जबरन मज़दूरी भी कम थी। व्यापारियों को व्यापार करने में कम मज़दूरी दोना पड़ता था। देश के निर्माण कार्य में भाग लेने से लोगों को वेतन मिलता था। सड़कों की सुविधा बहुत अच्छी थी, अधर्म लोग कम थे, आपराधिक कानून गुप्ता राजवंश से ज्यादा सख्त था।

श्वेन त्साङ द्वारा लिखी गई किताब से पता चला कि उसी समय भारतीय लोग सरल और ईमानदार थे, वे दूध, मक्खन और रोटी आदि सरल खाना खाते थे। मांस, प्याज़ और लहसुन कम खाते थे। भोजन रखने का बर्तन लोगों के बीच हस्तान्तरित नहीं किया जाता था। पत्थरों और लकड़ियों के बर्तन का एक बार इस्तेमाल के बाद छोड़ा जाता था। लेकिन लोगों के बीच जाति प्रतिबंध कड़ा था, कुल चार जातियां थी, विभिन्न जातियों के बीच संपर्क नहीं होता था, विवाह सिर्फ जाति के भीतर ही होता था। महिलाएं जीवन भर सिर्फ एक बार विवाह कर सकती थीं। बाल विवाह और विधवा सती आदि बुरा रिवाज प्रचलित था। विधवा दोबारा विवाह नहीं कर सकती।

उसी समय ब्राह्मण धर्म उत्थान काल में था। ब्राह्मण धर्म प्रचलित होते समय बौद्ध धर्म भी लोकप्रिय था, लेकिन बौद्धधर्मियों की संख्या कम हो रही थी।

सन् 644 में श्वेन त्साङ 657 बौद्ध सूत्र और अनेक बौद्ध मूर्तियां लेकर चीन वापस आए। ये सब शीआन के डायेन पगोडा में रखे हैं। चीन वापस आने के बाद उन्होंने बहुत बौद्ध सूत्रों का अनुवाद किया, कुल 54 किताबों, 1335 चैप्टरों का अनुवाद पूरा किया। साथ ही उन्होंने 'महा थाङ राजवंश काल में पश्चिम की तीर्थयात्रा का वृत्तांत' किताब भी लिखी। इस किताब में तत्कालीन भारत के बारे में बहुत वास्तविक और समृद्ध रिकॉर्ड की गई, जिनमें ऐतिहासिक स्थल, व्यक्ति, रीति रिवाज़ और कहानियां शामिल हैं। भारत और मध्य एशिया का पुराना इतिहास जानने के लिए यह किताब बहुत महत्वपूर्ण सामग्री है। इस किताब के आधार पर भारत के पुरातत्वविदों ने नालंदा के अवशेष, राजगीर का पुराना स्थल, सारनाथ के पुराने मंदिर और अजंता गुफा आदि बरामद किए और पुराने समय में भारत की शानदार संस्कृति फिर से दुनिया को दिखाई। श्वेन त्साङ ने चीन-भारत सांस्कृतिक आदान प्रदान और जनता के बीच मित्रता मजबूत करने के लिए बहुत अहम योगदान किया।

भारत से निकलकर सन् 645 में श्वेन त्साङ छांगआन वापस पहुंचे। चीन आने के बाद उन्होंने क्या किया, देशी विदेशी दोस्तों खासकर भारत के दोस्तों को इस सवाल में बहुत दिलचस्पी है। सन् 645 के फरवरी में उन्होंने थाङ राजवंश के सम्राट थाईजोंग से मुलाकात की। थाईजोंग ने उन से भारत के बारे में बहुत सवाल पूछे, श्वेन त्साङ ने सभी सवालों का जवाब दिया। थाईजोंग प्रसन्न हो गए, उन्हों अधिकारी बनाना भी चाहते थे, लेकिन श्वेन त्साङ ने इनकार दिया। इसके बाद श्वेन त्साङ दिन रात भर किताब लिखने और बौद्ध सूत्रों के अनुवाद करने में जुट लगे। वे एक साल में ही वे 'महा थाङ राजवंश काल में पश्चिम की तीर्थयात्रा का वृत्तांत' किताब लिख चुके। दिन रात भर बौद्ध सूत्रों के अनुवाद करने के अलावा वे कभी शिष्यों को बौद्ध सूत्र ज्ञान भी पढ़ाते थे।

एक अनुवादक के रूप में श्वेन त्साङ ने एक नया युग खोल दिया और अनुवाद का नया माहौल स्थापित किया। उन्होंने अनुवाद एजेंसी संगठित की और अनुवाद के सिद्धांत भी बनाए। बौद्ध सूत्रों का अनुवाद सख्त सिद्धांतों और व्याख्या प्रणाली के मुताबिक किया जाता था। उनका मानना था कि अनुवाद करते समय बहुत विचार करने की आवश्यकता है, मूललेख का अर्थ स्पष्ट और ठीक बताते हुए अनुवाद शब्द सुंदर भी होना चाहिए। उन्हें लगा कि पहले बहुत बौद्ध सूत्रों के अनुवाद में गलतियाँ थीं, इसलिए उन्होंने दोबारा अनुवाद किया। उन्होंने बहुत विशेष संज्ञाओं का अनुवाद निश्चित किया, जैसे भारत का नाम चीनी भाषा मे 'यीनदू (Yindu)' निश्चित किया।

बाद में उन्हें लगा कि वे बूढ़े हो गए, राजधानी से निकलकर शाओलिन मंदिर में जाकर बौद्ध सूत्रों का अनुवाद करना चाहते थे। लेकिन सम्राट ने अनुमति नहीं दी। मरने से पहले वे हर क्षण का उपयोग करके अनुवाद करते रहे। सन् 664 में उनका देहान्त हो गया।

चीन वापस आने के बाद 20 साल में उन्होंने भारत में अपने अनुभव के आधार पर 'महा थाङ राजवंश काल में पश्चिम की तीर्थयात्रा का वृत्तांत' लिखने के अलावा, सारा समय बौद्ध सूत्रों के अनुवाद में लगाया। वे भारत से 650 से अधिक बौद्ध सूत्र चीन में लाए। उनकी कोशिश

और हिस्सेदारी में महायान बौद्ध धर्म और हीनयान बौद्ध धर्म के कुल 75 सूत्रों का अनुवाद किया गया। थाङ राजवंश के काल में उन्होंने सबसे अधिक सूत्रों का अनुवाद किया, उनके द्वारा अनूदित बौद्ध सूत्रों की संख्या थाङ राजवंश के काल में अनूदित सभी सूत्रों की संख्या के आधे से भी अधिक थी। उनके अनुवाद की गुणवत्ता भी अच्छी थी, परवर्ती लोग उनके अनुवाद को नया अनुवाद कहते थे। चीन-भारत अनुवाद इतिहास में ही नहीं, पूरे चीन-विदेश अनुवाद इतिहास में उनकी कामयाबी बहुत कम मिलती है। उन्होंने न केवल बौद्ध सूत्रों का चीनी भाषा में अनुवाद किया, बल्कि प्राचीन चीनी दर्शनशास्त्र 'लाओ ज़ी (Lao Zi)' का संस्कृत में अनुवाद करके भारत में भी प्रसारित किया। इस के अलावा, उनकी भारत यात्रा के आधार पर चीन में बहुत साहित्यिक रचनाएं लिखी गईं, सबसे मशहूर 'पश्चिम की तीर्थयात्रा' है, लेकिन इस उपन्यास में सिर्फ उनका नाम ले लिया, बाकी सब इतिहास में सही श्वेन त्साङ से कोई संबंध नहीं है।

श्वेन त्साङ न केवल एक अच्छा इतिहास लेखक और महान अनुवादक थे, बल्कि एक महान दार्शनिक और धर्मनिष्ठ भी थे। भारत की यात्रा के दौरान उन्होंने प्राचीन भारतीय दर्शनशास्त्र बहुत अच्छे रूप से सीख लिया। चीन आने के बाद उन्होंने बौद्ध धर्म के तर्कशास्त्र जगत में भी बहुत योगदान किया। हेतुविद्या प्राचीन भारत में एक पुराना विद्या था। श्वेन त्साङ ने इसे बहुत महत्व दिया। भारत में उन्होंने हेतुविद्या जगत में बहुत अध्ययन किया। उन्होंने भारत से हेतुविद्या से संबंधी 36 ग्रंथ चीन वापस लाकर अनुवाद भी किया। इससे चीनी विशेषता वाली हेतुविद्या स्थापित हो गई, जो चीनी बौद्ध धर्म का एक संप्रदाय भी बना।

चीनी बौद्ध धर्म के विकास और हेतुविद्या के प्रवेश के लिए श्वेन त्साङ ने बहुत विशाल योगदान दिया। उन द्वारा स्थापित चीनी विशेषता वाली हेतुविद्या और हेतुविद्या में उनका योगदान, चीनी तर्कशास्त्र इतिहास की अहम सामग्री बनी। जिससे न केवल चीनी परंपरागत संस्कृति को समृद्ध बनाया गया, बल्कि भारतीय बौद्ध धर्म और हेतुविद्या को भी ज्यादा शानदार किया गया।

बौद्ध दर्शनशास्त्र के जगत में उन्होंने बुनियादी रूप से महायान बौद्ध धर्म की परंपरा का उत्तराधिकार किया और इसे चीन में प्रसारित किया। इससे चीनी बौद्ध धर्म का एक संप्रदाय--- योगकारा संप्रदाय स्थापित हुआ।

इसके अलावा श्वेन त्साङ ने बहुत जापानी और कोरियाई शिष्यों को भी पढ़ाया, उन्होंने पूर्वोत्तर एशिया में बौद्ध धर्म के विकास के लिए बहुत योगदान किया।

संक्षेप में, श्वेन त्साङ और उनके द्वारा लिखी 'महा थाङ राजवंश काल में पश्चिम की तीर्थयात्रा का वृत्तांत' ने चीन-भारत सांस्कृतिक आदान प्रदान के इतिहास में बहुत अहम भूमिका निभाई है। भारतीय पाठ्यपुस्तक में भी उनकी भारत की यात्रा की कहानी है। भारत में सब लोग उन्हें जानते हैं। भारतीय लोग जब भी चीन के बारे में चर्चा करते हैं, श्वेन त्साङ की याद आती है, जब भी श्वेन त्साङ की चर्चा करते हैं, तो चीन की याद आती है। श्वेन त्साङ का नाम चीन का प्रतीक जैसा है। चीनी बौद्ध धर्म इतिहास में उन्होंने पूर्जनों की कामयाबियों का उत्तराधिकार किया, साथ ही नया युग भी खोला। उन्होंने चीन-भारत सांस्कृतिक आदान प्रदान के लिए विशेष योगदान दिया। वे चीनी व भारतीय जनता की मित्रता का एक प्रतीक हैं। उनका नाम हमेशा दोनों देशों की मित्रता के साथ रहेगा।

भिक्षु यीजिंग (Yi Jing) की भारत यात्रा

भिक्षु यीजिंग (635-713 ईस्वी) थाङ राजवंश के प्रख्यात भिक्षु थे, वे प्रसिद्ध मुसाफिर और अनुवादक भी थे। श्वेन त्साङ के बाद भारत जाने वाले लोगों में यीजिंग ने सबसे बड़ा योगदान दिया।

सन् 641 में, यीजिंग 7 साल की उम्र में मंदिर में सेवा करने लगे, सन् 644 में वे पढ़ाई करने लगे। सन् 660 में उन्होंने चीन में विभिन्न जगहों की यात्रा शुरू की। सन् 671 में वे समुद्री मार्ग से भारत के लिए रवाना हो गए। उन्होंने भारत में कई बौद्ध स्थलों का दौरा किया, फिर नालंदा बौद्ध मंदिर आए। वहां उन्होंने 10 साल तक संस्कृत और महायान बौद्ध धर्म और हीनयान बौद्ध धर्म सीखा। उन्होंने कुल 25 साल विदेशों में बिताए और 30 से अधिक देशों की यात्रा की। जाने आने के रास्ते में उन्होंने इंडोनेशिया के सुमात्रा में भी कुछ समय ठहराया। उसी समय दक्षिण चीन सागर के देशों में बौद्ध धर्म लोकप्रिय था, भारतीय संस्कृति का प्रभाव भी था। इसलिए सुमात्रा में उन्होंने संस्कृत और बौद्ध धर्म ज्ञान भी सीखा। सन् 695 वे 400 से अधिक संस्कृत बौद्ध सूत्र लेकर चीन वापस आए। इसके बाद उन्होंने लुओयांग और छांगआन में बौद्ध सूत्रों के अनुवाद का नेतृत्व किया। उन्होंने बहुत बौद्ध धर्मादेश संबंधी किताबों का अनुवाद किया। इन किताबों में न केवल भिक्षुओं के प्रति नियम का उल्लेख है, बल्कि प्राचीन भारत में लोगों की जीवन स्थिति का वर्णन भी है, और कुछ कहानियां भी हैं, इसलिए कई साहित्यिक महत्व वाले लेख भी हैं। यीजिंग ने बड़े पैमाने पर, बड़ी मात्रा में बौद्ध सूत्रों का अनुवाद किया। उन्होंने माहयान बौद्ध सूत्रों और हीनयान बौद्ध सूत्रों दोनों का अनुवाद किया। इसके अलावा उन्होंने भारत और दक्षिण चीन सागर के देशों में बौद्ध धर्म की स्थिति बताने के लिए दो किताबें भी लिखीं, जो अब चीन, भारत और दक्षिण पूर्व एशिया के बीच संबंधों का अध्ययन करने के लिए अहम ऐतिहासिक सामग्री हैं। उन्होंने 'संस्कृत के हज़ार शब्द' भी लिखा, इस किबात में सामान्य संस्कृत शब्दों का संपादन किया गया, जो संस्कृत सीखने वालों के लिए बहुत उपयोगी है।

यीजिंग समुद्री मार्ग से भारत गए और चीन वापस आए, यह श्वेन त्साङ के थलमार्ग से जाने और वापस आने से अलग है। ज़ाहिर है उसी समय चीन और भारत के बीच यातायात की स्थिति बदल गई, समुद्री मार्ग ज्यादा सुविधाजनक था। यीजिंग ने श्वेन त्साङ से ज्यादा समय भारत में बिताया, लेकिन भारत में वे उतना प्रसिद्ध नहीं थे।

चीन-भारत सांस्कृतिक आदान प्रदान

भिक्षु यीजिंग ने अपनी अनुवाद शैली भी स्थापित की। चीन के इतिहास में बहुत भिक्षुओं ने भारत की यात्रा की और बौद्ध सूत्र वापस लेकर अनुवाद किया, लेकिन उनमें सिर्फ तीन भिक्षुओं ने बहुत अहम योगदान किया, वे थे फाश्येन, श्वेन त्साङ और यीजिंग। इन तीनों को तीन शिखर माने जाते हैं, यीजिंग उनमें से एक है। चीनी बौद्ध इतिहास में यीजिंग का स्थान महत्वपूण है।

बौद्ध धर्म के विनाश मामले और मठवासी अर्थव्यवस्था

उत्तरी वेइ राजवंश के थाईवू सम्राट (423-452 ईस्वी) ने पीली नदी बेसिन की एकता की। शुरुआत में वे बौद्ध धर्म मानते थे और भिक्षुओं का सम्मान करते थे। लेकिन बाद में राज्य क्षेत्रफल व्यापक करने, अपना शासन मज़बूत करने और आम जनता को नियंत्रित करने के लिए, सैन्य सेवा, बेगार और करधान आदि उपायों से भिक्षुओं की संख्या पर सख्त नियंत्रण किया गया। लेकिन बाद में वे बौद्ध धर्म छोड़कर ताओ धर्म मानने लगे। यहां तक कि बाद में उन्होंने बौद्ध धर्म का विनाश भी किया, क्योंकि उनके मंत्री ने उनसे कहा कि बौद्ध धर्म विदेश से आया है, इसका खात्मा करना चाहिए। इसके बाद देश में बहुत मंदिर जलाए गए और भिक्षु मारे गए।

572 ईस्वी उत्तरी चो राजवंश के जोवू राजा के प्रशासन काल था। उत्तर चीन की एकता करने के बाद उन्होंने बौद्ध धर्म और ताओ धर्म दोनों का विनाश किया, ताकि इस नीति से देश समृद्ध और सेना शक्तिशाली बनाई जा सकी। क्योंकि उसी समय बौद्ध धर्म लोकप्रिय था, भिक्षु भिक्षुणी बेगार और करधान के दबाव से मुक्त थे। विभिन्न मठों ने बहुत उपजाऊ भूमि पर कब्ज़ा लिया। इससे आम लोगों में असंतोष पैदा हुआ। लोगों को शांत करने और देश स्थिर बनाने के लिए सरकार ने बौद्ध धर्म के खिलाफ कई प्रतिबंध लगाए, भिक्षु भिक्षुणी को करधान देना, सैन्य सेवा और बेगार करना पड़ा।

लेकिन जोवू राजा थाईवू राजा से अलग थे। पहला यह है कि उन्होंने बौद्ध धर्म और ताओ धर्म का खात्मा एक साथ किया। दूसरा यह हा कि हालांकि उन्होंने बौद्ध मंदिर और सूत्र भी जलाए, लेकिन उन्होंने भिक्षु भिक्षुणी नहीं मारे, सिर्फ उन्हें आम आदमी बनाया। वे पहले बौद्ध धर्म बचाना चाहते थे, लेकिन बौद्ध धर्म और ताओ धर्म के बीच अत्यधिक विवाद से देश के प्रशासन पर बाधा बना। इसलिए उन्होंने दोनों धर्मों का एक साथ विनाश किया। ऐतिहासिक उल्लेख के मुताबिक, इस नीति से बहुत भिक्षु-भिक्षुणी समाज में वापस आए, आम आदमी के सिर पर करधान और बेगार का दबाव कम हुआ, सेना शक्तिशाली बनी, देश धनी बना। इसलिए जोवू राजा ने इस नीति को आगे बढ़ाया।

स्वई और थाङ राजवंशों के दौरान मठवासी अर्थव्यवस्था का बड़ा विकास हुआ। थाङ राजवंश के सम्राट थाईजोंग ने बौद्ध धर्म का विकास आगे बढ़ाया और बहुत मंदिरों का निर्माण करवाया। वू जेथ्येन (Wu Zetian) ने राजनीतिक सत्ता की प्रतियोगिता करने के लिए बौद्ध

धर्म का लाभ भी उठाया। इस दौरान मठवासी अर्थव्यवस्था का बड़ा विकास भी हुआ। मठ की संपत्ति विरासत के तरीके से एक पीढ़ी से दूसरी पीढ़ी को सौंपी जाती थी। मठवासी अर्थव्यवस्था के विकास से जमीनदार और सरदार लोगों के हितों पर नुकसान पहुंचा, देश के राजस्व पर भी असर पड़ा। इसलिए थाङ राजवंश के सम्राट वूजोंग ने मठों की भूमि और संपत्ति ज़ब्त करने, बौद्ध मंदिरों और मूर्तियों का विनाश करने और भिक्षुओं भिक्षुणियों को बौद्ध धर्म छुड़वाने का आदेश दिया। उसी समय 4600 से अधिक मंदिरों का विनाश किया गया और 26 हज़ार से अधिक भिक्षु-भिक्षुणी ने बौद्ध धर्म छोड़ कर समाज में वापस लौटे। लेकिन बाद में शासन वर्ग ने फिर बौद्ध धर्म का लाभ उठाया और इसका समर्थन किया।

ये थे चीनी बौद्ध इतिहास में तीन बार बौद्ध धर्म के विनाश मामले।

छठा अध्याय: सोंग, य्वान और मिंग राजवंशों के दौरान बौद्ध धर्म की तरक़्क़ी घटी

समुद्री व्यापार का उत्थान

चीन में सुङ (Song) राजवंश (10वीं-11वीं शताब्दी) के दौरान, भारत में ब्राह्मण धर्म का उदय फिर से हुआ, खासकर इस्लाम भी लंबे समय से पहले भारत में आया और इसी समय शक्तिशाली बन गया। लेकिन बौद्ध धर्म का धीरे धीरे पतन हो गया। इसलिए बौद्ध धर्म के माध्यम से चीन और भारत के बीच सांस्कृतिक आदान प्रदान पहले की तरह नहीं हो सका। इसलिए बौद्ध धर्म का अध्ययन करने का वातावरण बहुत कम हो गया, बौद्ध धर्म का प्रचार प्रसार तो इतिहास बन गया। लेकिन चीन-भारत सांस्कृतिक आदान प्रदान नहीं टूटा, इस बीच एक नया तरीका सामने आया, वह है समुद्री व्यापार।

व्यापक व्यापार के माध्यम से चीन और भारत के बीच आर्थिक और सांस्कृतिक आदान-प्रदान जारी रहा। सुङ राजवंश के दौरान चीन और भारत के बीच व्यापार मुख्य तौर पर समुद्री मार्ग से होता था। इस दौरान लिखी कई एतिहासिक किताबों में दक्षिण और पश्चिम भारत में कई बंदरगाहों की रिकॉर्ड थी। सुङ राजवंश के व्यापारियों के समुद्री मार्ग से भारत, अरब और अफ्रीका में व्यापार करना एक एक अभूतपूर्व समृद्ध लहर बनी। रिकॉर्ड के मुताबिक, पुराने समय में भारत में कई राज्य चीन के साथ व्यापारिक संबंध बनाए रखते थे, वे चीन के छुअनचो बंदरगाह के साथ व्यापार बनाए रखते थे। य्वान राजवंश (1206-1368 ईस्वी) के दौरान देश का क्षेत्रफल व्यापक होने से चीन दुनिया में सबसे शक्तिशली देश बन गया। चीन और भारत के बीच व्यापर और व्यापक हो गया। चीनी जहाज़ अकसर रेशम, मिट्टी के बर्तन और धातु लेकर भारत के बंदरगाहों में पहुंचते थे। मिंग राजवंश के दौरान चीन और भारत के बीच समुद्री व्यापार का पैमाना और क्षेत्र य्वान राजवंश से बहुत अधिक हो गया। भारत की पश्चिम समुद्री तट के अलावा पूर्व में बंगाल की खाड़ी में भी व्यापार होता था।

य्वान राजवंश के दौरान कूटनीति और व्यापार की स्थिति

य्वान (Yuan) राजवंश (1206-1368 ईस्वी) के दौरान चीन दुनिया में सबसे शक्तिशाली देश था। देश का क्षेत्रफल अभूतपूर्व बड़ा था और देश का नाम और प्रभाव एशिया, यूरोप और अफ्रीका पर पड़ा। पूर्वी और पश्चिमी देशों से राजदूत, व्यापारी, पर्यटक, धर्मोपदेशक, चिकित्सक आदि लोग चीन आते जाते थे। चीन और विदेशों के बीच आर्थिक व सांस्कृतिक संबंध बहुत घनिष्ठ थे।

सुङ राजवंश के बाद चीन और भारत के बीच धार्मिक आदान प्रदान कम हो गया, लेकिन व्यापारिक आदान प्रदान दिन ब दिन बढ़ता रहा। दोनों देशों के संबंध नहीं टूटे। य्वान राजवंश के समय, चीन और भारत के बीच भूमि पर और समुद्र में आवाजाही बहुत अधिक घनिष्ठ थी, साथ ही राजनयिक और व्यापारिक संबंध भी पहले से ज्यादा घनिष्ठ हो गए। दोनों देशों के बीच पारस्परिक सांस्कृतिक प्रभाव भी हुआ। उसी समय य्वान राजवंश ने भारत के साथ मैत्रीपूर्ण संबंधों की स्थापना की, एक दूसरे में राजदूत भेजे। उसी समय चीन और भारत के बीच व्यापारिक गतिविधियां बहुत थीं, चीनी जहाज़ अकसर रेशम, मिट्टी के बर्तन और धातु आदि माल लेकर भारत के बंदरगाहों में पहुंचते थे। य्वान राजवंश के काल में लिखा 'दाओ यी जी ल्वे' एक फील्ड यात्रा अभिलेख था, चीन-पश्चिम देशों के बीच यातायात के इतिहास का अध्ययन करने की एक अहम किताब है, इसका अहम ऐतिहासिक महत्व है। इस किताब में 200 से अधिक देशों व क्षेत्रों का उल्लेख मिलता है, भारत के बारे में कई दर्जनों स्थलों का उल्लेख भी है। हम सब जानते थे कि य्वान राजवंश का नाटक बहुत मशहूर है, लेकिन नाटक लिखने की शैली पर भारतीय साहित्य का प्रभाव भी स्पष्ट है। उदाहरण के लिए मा जीय्वान द्वारा लिखे 'ह्वांग ल्यांग मंग' आदि नाटक भारतीय साहित्य से प्रभावित थे। इसके अलावा कर्मफल की अनिवार्यता आदि विचार, उस सयम चीनी उपन्यास और नाटक में अकसर होता है, ये सब भारत से आए थे।

मिंग राजवंश के दौरान चीन-भारत व्यापारिक संबंध

मिंग (Ming) राजवंश तक चीन और भारत के बीच व्यापार समुद्री मार्ग से होता था। चीन के जेंग हे (Zheng He) 28 सालों में 7 बार दक्षिण पूर्व एशिया और हिंद महासागर के विभिन्न देशों में गए। वे भारत के कई जगह गए। उनके माध्यम से दोनों देशों की सरकारों ने एक दूसरे को उपहार दिए। जेंग हे के साथ बहुत व्यापारिक जहाज भी गए। दोनों देशों के बीच व्यापक व्यापार हुआ, जिससे आपस में आर्थिक व सांस्कृतिक संबंधों को भी आगे बढ़ाया गया। जेंग हे आदि लोगों की सफल भारत यात्रा से जाहिर है कि न सिर्फ उसी समय चीन का समुद्री परिवहन बहुत विकसित था, बल्कि चीन और भारत के बीच संबंध घनिष्ठ थे, जनता के बीच गहरी दोस्ती थी। उस समय चीन से भारत जाने वाली सामग्रियों में कपड़े, रेशम, मर्करी, कस्तूरी, चटाई आदि शामिल हैं। उस समय चीन के वाद्ययंत्रों में 'चियु युन ल्वो' अत्यंत प्रचलित थे, जिन्हें आज भी भारत के राजस्थान राज्य में देखा जा सकता है और लोकप्रिय भी है। स्थानीय लोगों ने भी मान लिया कि यह वाद्ययंत्र चीन में आया था। लेकिन इस का प्रवेश कब भारत में हुआ, अब स्पष्ट नहीं है, चीन और भारत के विद्वानों का ज्यादा अध्ययन चाहिए। लेकिन इससे पता चलता है कि मिंग राजवंश के काल में चीनी संस्कृति भारत में गई थी, जिससे भारतीय संस्कृति समृद्ध बन गई

मिंग राजवंश के बाद चीनी और भारतीय जनता के बीच आवाजाही नहीं टूटी, लेकिन सांस्कृतिक आदान प्रदान पर काफी प्रभाव पड़ा। इस समय यूरोप में पूंजीवाद का उत्थान हुआ, यूरोपीय उपनिवेशवादियों ने समुद्री डाकू की तरह पूर्वी देशों पर हमला किया। सन् 1510 में पुर्तगालियों ने भारत के गोवा पर कब्जा किया, फिर 1557 में चीन के मकाऊ पर भी। उसी समय चीन और भारत अर्थव्यवस्था जगत में पीछे रहते थे, उपनिवेशवादियों के प्रत्यक्ष या अप्रत्यक्ष प्रशासन में चीन और भारत के बीच आदान प्रदान पर बाधा बना।

लेकिन 2 हज़ार से अधिक वर्षों तक चल रही दोस्ती आसानी से नहीं टूटी, कठिनाइयों के समय में इस दोस्ती के संपूर्ण प्रदर्शन का अवसर नहीं था, लेकिन फिर भी मौजूद थी। इसी समय चीनी और भारतीय जनता एक दूसरे के प्रति मन में दया का भाव रखता था, दोनों के बीच मित्रता पहले से भी अधिक गहरी हो गई। इसलिए परवर्ती समय में चीन और भारत के बीच

आदान प्रदान का नया विकास हुआ।

मिंग राजवंश के दौरान जेंह हे की पश्चिमी समुद्र यात्रा इतिहास में एक बड़ी घटना थी, इसका राजनीतिक महत्व है और आर्थिक महत्व भी है।

जेंग हे (Zheng He) की पश्चिमी समुद्र यात्रा और भारत

मिंग राजवंश के शुरुआत में हुई जेंग हे की पश्चिमी समुद्र यात्रा दुनिया में मशहूर है। चीनी इतिहास में यह एक अहम घटना थी। जेंग हे न केवल इस्लाम धर्म मानते थे, बल्कि बौद्ध धर्म भी मानते थे। वे बौद्ध अनुयायी भी थे। जेंग हे ने सम्राट के आदेश पर 28 वर्षों में 7 बार समुद्री मार्ग से दक्षिण पूर्व एशिया और हिंद महासागर के 30 से अधिक देशों की यात्रा की, सबसे दूर पूर्वी अफ्रीका और लाल सागर भी पहुंचे। इन जगहों में आज भी उनकी यात्रा के अवशेष मिल सकते हैं। वे भारत के कालीकट, कोच्चि, बांग्लादेश आदि जगह भी गए। उनके माध्यम से दोनों देशों की सरकारों ने एक दूसरे को उपहार दिए। जेंग हे के साथ बहुत व्यापारिक जहाज भी गए। दोनों देशों के बीच व्यापक व्यापार हुआ, जिससे आपस में आर्थिक व सांस्कृतिक संबंधों को भी आगे बढ़ाया गया। व्यापार का पैमाना अभूतपूर्व था।

उनके साथ गए कुछ लोगों ने उसी समय भारत में लोगों के जीवन और रीति रिवाज़ के बारे में किताबें भी लिखीं, जो आज भारत के इतिहास और चीन-भारत सांस्कृतिक आदान प्रदान का अध्ययन करने की अहम सामग्रियां बनी हैं।

जेंग हे की समुद्री यात्रा चीन के इतिहास में एक अहम घटना है। चीन में सब लोग उन्हें जानते हैं। प्रसिद्ध विद्वान ची श्येनलिन ने कहा कि जेंग हे की यात्रा से चीनी और भारत समेत दक्षिण पूर्व एशिया व हिंद महासागर के देशों की जनता के बीच आपसी समझ गहरी हो गई। विदेशों में जेंग हे की यात्रा से भी स्थानीय लोगों को गहरा प्रभाव छोड़ा गया। जेंग हे ने दक्षिण पूर्व एशिया व हिंद महासागर के देशों में लोगों के दृष्टि का दायरा व्यापक किया, चीन के प्रति उनकी समझ मज़बूत की। संक्षेप में कहा जाए तो मिंग राजवंश के दौरान चीन की संस्कृति फिर भी भारत में गई, जिससे भारतीय संस्कृति समृद्ध बनी और चीन-भारत दोस्ती का विकास भी हुआ। आज तक भारत के कोच्चिन में लोगों को जेंग हे की याद है, वे जेंग हे द्वारा छोड़े गए मछली पकड़ने के जाल और वास्तुकला की शैली पर चर्च करते हैं। उनकी बातचीत और व्यवहार में चीनी जनता के प्रति पुरानी और नई दोस्ती भरी है।

सांतवां अध्याय: छींग राजवंश और आधुनिक समय में बिग टर्निंग प्वाइंट

भारत और अफ़ीम युद्ध

मिंग और छींग (Qing) राजवंश के दौरान चीन और भारत के बीच आदान प्रदान पहले से बहुत कम हो गया। पश्चिम देशों की पूंजीवादी संस्कृति लहरों की तरह चीन में आई। पश्चिम देशों के खगोल विज्ञान, कैलेंडर, गणित और चिकित्सा चीन में आए। छींग राजवंश के सम्राट खांगशी भी लोगों को पश्चिमी संस्कृति सीखने के लिए प्रोत्साहित करते थे। इस दौरान में चीन और भारत के बीच राजनयिक और व्यापारिक आदान प्रदान टूट गए। बाद में व्यापार फिर से शुरू हुआ, लेकिन वह असली आर्थिक व व्यापारिक आदान प्रदान नहीं था, बल्कि जहरीला अफीम का व्यापार था। चीनी विद्वान ची श्येनलिन ने कहा कि उसी दौरान चीन में तिब्बत के सीमांत क्षेत्र के अलावा अन्य स्थानों में भारत के साथ कोई आदान प्रदान नहीं था। बाद में कुछ 'माल' तो भारत से चीन में आए, लेकिन वह साधारण माल नहीं, जहरीला अफीम था, और यह व्यापार भारतीय लोगों ने नहीं, बल्कि मुख्य रूप से ब्रिटिश उपनिवेशवादियों ने किया।

भारत में अफीम की भरमार थी और ब्रिटिश व्यापारियों ने ये अफ़ीम चीन में बेचकर बहुत बैसे कमाए। इस अफीम व्यापार से न केवल भारत में ब्रिटिश औपनिवेशिक सरकार को चीन से बहुत आर्थिक लाभ मिला, बल्कि ब्रिटिश पूंजीपति भी अधिक धनी बने। वे अफीम के व्यापार से चीन के साथ व्यापारिक घाटा पूरा करना चाहते थे। वे चीन में कमाए गए पैसों से कच्चे सामग्रियां खरीदकर ब्रिटेन में प्रसंस्करण करते थे, फिर उत्पादित माल पूर्वी देशों में बेचते थे। इससे न सिर्फ चीनी जनता की तबीयत नष्ट की गई, बल्कि चीन से पैसे कमाए गए। चीनी जनता ने ज्यादा सहन नहीं करते हुए दो बार अफीम के विरोध में आंदोलन किया, लेकिन ब्रिटिश सरकार ने दो बार अफीम युद्ध किए और छींग राजवंश सरकार से अफीम व्यापार वैध करवाया। चीनी लोग आपदा के रसातल में फंस गए।

ब्रिटिश औपनिवेशिक सरकार ने भारतीय लोगों को धोखा भी दिया और भारतीय लोगों से सहायता हासिल करना चाहती थी। लेकिन भारत में बहुत लोगों ने न्याय का साथ किया। 20 वर्षों की उम्र में रबीन्द्रनाथ टैगोर ने 'मौत व्यापार' किताब में कठोरता से ब्रिटिश उपनिवेशवादियों की निंदा की, उन्होंने लिखा कि तोप के माध्यम से अफीम को चीनी लोगों के मुंह में भरना कोई व्यापार नहीं, बल्कि डाकू का व्यवहार है। उल्लेखनीय है कि दूसरे अफ़ीम युद्ध में ब्रिटिश

सरकार ने बहुत भारतीय सैनिकों को चीन में तैनात किया, चीन में आकर इन भारतीय सैनिकों को पता चला कि अपने को धोखा दिया गया, इसलिए उन्होंने चीनी जनता के साथ क्रांति की, बहुत भारतीय सैनिकों ने अपनी मूल्यवान जान भी चीन की क्रांति के लिए दी। यह हम कभी नहीं भूलेंगे।

छींग राजवंश के अंतिम काल में विशाल परिवर्तन और चीन-भारत संबंध

अफ़ीम युद्ध के बाद, छींग राजवंश सरकार भ्रष्ट और अक्षम बनी, और साम्राज्यवादी हमलावरों के साथ सिलसिलेवार अन्याय संधियों पर हस्ताक्षर किए। चीनी जनता ज्यादा नहीं सहन कर सकी, सामंतवाद और साम्राज्यवाद के खिलाफ बहुत क्रांतिकारी संघर्ष किया। सन् 1905 से 1907 तक चीन में 400 से अधिक क्रांति की गई। सन् 1911 के 10 अक्टूबर में शिनहाई (Xinhai) क्रांति हुई और 260 साल तक शासन करने वाले छींग राजवंश को उखाड़ फेंका। चीन में 2000 हज़ार वर्षों की सामंती निरंकुशता खत्म हुई और चीनी गणराज्य सरकार की स्थापना की। इसके बाद कुओमिन्तांग पार्टी का शासन, जापानी आक्रमण विरोधी युद्ध हुआ और चीनी जनवादी गणराज्य की स्थापना की गई।

भारत में ब्रिटिश औपनिवेशिक शासन ने लोगों पर शोषण और लूट का दबाव भी बढ़ाया। इसलिए भारत में लोगों ने भी बहुत विरोधी आंदोलन किया। महात्मा गांधी के नेतृत्व में भारतीय लोगों ने ब्रिटिश साम्राज्यवाद के खिलाफ तीव्र संघर्ष किया।

छींग राजवंश से आधुनिक समय तक, चीन और भारत में आर्थिक शक्ति कमज़ोर होने से उपनिवेशवादियों ने चीन और भारत पर प्रत्यक्ष या अप्रत्यक्ष रूप से शासन किया, इसलिए चीन और भारत के बीच प्रत्यक्ष आदान प्रदान पर बाधान बना, यहां तक कि करीब-करीब टूट गया, लेकिन अप्रत्यक्ष आदान प्रदान नहीं टूटा, 2 हज़ार से अधिक वर्षों तक चल रही दोस्ती आसानी से नहीं खत्म हुई। चीनी और भारतीय जनता एक दूसरे पर दया करती थी, एक दूसरे का समर्थन करती थी। उदाहरण के लिए जब सन यात-सेन (Sun Yat-sen) ने भारत की जानकारी सुनी, उन्होंने लेख प्रकाशित कर ब्रिटेन की निंदा की। उन्होंने कहा कि ब्रिटेन की सारी भूमि आधिपत्य से छीन ली गई। महात्मा गांधी ने चीनी जनता के भाग्य और जापानी विरोधी युद्ध पर ध्यान भी देते थे। उन्होंने मुंबई में चीनी संवाददाता से कहा कि वे भारत को मुक्त करने के लिए लड़ रहे हैं और चीन की रक्षा करने के लिए भी। उन दोनों के लेखों और बातचीतों से दोनों देशों की जनता के दिल में आवाज़ सुनाई दी। बहुत विद्वानों ने समाचार पत्र और पत्रिका में बहुत ऐसे लेख प्रकाशित किए। 'मिन बाओ (जनता समाचार पत्र)' और 'डोंग फ़ांग जा जी (पूर्व पत्रिका)' आदि

ने चीन-भारत आदान प्रदान में अहम भूमिका निभाई थी।

चीन और भारत के बीच आदान-प्रदान का इतिहास वास्तव में चीन-भारत सांस्कृतिक आदान-प्रदान और दोस्ती का इतिहास है। चीन और भारत दुनिया के प्राचीन सभ्यता वाले देश हैं। दोनों देशों के बीच 2वीं शताब्दी ईसा पूर्व में ही आदान प्रदान शुरू हुआ। दोनों देशों के बीच सरकारी आवाजाही है और गैर सरकारी भी आवाजाही भी है, भौतिक सांस्कृतिक आदान प्रदान है और आध्यात्मिक सांस्कृतिक आदान प्रदान भी है। धर्म के अलावा साहित्य, कला, दर्शनशास्त्र जैसे क्षेत्रों में भी बहुत कुछ आदान प्रदान हुए। 2 हज़ार वर्षों के समय में चीन और भारत ने एक दूसरे पर इतना गहरा और व्यापाक प्रभाव डाला कि दुनिया में दूसरा उदाहरण नहीं मिलता। दोनों देशों की स्वतंत्रता के बाद द्विपक्षीय संबंधों का विकास सुचारु रूप से होना नहीं कहा जा सकता, लेकिन मुख्य तौर पर सही दिशा में आगे बढ़ता रहा है। सन् 1950 के बाद दोनों देशों के संबंधों का विकास इस किताब में लिखा जा चुका है, यहां दोबारा नहीं लिखूंगा।

थान सीटोंग (Tan Sitong) ने राजनीतिक सुधार में बौद्ध धर्म का उपयोग किया

थान सीटोंग (1865-1898 ईस्वी) आधुनिक समय में चीन में प्रसिद्ध विचारक थे। वे सामंती व्यवस्था, विचारधारा और संस्कृति की आलोचना करने के योद्धा थे, वे भी बौद्ध धर्म मानने के मुख्य पात्रों में से एक थे।

थान सीटोंग का जन्म चीन के हूनान प्रांत में एक सामंती नौकरशाही परिवार में हुआ था। उन्होंने 5 साल की उम्र में ही पढ़ाई शुरू की, वे बहुत ज्ञानपूर्ण थे। सन् 1894-95 चीन जापान के खिलाफ युद्ध में हारने के बाद उन्होंने राजनीतिक सुधार करने का सुझाव पेश किया। फिर उन्होंने ल्यांग छिछाओ (Liang Qichao) के साथ राजनीतिक सुधार का अध्ययन किया, फिर बौद्ध दर्शनशास्त्र का अनुसंधान भी किया। उन्होंने राजनीतिक सुधार का प्रचार प्रसार के लिए कुछ पत्रिका भी स्थापित किए। सन् 1896 के जून में छींग राजवंश के क्वांगशु (Guangxu) सम्राट ने राजनीतिक सुधार शुरू करने का आदेश किया। थान सीटोंग ने भी इसमें भाग लिया। लेकिन सितंबर में ही महारानी छीशी (Cixi) ने राज्यविप्लव किया और सिर्फ सौ दिन तक चला राजनीतिक सुधार हार गया। थान सीटोंग को गिरफ्तार किया गया, फिर मारा गया।

थान सीटोंग का दर्शन विचार बहुत जटिल था। शुरुआत में वे भौतिकवाद मानते थे, लेकिन परवर्ती काल में बौद्ध धर्म मानने लगे। उन्होंने चीन की समस्या हलने के लिए वैचारिक हथियार की तलाश की। उन्होंने बहुत किताबें लिखीं, दर्शनशास्त्र जगत में उनकी प्रतिनिधि किताब 'रन श्वे' थी, उन्होंने इस किताब में अपना बौद्ध विचार प्रकट किया। उनका मकसद केवल बौद्ध विद्या का प्रचार प्रसार करना नहीं था, बल्कि राजनीतिक सुधार के लिए सैद्धांतिक आधार उपलब्ध करना है। बौद्ध धर्म के दर्शनशास्त्र में उन्होंने मन चाहा विचार हथियार प्राप्त किया और इसमें ताकत हासिल कर समाज के सुधार और देश की समृद्धि के लिए कोशिश की। उन्हें लगा कि बौद्ध सिद्धांत अन्य धार्मिक सिद्धांतो से बेहतर है, यह बहुत शक्तिशाली है, जो देश और जनता बचाने का सबसे अच्छा तरीका है, क्योंकि बौद्ध धर्म में समानता का विचार है।

थान सीटोंग ने बौद्ध धर्म का समानता का विचार उत्तराधिकार में प्राप्त किया। उन्होंने शासन में नौकरशाहों और जमींदारों का एकाधिकार तोड़ने की मांग की, इसलिए उन्होंने बौद्ध

धर्म को बढ़ावा दिया, कारण है बौद्ध धर्म में समानता का विचार है। बौद्ध धर्म भारत से आया है, शुरुआत काल से ही समानता का विचार प्रसारित करता था। मूल बौद्ध धर्म के समूह में जातियों का अंतर नहीं है, सब लोग समान हैं। थान सीटोंग की नज़रों में चीन में हज़ारों साल की सामंतवाद व्यवस्था तोड़ने के लिए बौद्ध धर्म से समानता का विचार सीखना चाहिए। उन्हें लगा कि उसी समय चीन के समाज में असमानता मूल बौद्ध धर्म काल के भारत की तुलना में भी खराब थी। उन्होंने बौद्ध धर्म में समानता के विचार से सामंतवाद व्यवस्था पर हमला किया। उनका मानना था कि सभी असमानता का विनाश किया जाना चाहिए, खास कर निरंकुश राजशाही प्रणाली का। उन्होंने बौद्ध धर्म के समानता विचार से राजाधिकार और सामंती नैतिकता का विरोध किया और स्त्री-पुरुष की समानता आदि का समर्थन किया और राजनीतिक सुधार आगे बढ़ाया। उसी समय राजाधिकार के प्रति अंधविश्वास और सामंती जाल को तोड़ने में उन्होंने सक्रिय भूमिका निभाई है।

उन्होंने बौद्ध धर्म से शून्यवाद और निस्वार्थ का विचार भी सीखा औ:र आत्म बलिदान की निस्वार्थ भावना बनाई। उनका मानना था कि धर्म स्थापित करने के लिए, दूसरे लोगों को बचाने के लिए वे अपनी जान भी दे सकते थे। उन्होंने ऐसा ही किया। उन्होंने राजनीतिक सुधार में पूरी कोशिश की, राजनीतिक सुधार हारने के बाद वे भाग नहीं गए, बल्कि अपनी जान दी। उनके व्यवहार से बौद्ध धर्म का निस्वार्थ का विचार व्यक्त किया गया।

थान सीटोंग ने बौद्ध धर्म से निडरता का विचार भी सीखकर इसका प्रचार प्रसार किया। सामंतवाद के बंधन तोड़कर राजनीतिक सुधार आगे बढ़ाना कोई आसान कार्य नहीं था। इसमें निडरता की भावना चाहिए, ताकि लोगों को प्रोत्साहित किया जा सके। उनका मानना था कि बौद्ध धर्म में निडरता की भावना है, बौद्ध धर्म मानने से यह भावना प्राप्त होगी।राजनीतिक सुधार के पूरे चरण में उन्होंने यह भावना व्यक्त की। राजनीतिक सुधार हारने के बाद उन्हें पता था कि उन्हें गिरफ्तार किया जाएगा, लेकिन उन्हें डर नहीं लगी। उन्होंने कहा कि विभिन्न देशों में राजनीतिक सुधार आगे बढ़ाने के लिए लोग अपनी जान देते थे। वे चीन में पहला ऐसा करने वाला व्यक्ति बनना चाहते थे। उनकी भावना से बहुत क्रांतिकारियों को प्रोत्साहित किया गया। युवा आयु में माओ त्सेतुंग ने भी थान सीटोंग की प्रशांसा की थी।

जांग थाईयेन (Zhang Taiyan) ने बौद्ध विचार से क्रांति आगे बढ़ाई

जेल से बाहर निकलने के बाद जांग थाईयेन ने जापान में एक खलबली मचाने वाला लंबा भाषण दिया। उन्होंने अपने भाषण में बौद्ध धर्म का नारा लगाया। उन्होंने पेश किया कि धर्म के माध्यम से विश्वास बढ़ाया जाएगा और जनता की नैकिता सुधार किया जाएगा। उन्होंने क्रांतिकारियों से अपना क्रांतिकारी रुख दृढ़ करने और युद्ध की भावना मज़बूत करने की मांग की। उनका मानना था कि आम लोगों को बचाने के लिए क्रांतिकारी अपनी जान समेत सब कुछ छोड़ सकते हैं। क्रांतिकारियों को संपत्ति और प्रतिष्ठा को माया मानकर इसे मोह नहीं करना चाहिए, यह है क्रांतिकारियों की नैतिकता। उन्होंने कहा कि बौद्ध धर्म में समानता को महत्व दिया जाता है, इस दिशा में जो भी बाधा है, उसे हटाया जाना चाहिए। क्रांति करना और जनतंत्र मांगना बौद्ध सिद्धांतों के अनुकूल है। उन्होंने बौद्ध विचार से लोगों को मौत से न डरने और पैसों का मोह न करने के लिए प्रोत्साहित किया, साथ ही गुलामी के विचार त्यागकरके क्रांति अंत तक चलाने के लिए भी लोगों को प्रोत्साहित किया। उन्हें कई बार गिरफ्तार किया गया, जेल में भी डाला गया, लेकिन उन्होंने कभी भी क्रांति करना नहीं छोड़ा। वे पूंजीपति क्रांतिकारी पांतों में एक उत्कृष्ट आंदोलनकारी और प्रचारक थे।

उसी ऐतिहासिक स्थिति में जांग थाईयेन ने बौद्ध विचार के प्रसार करने से लोगों को छींग राजवंश के अंधेरे शासन का विरोध करने, साम्राज्यवाद और सामंतवाद द्वारा लोगों पर डाला गया आध्यात्मिक बंधन तोड़ने और मौत से न डरते हुए क्रांतिकारी संघर्ष आगे बढ़ाने के लिए प्रोत्साहित किया। निस्संदेह है कि ऐसा करने का शैक्षिक प्रभाव हो गया।

जांग थाईयेन ने बौद्ध धर्म के माध्यम से क्रांति को आगे बढ़ाया, और बौद्ध विचार का नया अर्थ समझाया, ताकि बौद्ध विचार से क्रांति की मांग पूरी हो सके। इससे सक्रिय प्रभाव पड़ा।

जब जापान ने चीन पर हमला किया, चीन में जापान विरोधी संघर्ष करने की आग फैल गई। खासकर देश गंभीर संकट में फंस गया, वे जापान का विरोध करने पर दृढ़ रहे। यहां तक कि बूढ़े होने के बाद जांग थाईयेन ने क्रांतिकारी का नैतिक बल नहीं छोड़ा। जांग थाईयेन पर बौद्ध धर्म का सकारात्मक प्रभाव पड़ा।

चीन में भारतीय चिकित्सा दल

चीन और भारत संसार के सभ्य देशों में गिने जाते हैं। चीन और भारत दो महान राष्ट्रों के बीच परंपरागत मैत्री पीली नदी व गंगा की पवित्र धारा की तरह अविरल गति से प्रवाहित होती रही है। आधुनिक काल से दोनों देशों की जनता ने उपनिवेशवाद की विरुद्ध और राष्ट्रीय स्वतंत्रता प्राप्च करने के संघर्ष में एक दूसरे के प्रति सहानुभूति प्रकट की और एक दूसरे का समर्थन किया, जिनसे बहुत हृदयस्पर्शी पृष्ठ रखे गए हैं। सन् 1938 में चीनी जनता की सहयाता करने के लिए भारत द्वारा भेजा गया चिकित्सा दल ही एक द्युतिमान उदाहरण है। चिकित्सा दल के सदस्यों ने शानदार कारनामे आज तक चीनी जनता को खूब याद हैं, वह चीन व भारत की दोस्ती का प्रतीक बनकर चीनी जनता के दिलों में हमेशा हमेशा जीवित रहेगा।

सन् 1937 में जापानी सैन्यवाद ने चीन पर बड़े पैमाने पर आक्रमण करना शुरू किया और चीनी जनता ने जापानी आक्रमण विरोधी युद्ध शुरू किया। जब भारतीय जनता को यह खबर मिली तो भारतीय जनता ने चीनी जनता के जापानी आक्रमण विरोधी संघर्ष के प्रति तहेदिल से सहानुभूति प्रकट की और चीनी जनता का दृढ़तापूर्वक समर्थन किया। सारे देश में जगह जगह पर समारोह हुए, जलूस निकले और लोगों ने जमकर जापानी आक्रमण की निंदा की। जब पापानी सैन्यवाद का आक्रमण चीन के भीतरी भागों तक पहुंच गया, तब भारतीय जनता ने अपने देश में चल रहा स्वतंत्रता संघर्ष की अवहेलना करके चीनी जनता के सामने दोस्ती का हाथ बढ़ाया और बड़े पैमाने पर चीन का अनेक प्रकार से समर्थन किया, जैसे जापानी आक्रमण की कड़ी निंदा की, जापानी साज-सामानों का बहिष्कार किया। चीन को धन व दवाइयां भेजी, खास तौर से भारतीय कांग्रेस पार्टी ने डॉक्टरों को चुनकर चिकित्सा दल बनाया और 1 सितंबर, 1938 को जापानी आक्रमण विरोधी सहायता के लिए चीन में भेजा। इस अंतर्राष्ट्रीय सहायता से चीनी जनता को प्रोत्साहन मिला और जापान विरोधी युद्ध अंत तक चलाने के लिए बड़ी प्रेरणा मिली।

भारतीय चिकित्सा दल में कुल मिलाकर पांच सदस्य थे। दल के नेता डॉ. अटल, दल के उपनेता डॉ. एम. चोल्कर, अन्य सदस्य डॉ. डी. मुखर्जी, डॉ. बी.के. बसु और डॉ. कोटनिस थे। ये पांच डॉक्टर सब भारतीय जनता के श्रेष्ठ पुत्र थे। वे अपने घरों को छोड़कर कठिनाइयों से भयभीत न होकर चीन आए थे, अपनी श्रेष्ठ तकनीक और उत्तम आचरण से जापान विरोधी युद्ध

में घायल चीनी सैनिकों और आम लोगों का इलाज करते थे, इसके साथ बहुत डॉक्टरों व नर्सों की भी ट्रेनिंग कराते थे, उन्होंने जापान विरोधी युद्ध में चीनी जनता का महत्वपूर्ण साथ दिया।

चीन में पहुंचने के बाद चिकित्सा दल सर्वप्रथम युद्ध की पृष्ठभूमि छोंगछींग शहर पहुंचा, लेकिन कुछ समय तक यहां काम करने के पश्चात वे पृष्ठभाग में काम करना नहीं चाहते थे और उन्हें येनआन जाने की तीव्र इच्छा थी। येनआन पहुंचने में उन्हें तरह तरह की कठिनाइयों का सामना करना पड़ा, क्वोमिताङ द्वारा बिछाई गई अनेक मुसीबतों से उन्हें टक्कर लेनी पड़ी। पर्वत-पठार और नदियों को लांघते हुए और कड़ी मेहनत के बाद किसी तरह चिकित्सा दल चीनी क्रांति की आधार भूमि---येनआन पहुंच गया। इस भागदौड़ के दौरान कोटनिस को घर से एक पत्र मिला, जिसमें लिखा था कि उनके पूज्य पिता शांताराम कोटनिस का देहांत जनवरी 1939 में हुआ। उनके सहकर्मियों ने उन्हें सुझाव दिया कि वे जल्दी से जल्दी घर वापस जाएंगे। पर उन्होंने इरादा पक्का करके कहा कि 'कांग्रेस पार्टी ने चीनी जनता की सहायता करने के लिए मुझे यहां भेजा है, मैं हर्गिज़ नहीं लौटूंगा' इसलिए वे फिर अपने साथियों के साथ कठिनाइयों से भरे रास्तों पर चल पड़े।

चीन में आने के बाद चिकित्सा दल के पांच सदस्यों ने चीनी जनता के प्रति अपनी प्यार और दोस्ती प्रकट करने के लिए डॉ. अटल के सुझाव में अपने अपने नामों के पीछे 'चीन' का मतलब शब्द 'ह्वा' लगाया, इस प्रकार डॉ. अटल ने अपना चीनी नाम 'अटल ह्वा' रखा, चीनी भाषा उच्चारण के अनुसार उनका नाम 'आय त ह्वा' हो गया, जिसका मतलब 'नैतिकता और चीन देश से प्यार' है। अन्य सदस्यों ने अपना नाम चीनी उच्चारण के अनुसार क्रमश: 'च्वोख ह्वा', 'मु खह्वा', 'बा सूह्वा' और 'ख तीह्वा' रखा। इसके बाद उनके नाम चीनी जनता के न्याय युद्ध के साथ घनिष्ठ रूप से रखे गए। चाहे उनके रहने-ठहरने और काम करने की स्थिति अत्यंत खराब हो, फिर भी वे अपने मरने-जीने का ख्याल न करते हुए जी-तोड़कर काम करते रहे।

बाद में डॉ. चोल्कर अपनी अधिक उम्र होने से और मुखर्जी अधिक परिश्रम एवं गुर्दे की बीमारी के कारण चीन में अपना महत्वपूर्ण योगदान देने के बाद एक के बाद एक घर वापस लौट गए। अन्य तीन सदस्य डॉ. अटल, डॉ. बसु और डॉ. कोटनिस नवंबर 1939 में लंबा रास्ता पार करते हुए युद्ध के अग्रिम मोर्चे पर आ पहुंचे। कुछ महीनों के बाद अधिक आयु, अधिक परिश्रम और युद्ध के अग्रिम मोर्चे पर जीवन कठिन होने के कारण डॉ. अटल का एकजीमा फिर से गंभीर हो उठा। वे बराबर खुजली और दर्द से पीड़ित रहने लगे। अब डॉ. अटल के पास घर लौटने के अलावा और कोई उपाय नहीं रहा। इसलिए 3 फरवरी, 1940 को डॉ. अटल भारत के लिए रवाना हो गए। डॉ. अटल ने आठवीं राह सेना में 1 साल से ज्यादा वक्त तक काम किया। पांच सदस्यों के भारतीय चिकित्सा दल में से अब केवा डॉ. कोटनिस और डॉ. बसु ही चीन में रह गए। शुरू-शुरू में तो उन्हें थोड़ा अकेलापन-सा महसूस हुआ, लेकिन जल्द ही जिम्मेदारी के तीव्र बोध ने अकेलापन की भावना की जगह ले ली। डॉ. अटल के भारत लौटने के बाद डॉ. कोटनिस और बसु आठवीं राह सेना के साथ दक्षिण-पूर्वी शानशी प्रदेश, दक्षिण मध्य हपेइ प्रदेश से होकर अगस्त, 1940 को शानशी-छाहाड़-हपेइ सीमांत क्षेत्र में आकर काम करने लगे, जहां डॉक्टर

नारमन बैथ्यून मेडिकल स्कूल और उसके अधीन बैथ्यून अंतर्राष्ट्रीय अस्पताल थे, जो अग्रिम मोर्चे के काफी नज़दीक स्थित थे।

हालांकि यहां ठहरने और काम करने की स्थिति येनआन से कहीं अधिक खराब थी, फिर भी डॉ. कोटनिस और डॉ. बसु अडिग होकर पहले की तरह मेहनत से काम करते रहे और उन्होंने एक-एक कठिनाइयों को दूर करके एक के बाद एक सफलता प्राप्त की। कुछ दिनों के बाद डॉ. बसु को येनआन में काम करने के लिए वापस बुलाया गया। डॉ. कोटनिस अकेले ही युद्ध के अग्रिम भाग में पहले की तरह ही काम करते रहे। उन्होंने बहुत ऑपरेशन और घायल सैनिकों का इलाज किया, जिनके बहुत सैनिक मरते मरते बच गए, या विकलांग होने से बच गए। इसके साथ साथ डॉ. कोटनिस ने युद्ध स्थल पर नए उपचारों के तकनीकों को विकसित करने में बहुत बड़ा योगदान दिया। उन्होंने न सिर्फ शल्यशास्त्र तकनीक को बढ़ावा दिया, बल्कि लोगों को यह भी बताया कि स्थानीय चीनी औषधि का उपयोग कैसे किया जाए। दवाओं की कम आपूर्ति एवं शल्य-उपकरणों की निहायत कमी के वातावरण में डॉ. कोटनिस ने बड़ा योगदान दिया।

चीन की तत्कालीन सरकार ने डॉ. कोटनिस की अंतर्राष्ट्रीय भावना और श्रेष्ठ चिकित्सा दक्षता की भूरि-भूरि प्रशंसा की, सन् 1940 में डॉ. कोटनिस को अंतर्राष्ट्रीय शांति अस्पताल का प्रथम निदेशक नियुक्त किया गया और साथ ही नारमन बैथ्यून मेडिकल स्कूल का प्रधानाचार्य बनाया गया। डॉ. कोटनिस दिन रात एक कर लगन से काम करते रहे, प्रत्येक दिन करीब 18 घंटों तक काम करते थे और कभी कभी तो उन्हें 20-20 घंटों तक काम करना पड़ता था। 4 जनवरी, 1942 को उन्होंने डॉ. बसु को एक पत्र लिखा कि 'अस्पताल का निदेशक होने की वजह से मुझे सर्जिकल बिस्तरों की देखभाल के काम के अलावा प्रशासनिक कार्य भी करना पड़ता है और यह काम मुझे काफी व्यस्त कर देता है। मेरे मेडिकल काम में सर्जिकल रोगियों की देखभाल, ऑपरेशन संबंधी काम और ऑपरेशन थियटर में व्यावहारिक अध्ययन में छात्रों की मदद करना आता है। एक दिन में औसतन दो ऑपरेशन करने होते हैं। नतीजे के तौर पर अस्पताल में ट्रांजिट रोगियों की भीड़ लगी रहती है। इस पूरे साल हमने 450 सर्जिकल ऑपरेशन किए, जिनमें 45 चीरफाड़, 20 हैर्निया तथा 35 कमर-कशेरूकाए शामिल हैं।' डॉ. कोटनिस युद्ध के अग्रिम मोर्चे पर दिन-रात एक कर मेहनत से काम करते रहे, उन्हें बिना थके चिकित्सा और शिक्षा कार्य में लगे हुए 4 साल हो गए। विश्राम का समय उन्हें केवल तभी मिल पाता था, जब जापानी सफाया-मुहिम शुरू कर देते थे। पर यह समय उनके लिए उतना आनंददायक भी नहीं था।

डॉ. कोटनिस बहुत मेहनती थे, कठोर जीवन, भारी परिश्रम और लंबे अरसे से विश्राम न मिलने की वजह से कोटनिस को अपस्मार ने दबोच लिया। दुर्भाग्यवश 9 दिसंबर 1942 को भयंकर बीमारी ने आखिर उनके प्राणों को निगल ही लिया। देहावसान के वक्त उनकी उम्र केवल 32 वर्ष थी। डॉ. कोटनिस के देहांत की खबर सुनकर पूरे मुक्त क्षेत्रों के लोग दुख के अथाह सागर में डूब गए, जैसे अपने सगे-संबंधी मर गए हों, हरेक गांव में महान शोक छाया हुआ था, लोग उन्हें न सिर्फ अपने मित्र समझते थे, बल्कि उन्हें चीन के फासिस्ट विरोधी संघर्ष के अंतर्राष्ट्रीय सहानुभूति के प्रतीक समझते थे। 30 दिसंबर, 1942 की सुबह, येनआन के विभिन्न दायरों के

लोगों ने डॉ. कोटनिस के सम्मान में एक बड़ी शोकसभा आयोजित की, उनका स्मरण किया तथा गहरा शोक प्रकट किया, तत्कालीन समय के चीन के मुक्त क्षेत्र के नेता माओ त्सेतुङ ने उनके लिए एक सहायता लिखा था-"हमारे भारतीय मित्र डॉ. कोटनिस हमारे प्रतिरोध युद्ध को सहायता देने के वास्ते इतनी दूर से चीन आए थे, उन्होंने येनआन और उत्तरी चीन में पांच सालों तक काम किया और हमारे घायल सैनिकों का उपचार किया। अत्यधिक परिश्रम के फलस्वरूप बीमार हो जाने से उनका देहांत हो गया। इससे हमारी सेना का एक सुयोग्य मददगार और हमारे राष्ट्र का एक मित्र खो गया है। हम डॉक्टर कोटनिस की अंतर्राष्ट्रीयवादी भावना को कभी नहीं भुला सकते।' चओ अनलाए ने कोटनिस के परिवार को चीनी कम्युनिस्ट पार्टी और आठवीं राह सेना की ओर से एक संवेदना संदेश भेजा। उन्होंने लिखा---'डॉ. कोटनिस महान चीनी और भारतीय राष्ट्रों की मैत्री के प्रतीक और जापानी सैन्यवाद और विश्व फासिस्ट के विरुद्ध हमारे मुश्तरका संघर्ष में सक्रिय रूप से भाग लेने वाली भारतीय जनता की ज्वलंत मिसाल थे। उनका नाम उन दो महान राष्ट्रों के, जिनके लिए उन्होंने अपना जीवन अर्पित किया था, दिलों में हमेशा जीवित रहेगा।'

डॉ. कोटनिस ने अपने अमूल्य प्राण चीनी जनता को अर्पित कर दिए। उनका प्रतिभाशाली व्यक्तित्व एवं हृदयस्पर्शी कार्य युग-युग तक इस धरती पर याद किया जाएगा। उनका शव हपेइ प्रदेश की राजधानी शिचियाच्वांग के शहीद स्मारक उद्यान में दफनाया गया। वे चीन के मुक्ति संघर्ष में अपने प्राण न्योछावर कर देने वाले सैनिकों के साथ हमेशा के लिए यहां सो गए। उनकी भावना हमेशा चीनी जनता के दिलों में जीवित रहेगी।

डॉ. कोटनिरा की अकाल मृत्यु हो गई। इसके लिए डॉ. बसु दुख के अथाह सागर में डूब गए। इसके बाद भारतीय चिकित्सा दल का सारा दायित्व स्वभावतः डॉ. बसु के कंधों पर आ पड़ा। डॉ. बसु की मेडिकल तकनीक एवं बीमार लोगों की तन-मन से सेवा करने की भावना पूरे मुक्त क्षेत्र में मशहूर थी। वे रोज़ करीब 100 मरीज़ों का इलाज करते थे, साथ ही अस्पताल में दाखिल हुए 30 से ज्यादा मरीज़ों की भी देखभाल करते थे। उन्हें 'भारत का डॉ. जादू' के नाम से माना जाता था। वे चीनी जनता की मुक्ति कार्य को अपना कार्य समझते थे। लेकिन जब एशिया महादेश की युद्ध की ज्वाला भारतीय दरवाज़े तक आ पहुंची, तब डॉ. बसु अपने देश के भाग्य एवं आज़ादी को लेकर बहुत चिंतित होने लगे। फासिस्ट-विरोधी एशिया महाद्वीप के देशों के युक्त संघ ने फैसला किया कि डॉ. बसु शीघ्र ही भारत वापस जाएं और वहां चल रहे फासिस्ट विरोधी आंदोलन में भाग लें। जून 1943 में उन्होंने येनआन मे दुख से विदाई की और चीनी लोगों ने आंसू टपका-टपकाकर उन्हें दूर-दूर तक पहुंचाए गए। डॉ. बसु को चीन में काम करते हुए 5 वर्षों से ज्यादा समय हो गए, समय सबसे लंबा था, चीन छोड़ने समय उन्होंने प्रकट किया कि वे आजीवन चीन को नहीं भूलेंगे और एक न एक दिन फिर चीन आएंगे।

डॉ. बसु के देश लौट जाने के बाद चीन सहायता भारतीय चिकित्सा दल का कार्य स्वभावतः खत्म हुआ। लेकिन बसु भारत वापस जाने के बाद फिर भी बिना थके काम करते रहे। उन्होंने भारत में बहुत स्थानों की यात्रा की, और भारतीय लोगों को चीन के जापानी आक्रमण

विरोधी युद्ध में चीनी जनता के द्वारा चलाए गए संघर्ष के बारे में बताया था। अक्टूबर 1943 में उन्होंने अखिल भारतीय डॉ. कोटनिस स्मृति कमेटी की स्थापना की। उनका उद्देश्य था कि चीन-सहायता भारतीय चिकित्सा दल की भावना का विकास किया जाए। इसके साथ-साथ भारत में बहुत जगहों पर एक्युपंचर चिकित्सा गृह इत्यादि बनवाए। सन् 1978 तक पूरे भारत में करीब 30 से ज्यादा एक्युपंचर चिकित्सा गृहों की स्थापना हुई, जिनसे मुफ्त में या कम खर्च में गरीब रोगियों का इलाज किया जाता था। इसके बाद अनेक सालों तक चाहे चीन-भारत का संबंध किस हाल में हो, सूर्य की रोशनी में चमचमा रहा हो, या उस पर बादल छाया हुआ हो, डॉ. बसु हमेशा ही चीन-भारत की मैत्री के झंडे को ऊंचा उठाए हुए आगे बढ़ते रहे और कभी भी पीछे को नहीं हटे। चीन-भारत के संबंध को सुधारने के बारे में डॉ. बसु ने विशेष योगदान किया और अमिट भूमिका अदा की। सन् 1976 के बाद वे अनेक बार चीन आए थे, यानी वे चीन-भारत के बीच आते जाते थे और दोनों देशों की जनता की मैत्री ले आ-जाते थे। इस तरह उन्होंने दोनों देशों की जनता की दोस्ती का विकास किया।

लेकिन दुर्भाग्यवश बीमारी से उनका देहान्त 12 अक्टूबर, 1986 को कलकत्ता में हो गया। डॉ. बसु जब जीवित थे, चीन को अपना दूसरा घर समझते थे। उनकी अंतिम इच्छा के अनुसार उनके अस्थि-राख का आधा भाग चीन के शिचियाच्वांग के शहीद पार्क में रखा गया, जहां वे अपने सहयोद्धा डॉ. कोटनिस और डॉ. अटल के साथ हमेशा के लिए सो गए। वे भारतीय चिकित्सा दल के चीन में पूरे समय तक काम करने वाले एकमात्र सदस्य थे और भारतीय चिकित्सा दल की उदात्त भावना के पक्के उत्तराधिकारी थे। वे चीन व भारत दोनों देशों की मैत्री को बढ़ाने में बड़ा योगदान देने वाले एक अंतर्राष्ट्रीयवादी सैनिक थे।

सन् 1978 में भारत के तत्कालीन विदेश मंत्री श्री अटल बिहारी बाजपेयी ने उस समय भारत यात्रा पर आए हुए चीनी मित्र को कहा था कि 'डॉ. बसु हमारे राष्ट्रों के वीर थे और हमारे बीच की मैत्री के एक सेतु थे।' यह कहना सोलहों आने ठीक है। जब डॉ. बसु जीवित थे, तो एक बार किसी ने उनसे पूछा था कि 'चीन में कम्युनिस्ट पार्टी के इलाकों में काम करते वक्त आपके हौसले बड़ें बुलंद थे और आप बहुत मेहनती थे, इसका कारण क्या था?' उन्होंने उत्तर दिया कि 'उत्पीड़ित लोगों के मुक्ति कार्य के लिए काम करने से सुख मिलता है' कितना विशाल हृदय और कितनी उदात्त भावना। उनकी महान अंतर्राष्ट्रीयवादी भावना की प्रशंसा चीनी व भारतीय जनता के द्वारा बिना किए नहीं रहेगी।

डॉ. अटल चीन में एक वर्ष काम करने के बाद बीमारी के कारण भारत वापस लौट गए। घर लौटने के बाद मरीज़ों का इलाज करने के अलावा फिर भी अपनी शक्ति के अनुसार सक्रिय रूप से कुछ दूसरे काम करते थे। उन्होंने शांति के लिए आंदोलन भी चलाया था और सदैव ही चीनी जनता के न्याय कार्यों पर ध्यान देते रहे। बाद में फिर अनेक बार चीन में आए थे। सन् 1957 में चीन यात्रा के दौरान यकृत-कैंसर की बीमारी से 1 दिसंबर को पेइचिंग में उनका देहान्त हो गया। जब वे जीवित थे, वे एक पुस्तक लिखना चाहते थे ताकि वे चीन में अपने असली अनुभव और नए चीन के स्वरूप लोगों को बता सकें। उनका विश्वास था कि इस काम से चीन

और भारत की मैत्री के विकास को लाभ हो। दुर्भाग्यवश जब उनकी आकांक्षा पूरी नहीं हो पाई थी कि बीमारी की वजह से उनकी मृत्यु हो गई। लेकिन उनका उदात्त चरित्र और महान अंतर्राष्ट्रीयवादी भावना को चीनी जनता खूब जानती है और उन्हें चीनी जनता का आदर व प्रेम प्राप्त है। स्वर्गवास होने के पहले उन्होंने अभिलाषा जाहिर की कि अपने अस्थि-राख का आधा भाग भारत की गंगा नदी में डुबाया जाए और दूसरा भाग चीन की पीली नदी में। उनका स्मारक डॉ. कोटनिस और डॉ. अटल के साथ शिचियाच्वांग के शहीद पार्क में बनाया गया। प्रतिवर्ष हज़ारों लोग और विद्यार्थी यहां आकर इन शहीदों की याद में श्रद्धांजलि अर्पित करते हैं, उनसे महान अंतर्राष्ट्रीयवादी भावना सीखते हैं।

चीन सहायता भातीय चिकित्सा दल ने कब के अपना ऐतिहासिक कर्तव्य पूरा किया था, पांच डॉक्टर एक के बाद एक गुज़र गए, लेकिन उनका वीर चरित्र और उदात्त भावना हमेशा चीनी जनता की स्मृति में रहेगी। चीन व भारत के मैत्री कार्य में उन्होंने अपने-अपने रास्ते तय किए और महत्वपूर्ण योगदान दिए, यहां तक कि अपने मूल्यवान प्राण बलिदान कर दिए। जब लोग 'विश्व-शांति' एवं 'अंतर्राष्ट्रीयवाद' की चर्चा करते हैं तो हमें स्वभावतः चीन-सहायता भारतीय चिकित्सा दल के पांच डॉक्टरों की याद आती है। डॉ. कोटनिस, डॉ. अटल और डॉ. बसु इत्यादि पांच डॉक्टरों को मरे हुए बहुत साल हो गए, जब चीनी और भारतीय जनता उनके योगदानों का सिंहावलोकन करेगी, तो अवश्य ही गहरे सोच में डूबेगी और यह पूरी तरह समझ लेगी कि आगे के रास्ते पर कैसे चलेगी।

चीनी जनता की नज़रों में महात्मा गांधी

महात्मा गांधी आधुनिक समय में भारतीय जनता के महान क्रांतिकारी नेता थे, साथ ही उत्कृष्ट सामाजिक और धार्मिक सुधारक भी थे। उन्होंने भारतीय जनता की स्वतंत्रता के लिए अपना जीवन समर्पित किया। उन्होंने भारतीय लोगों को समृद्ध आध्यात्मिक विरासत छोड़ दी। गांधी को चीन से प्यार था, वे चीनी क्रांति के विकास पर ध्यान देते थे। चीनी जनता द्वारा चलाए जा रहे जापानी आक्रमण विरोधी युद्ध में उन्होंने नैतिक और भौतिक समर्थन दिया। आज भारतीय लोग उन का स्मरण करते हैं और चीनी लोग भी करते हैं।

1

चीनी जनता के लिए गांधी और गांधीवाद अपरिचित नहीं है। 1920 के दशक के बाद चीनी विद्वानों ने बड़ी रुचि के साथ लगातार गांधी से संबंधित जानकारियों का परिचय चीनी लोगों से किया। आंकड़ों के अनुसार, नई चीन की मुक्ति से पहले 20 साल में चीन में गांधी की आत्मकथा और गांधीवाद से संबंधित 30 प्रकार से अधिक किताबें चीनी भाषा में प्रकाशित की गईं। औसत में हर साल एक से अधिक प्रकार की पुस्तक प्रकाशित हुई। इन पुस्तकों में गांधी की आत्मकथा के चार अलग-अलग संस्करण हैं। इन के अलावा गांधी की प्रतिनिधि रचना 'भारतीय स्वायत्त' आदि चीनी भाषा में अनुवादित हुई। चीन की एक महत्वपूर्ण पत्रिका 'पूर्वी पत्रिका' में गांधी और भारतीय राष्ट्रीय आंदोलन से संबंधित लेख, जैसे 'भारतीय राष्ट्रीय आंदोलन के नेता-गांधी', 'गांधीवाद क्या है', 'गांधी की संक्षिपत आत्मकथा', 'भारत की अहिंसक क्रांति', 'भारतीय स्वराज्य आंदोलन' आदि विषयों पर लगभग 70 लेख प्रकाशित हुए। इस पत्रिका ने 'गांधी और नया भारत' शीर्षक से एक विशेषांक भी प्रकाशित किया गया। इसमें बहुत लेख छपे थे। चीन की मुक्ति के बाद तो गांधी जी से संबंधित लेख और पुस्कतें तो पहले से भी अधिक प्रकाशित हुईं। यहां तक कि कुछ विश्वविद्यालय में गांधी के बारे में विशेष अध्ययन भी कराया जाने लगा। इस प्रकार यह स्पष्ट है कि गांधी और गांधीवाद चीन में पर्याप्त चर्चा के विषय रहे और चीनी चिन्तन में उन्होंने एक महत्वपूर्ण भूमिका निभाई।

2

हम सब जाते हैं कि महात्मा गांधी ने प्रसिद्ध 'असहयोग आंदोलन' का नेतृत्व किया। चीनी लोग भी उनके नेतृत्व में असहयोग आंदोलन को महत्व देते थे। उदाहरण के लिंए पहला असहयोग आंदोलन के दौरान, सन् 1920 से 1924 तक चीन की 'पूर्वी पत्रिका' ने गांधी और गांधीवाद का परिचय करने वाले 20 से अधिक लेख प्रकाशित किए, जैसे 'भारतीय राष्ट्रीय आंदोलन के नेता गांधी', 'गांधीवाद क्या है', 'गांधी की संक्षिपत आत्मकथा', 'भारत का स्वराज्य

आंदोलन' आदि। इन लेखों में गांधी और गांधीवाद का परिचय किया गया, अधिकांश चीनी लेखकों ने गांधी और गांधीवाद की बहुत प्रशंसा की। उन लोगों ने गांधी को भारत के विचार जगत के नेता, संत और भारत का राजा कहा। उनका मानना था कि गांधी की शक्ति तत्कालीन भारत में आध्यात्मिक जगत और भौतिक जगत का संचालन कर सकती थी। वे पूर्वी शक्ति और सभ्यता के प्रतिनिधि थे। क्योंकि गांधि सत्य और अहिंसा पर अडिग रहते थे, इसलिए कई लोग उन्हें भारत के टॉल्स्टॉय भी मानते थे। बाद में प्रकाशित कुछ लेखों में भारत के असहयोग आंदोलन पर विभिन्न विचार भी थे, इसकी प्रशंसा थी और आलोचना भी थी। इसकी प्रशंसा करने वाले मानते थे कि गांधी के कंधों पर हिंसक वर्ग का उन्मूलन करने का क्रांतिकारी कार्य था, उन्होंने शांतिपूर्ण और अहिंसक तरीके से आश्चर्यजनक उपलब्धियां हासिल कीं। इसकी आलोचना करने वाले मानते थे कि असहयोगी योजना कुछ समय में तो सफल हो सकती है, लेकिन स्थाई प्रभाव नहीं होगा। इसलिए आलोचकों का अनुमान है कि असहयोग आंदोलन अहिंसा तरीके से सफल नहीं होगा।

इस काल में गांधी और गांधीवाद के प्रति स्वीकार या इनकार के रुखों के अलावा एक तीसरा रुख भी था। इस रुख ने गांधी और असहयोग आंदोलन के साथ साथ देशी विदेशी वातावरण का अध्ययन किया। किसी लेख में गांधी जी की ब्रिटिश राजनीतिक व्यवस्था के प्रति दृष्टिकोण का विश्लेषण करते हुए उसके उद्भव के पीछे इंग्लैंड की भूमिका रेखांकित की गई। किसी ने उसके जन्म के पीछे महात्मा गांधी के अपने चिन्ता के साथ साथ, धर्म, परिवार और पश्चिमी मानवतावाद की भूमिका देखी। किसी के लेख में गांधी के क्रांतिकारी राजनीतिक और सामाजिक पहलू देखे गए और इस आधार पर उनके विचारों का ठोस विंश्लेषण करते हुए उनका महत्व बताते हुए यह दिखाया गया कि असहयोग आंदोलन वस्तुतः समाज के आर्थिक हितों पर आधारित व्यावहारिक नीति थी

सन् 1922 में 'चौरीचौरा की घटना' के बाद गांधी ने असहयोग आंदोलन वापस लेने का फैसला किया। इसके बाद औपनिवेशिक सरकार ने गांधी को गिरफ्तार किया और उन्हें 6 सालों के लिए कैद की सज़ा दी, जिससे भारत में राष्ट्रीय आंदोलन को बड़ा नुकसान पहुंचा। चीनी बुद्धिजीवी वर्ग ने भी सोलह आने ध्यान दिया। पत्रिकाओं और अखबारों पर इनके बहुत से लेख छपे, जैसे 'भारतीय असहयोग आंदोलन के नेता महात्मा गांधी: जेल में जाने के बाद'। इन लेखों में गांधी के जेल जाने के कारणों और जेल में उनकी गतिविधियों और विचारों का विश्लेषण करते हुए भारतीय राष्ट्रीय आंदोलन के प्रति सहानुभूति प्रकट की गई।

उल्लेखनीय बात यह है कि सन यात-सेन ने भी गांधी और गांधीवाद पर अपना विचार प्रकट किया। उन्होंने वर्ष 1922 से 1924 तक कई भाषणों में गांधी और उनके द्वारा चलाए जा रहे ब्रिटिश विरोधी संघर्ष को उचित ठहराते हुए भारतीय राष्ट्रीय आंदोलन के विकास पर प्रसन्नता व्यक्त की थी। उन्होंने गंभीरता से कहा कि भारत पर विदेशी शक्ति का शासन है, लेकिन भारत के राष्ट्रीय विचार खत्म नहीं हुआ। संघर्ष के तरीके के जगत में सुन यात-सेन ने गांधी के नेतृत्व में असहयोग आदोलन की प्रशंसा की। उनका मानना था कि विदेशी आक्रमण का विरोध करने

के दो तरीके हैं, एक है सक्रिय रूप से लड़ना, दूसरा है नकारात्मक असहयोग करना। अगर चीनी लोग भारतीय लोगों की तरह असहयोग करेंगे और धर्म के आधार पर एक राष्ट्रीय समूह गठित करेंगे, तो किसी भी विदेशी आक्रमण से चीन को भय नहीं होगा।

लेकिन संघर्ष की विस्तृत नीतियों पर सुन यात-सेन का विचार गांधी जी से अलग था। उदाहरण के लिए साम्राज्यवादी आर्थिक उत्पीड़न के विरोध में गांधी का मानना था कि विदेशी कपड़े को त्यागा जाएगा या जलाए जाएगा और अपने हाथ के बने कपड़ों का इस्तेमाल किया जाएगा, ताकि राष्ट्रीय भावना को उत्तेजित की जा सके। लेकिन सुन यात-सेन चीन में कई बार विदेशी माल के विरोध करने वाले आंदोने की हार का संक्षेप करके कहा कि विदेश माल को असमान संधियों से संरक्षण मिलता है, इस लिए उनका दाम कम है। जनता से सस्ते और अच्छे विदेशी माल न खरीदने की मांग करना आर्थिक सिद्धांतों के खिलाफ है, इससिए ऐसा आंदोलन लंबे समय तक नहीं चल सकता। इस लिए सुन यात-सेन का मानना था राजनीतिक समस्याओं का समाधान आर्थिक समस्या हलने की जरूरी शर्त है, जैसे असमान संधियों का खात्मा किया जाएगा, समुद्री बंदरगाह वापस लिया जाएगा, टैरिफ सुरक्षा की जाएगी। साम्राज्यवादी जनसंख्या उत्पीड़न के विरोधी जगत में सुन यात-सेन का मानना था कि विभिन्न पश्चिमी शक्तियां अब तक चीन का विनाश नहीं कर सकतीं, एक कारण है कि उनकी जनसंख्या चीन से कम है। लेकिन अगर उनकी जनसंख्या बढ़ेगी और चीन की संख्या घटेगी, तो सौ साल बाद उनकी संख्या चीन से अधिक होगी। उसी समय चीन न केवल अपनी संप्रभुत्त खोलेगा, बल्कि देश और जाति का विनाश भी होगा। इस विचार से सुन यात-सेन मानते थे कि जनसंख्या की मात्रा और गुणवत्ता बढ़ाना बहुत अनिवार्य है। लेकिन गांधी का विचार अलग था। उनका मानना है कि गरीबी, भुखमरी और महामारी आदि वजहों से भारत में हर साल लाखों लोगों की मौत होती है। अगर ज्यादा बच्चों का जन्म होगा, तो सिर्फ ज्यादा दास और कमजोर लोग होंगे। ऐसी स्थिति में कम बच्चों का जन्म किया जाना चाहिए। इस लिए वे सख्त धार्मिक तपस्वी जीवन, काम-वासना का विरोध मानते थे, ताकि आबादी पर नियंत्रण किया जा सके। उनका मानना था कि जब तक भारत एक स्वतंत्र देश बनेगा, तब तक यह तरीका बदल सकेगा।

ज़ाहिर है कि इस दौरान में गांधी और गांधीवाद पर चीनी प्रगतिशील बुद्धिजीवी वर्ग की समझ गहरी हो रही थी। इन लोगों ने गांधीवाद स्वीकार किया। सन यात-सेन के गांधी की सराहना करने से ज़ाहिर है कि 1920 के दशक में दोनों देशों के राष्ट्रीय आंदोलन में प्रतिध्वनि मौजूद थी। पूर्वी दुनिया में सन यात-सेन और गांधी दोनों के नाम राष्ट्रीय आंदोलन की लहरों के साथ पूरी दुनिया में प्रसिद्ध बने। इस बीच उन दोनों के नेतृत्व में अपनी पार्टी ने भी आदर्श पूरा करने के संघर्ष में महान उपलब्धियां हासिल की हैं।

3

इन दशकों में चीन में गांधी और गांधीवाद का अध्ययन हाल कैसा है, इस सवाल में भारतीय दोस्तों को ज़रूर दिलचस्पी है।

चीन-भारत सांस्कृतिक आदान प्रदान

इन दशकों में चीन में भारत के इतिहास, राष्ट्रीय मुक्ति आंदोलन, आधुनिक विश्व इतिहास के अध्ययन में गांधी एक गरम विषय है। चीन में गांधी की वर्ग विशेषता, अहिंसक प्रतिरोध आंदोलन, गांधीवाद, उनका दर्शनशास्त्र व सामाजिक विचार, और उनका भारतीय राष्ट्रीय मुक्ति आंदोलन में स्थान आदि विषयों का अध्ययन किया जाता है। यह न केवल भारतीय राष्ट्रीय मुक्ति आंदोलन के नेतृत्व अधिकार और भारत की आजादी की प्रकृति व महत्व के विश्लेषण से संबंधित है, बल्कि भारत के आधुनिक इतिहास का अध्ययन करने के लिए भी बहुत अहम है। साथ ही एशिया, अफ्रीका और लैटिन अमेरिका के राष्ट्रीय मुक्ति आंदोलन का अध्ययन करने के लिए भी कुछ विशिष्ट महत्व है।

चीनी विद्वान लिन बेइद्येन (Lin Beidian) ने गांधी की वर्ग विशेषता का विश्लेषण किया। उन्होंने कहा कि गांधी के विश्व-द्दष्टिकोण का परिवर्तन, गांधीवाद की उत्पत्ति और वर्ग संघर्ष के साथ संबंध, ब्रिटिश साम्राज्यवाद के प्रति गांधी का रवैया आदि द्दष्टिकोण से देखे जाए, गांधी भारतीय राष्ट्रीय पूंजीपति वर्ग के हितों के मुख्य प्रतिनिधि थे, वे राष्ट्रीय आंदोलन में पूंजीपति वर्ग के उपयुक्त राजनीतिक नेता थे। चीनी विद्वान ह्वांग स्जून (Huang Sijun) ने भी कहा कि अगर गांधी को भारत में सामंती व जमीनदार वर्ग और किसान वर्ग के प्रतिनिधि कहा जाएगा, तो यह भारतीय आधुनिक इतिहास की वास्तविकता और गांधी की वास्तविकता के अनुरूप नहीं है। इससे गांधी की ऐतिहासिक भूमिका अस्वीकार की जाएगी। उन्होंने कहा कि गांधी के विचार और सामाजिक व्यवहार आदि मुख्य पहलुओं से गांधी की वर्ग विशेषता देखनी चाहिए। संपूर्ण रूप से गांधी जी की व्यक्तिपरक इच्छा जो भी हो, वास्तव में उन्होंने पूंजीपति वर्ग के लिए बहुत लाभदायक काम किया। बहुत सबूत से इसकी पुष्टि की सकती है कि गांधी भारतीय पूंजीपति वर्ग के प्रतिनिधि थे।

विद्वान हे शेंगडा (He Shengda) का मानना है कि गांधी हमेशा भातीय जनसंख्या में सबसे अधिक किसान और छोटे उत्पादकों के प्रतिनिधि थे। उन्होंने कहा कि गांधी की वर्ग विशेषता का विश्लेषण करते समय गांधी के बुनियादी विचार और व्यवहार में वर्ग से संबंधित सामग्रियों पर ध्यान देना चाहिए, खासकर उनके विचार और व्यवहार से पैदा हुए निष्पक्ष भूमिका और प्रभाव पर। समस्त रूप से गांधी न भारतीय पूंजीपति वर्ग के प्रतिनिधि थे और न ही भारतीय जमींदार वर्ग के प्रतिनिधि थे, बल्कि भारत में किसान और छोटे उत्पादकों के प्रतिनिधि थे। लुआ च्वानफांग और जांग खमिंग का मानना है कि गांधी का विश्लेषण करते समय ऐतिहासिक तथ्यों को महत्व देना चाहिए, उनके व्यवहार से पैदा निष्पक्ष परिणाम स्पष्ट करना चाहिए। पूंजीवादी सभ्यता के प्रति गांधी के दिल में दुख, क्रोध, नफरत और आफ़त आदि भावना है। वे परंपरागत जीवन तरीके को प्यार करते थे, वे किसानों के प्रतिनिधि थे। वांग छुनह्वा ने समझाया कि गांधी का धार्मिक नैतिक विचार, अहिंसा और प्रेम के आधार पर उनकी दर्शन प्रणाली, ये सब भारतीय पूंजीपति वर्ग की इच्छा के विरोध में है। वे ग्रामीण पुनरुद्धार करना चाहते थे, यह विचार भी भारत में पूंजीवाद के विकास के विपरीत पड़ता है। गांधी के विचार और व्यवहार में भारतीय किसानों और छोटे उत्पादकों के हित, इच्छा और मांग व्यक्त होती है। वे किसान और छोटे उत्पादकों के प्रतिनिधि थे।

असहयोग आंदोलन का विश्लेषण कैसे करने, गांधीवाद कैसे समझने और भारतीय राष्ट्रीय आंदोलन में गांधी का स्थान कैसे निश्चित करने आदि समस्याओं पर बड़ा विवाद भी मौजूद है।

चीनी विद्वान पेंग शुजी (Peng Shuzhi) ने गांधीवाद की संपूर्णता और स्वतंत्रता का विश्लेषण किया। उनका मानना है कि गांधीवाद की जड़ भारतीय ऐतिहासिक और सांस्कृतिक परंपरा में है, गांधीवाद में पश्चिमी सभ्यता की विचार सामग्री भी शामिल की गई और उसे भारतीय ऐतिहासिक और सांस्कृतिक परंपराओं के साथ ज़ोड़ दिया गया। अहिंसक प्रतिरोध आंदोलन की तीन स्पष्ट विशेषताएं हैं: अभूतपूर्व व्यापकता, दीर्घकालिक निरंतरता और अद्वितीय विविधता। उसकी मुख्य सामग्री है समग्र हड़ताल। अहिंसक प्रतिरोध आंदोलन से भारत में राष्ट्रीय जागरण को बढ़ावा दिया गया, राष्ट्रीय स्वतंत्रता आंदोलन का अभूतपूर्व विकास भी हुआ। इसलिए उनका मानना है कि गांधीवाद मूल रूप से राष्ट्रीय पूंजीपति की विचारधारा है, लेकिन इसमें छोटे उत्पादकों का विचार व मांग, धार्मिक चेतना भी शामिल है। गांधी की विचारधारा और उनके नेतृत्व में राष्ट्रीय स्वतंत्रता आंदोलन का आकलन करते समय, पूरी विश्व में साम्राज्यवाद विरोधी संघर्ष के वास्तविक परिणाम से देखे जाए, भारतीय स्वतंत्रता की सामान्य आवश्यकताओं से देखे जाए, गांधी की विचारधारा प्रगतिशील और सकारात्मक है, गांधीवाद भारत राष्ट्रवाद की एक अनमोल विरासत है। विद्वान ली डासान (Li Dasan) का मानना है कि भारत को बचाने के लिए गांधी ने पूरी कोशिश की और अपनी जान भी दी। भारत में राष्ट्रीय आंदोलन पर उनका सबसे अहम प्रभाव है जन संघर्ष के माध्यम से स्वतंत्रता साकार करने का राजनीतिक विचार। भारत के राष्ट्रीय आंदोलन की पूरी प्रक्रिया से देखे जाए, ब्रिटेन विरोधी संघर्ष जीतने में गांधी सबसे महत्वपूर्ण व्यक्ति है। राष्ट्रीय दमन और साम्राज्यवाद के खिलाफ में अहिंसक प्रतिरोध आंदोलन ने ऐतिहासिक भूमिका निभाई। गांधी के विचार और व्यवहार प्रगतिशील है। जांग यीफिंग मानते हैं कि गांधी के अहिंसा विचार में साम्राज्यवाद विरोधी स्वभाव स्पष्ट है, उन्होंने भारतीय राष्ट्रीय मुक्ति आंदोलन आगे बढ़ाया, उस पर बाधा नहीं डाला।

गांधी की मौत पर चीनी विद्वान जिन खमु (Jin Kemu) ने सांस्कृतिक दृष्टि से विश्लेषण किया। उनका मानना है कि गांधी ने भारत की स्वतंत्रता के लिए जीवन भर लड़ाई लड़ी, लेकिन स्वतंत्रता जीतने के बाद स्वदेश का एक आदमी, एक हिंदू हत्यारे ने उन्हें मार दिया। यह एक साधारण राजनीतिक हत्या नहीं थी, एक धार्मिक कट्टरपंथी का आवेगी व्यवहार भी नहीं थी। हत्यारा और गांधी राजनीति में दो अलग-अलग संस्कृति का प्रतिनिधि थे, दोनों के बीच अंतर्विरोध और संघर्ष मौजूद था।

प्रोफेसर ह्वांग शीनछ्वान (Huang Xinchuan) ने गांधी के दर्शन और सामाजिक विचार पर चर्चा की। उन्होंने कहा कि गांधी ने न सिर्फ भारत के राष्ट्रीय आंदोलन में एक बड़ी भूमिका निभाई, बल्कि एशियाई और अफ्रीकी देशों के साम्राज्यवाद और उपनिवेशवाद विरोधी संघर्ष पर भी प्रभाव डाला। वे सामाजिक न्याय और समानता मांगते थे, वर्ग समाज में शोषण और उत्पीड़न की सख्त निंदा करते थे। उन्होंने आम लोगों के प्रति सहानुभूति व्यक्त की, उनके हितों के लिए जीवन भर संघर्ष किया। हमें उनका उच्च मूल्यांकन करना चाहिए।

चीन-भारत सांस्कृतिक आदान प्रदान

4

हम सब जानते हैं कि चीन और भारत के बीच हज़ारों वर्षों का सांस्कृतिक आदान प्रदान होता रहा है। दोनों देशों की जनता एक दूसरे से सीखती है और अपनी संस्कृति समृद्ध करती है। हाल के सौ वर्षों में दोनों देशों पर पश्चिमी उपनिवेशवाद के शोषण और उत्पीड़न हुआ था। चीन और भारत एक दूसरे का ख्याल रखते हैं, यह स्वाभाविक बात है। गांधी को चीन की क्रांति के बारे में चिंतित थे और उन्होंने चीन को जबरदस्त समर्थन दिया। द्वितीय विश्व युद्ध से पहले जब जापान ने चीन पर हमला किया, गांधी ने जापान की क्रूर निंदा की और चीनी जनता को नैतिक व भौतिक समर्थन दिया। उन्होंने चीनी जनता का जापानी आक्रमण विरोधी युद्ध और भारतीय जनता की ब्रिटेन विरोधी संघर्ष एक साथ जोड़ दिया। उन्होंने स्पष्ट रूप से कहा कि 'जापान ने भारत और चीन पर शासन किया, साथ ही अन्य देशों को और विश्व शांति को नुकसान भी पहुंचाया। मैं हार्दिक रूप से चीनी जनता के प्रति गहरी सहानुभूति प्रकट करता हूं, देश की आज़ादी और अखंडता के लिए उनकी साहसी लड़ाई और बलिदान से उनकी प्रशंसा करता हूं।' उनके समर्थन में भारत ने सन् 1938 में एक चिकित्सा दल चीन में भेजा और चीन की जापानी आक्रमण युद्ध की जीत में अमिट योगदान किया। यह पूरी तरह से स्पष्ट है कि गांधी ने न सिर्फ चीन-भारत परंपरागत मित्रता को महत्व दिया और संजोकर रखा, बल्कि इस मित्रता व्यापक भी की। चीन के सबसे कठिन समय में गांधी ने हमें नैतिक और भौतिक समर्थन दिया, ये हम कभी नहीं भूलेंगे।

ठीक इसी तरह चीनी जनता भी भारतीय लोगों का ख्याल रखती है। हम भारत की स्वतंत्रता का ख्याल रखते थे। सन् 1919 से पहले ही चीन में गांधी और उससे संबंधित जानकारियों का परिचय किया गया। चीन में सब लोग यह जानते हैं। सन् 1949 में नयी चीन की स्थापना के बाद गांधी और गांधीवाद के बारे में अध्ययन ज्यादा मजबूत और विकसित किया गया। गांधी के बारे में बहुत किताबें और लेख प्रकाशित किए गए, जिनसे चीनी जनता ने गांधी और भारतीय जनता के बारे में अधिक समझ प्राप्त की। चीनी लोगों ने जो भी किया, उनका लक्ष्य है आपसी समझ और समर्थन मज़बूत करना, दोनों देशों का निर्माण पूरा करते हुए परंपरागत दोस्ती व्यापक करना। चीन-भारत दोस्ती के भविष्य पर हमें पूरा विश्वास है।

महात्मा गांधी की आर्थिक विचारधारा और अंतर्राष्ट्रीयतावादी भावना

महात्मा गांधी आधुनिक समय में भारतीय लोगों के एक महान नेता थे, उत्कृष्ट समाज और धर्म के सुधारक भी थे। उन्होंने भारत की राष्ट्रीय स्वतंत्रता के लिए अपना पूरा जीवन समर्पित किया, भारत और दुनिया के लोगों के लिए समृद्ध आध्यात्मिक विरासत छोड़ दी। उनकी विचारधारा बहुत विशिष्ट है, उनकी विशिष्ट विचार प्रणाली में दर्शन और राजनीति विचारधारा के अलावा, उनकी आर्थिक विचारधारा में भी अपनी विशेषता है। गांधी न केवल भारत के प्रति वफादार थे, बल्कि चीन को भी प्यार करते थे। वे चीनी क्रांति के विकास पर ध्यान देते थे, चीन के जापानी आक्रमण विरोधी युद्ध में उन्होंने नैतिक और भौतिक समर्थन किया। वे देशभक्ति और अंतर्राष्ट्रीयतावाद का एक नमूना थे।

गांधी ने पश्चिमी भौतिक सभ्यता की आलोचना की थी, उन्होंने सन् 1942 में गंभीरता से कहा कि आज मशीन युग का लक्ष्य है लोगों को मशीन में बनाना, मेरा लक्ष्य है मशीन बन रहे लोगों को बहाल करना। वे जनता की मानवता और नैतिकता को महत्व देते थे।

तत्कालीन सामाजिक और ऐतिहासिक स्थिति के अनुसार, गांधी मानते थे कि विकेन्द्रीकृत ग्रामीण अर्थव्यवस्था के माध्यम से केंद्रीकृत शहरी अर्थव्यवस्था का मुकाबला करना चाहिए। इसलिए उन्होंने पश्चिमी भौतिक सभ्यता की कई पहलुओं से आलोचना की:

गांधी का मानना था कि केंद्रीकृत शहरी अर्थव्यवस्था की मुख्य कमी यह है कि संपत्ति अल्पसंख्यक लोगों के हाथों में है, इसका नतीजा यह है कि अल्पसंख्यक लोग संपित्त अधिकार से बहुसंख्यक लोगों का उत्पीड़न करेंगे, अंत में वर्ग संघर्ष होगा। पश्चिमी भौतिक सभ्यता से हिंसा व्यापक होगा और नैतिक पतान होगा, इसलिए वह अनुपयुक्त है। पश्चिमी भौतिक सभ्यता गांधी की अहिंसक सामाजिक दूरदर्शिता से विपरीत है।

उन्होंने विशेष रूप से धन की पूजा और अनैतिक व्यवहार से पैसे कमाने की आलोचना भी की। गांधी ने अर्थव्यवस्था को नैतिकता के दायरे में भी शामिल किया। उन्होंने अर्थव्यवस्था को न्याय अर्थव्यवस्था और अन्याय अर्थव्यवस्था में विभाजन किया। न्याय अर्थव्यवस्था नैतिक मानकों के अनुरूप है। अन्याय अर्थव्यवस्था तो पैसे कमाने की अनैतिक व्यवहार है। उन्होंने

कहा कि धन की पुजारी धन के कारण संपन्न होते हैं, लेकिन नैतिक सिद्धांतों के अभाव में उनका अध्यात्मिक जीवन गरीब है। इसलिए वे मानते थे कि 'अच्छी अर्थव्यवस्था लोगों की उन्नत नैतिकता से अविभाज्य नहीं है।' न्याय अर्थव्यवस्था सामाजिक न्याय का प्रतिनिधित्व करती है, लोगों के नैतिक गुणों को महत्व देने से सामाजिक कल्याण आगे बढ़ाया जाता है। अन्याय अर्थव्यवस्था लोगों के नैतिक मूल्य की उपेक्षा करती है, अनिवार्य रूप से सामाजिक प्रगति में बाधा बनेगी।

गांधी ने पश्चिमी भौतिक सभ्यता की कई पहलुओं से आलोचना की, लेकिन उन्होंने पूरी तरह से पश्चिमी भौतिक सभ्यता से इनकार नहीं किया। उनका मानना था कि हालांकि पश्चिमी भौतिक सभ्यता पश्चिमी दुनिया में आपदा लाई है, लेकिन यह पश्चिम दुनिया के लिए उपयोगी है। उन्होंने कहा कि पश्चिम दुनिया को भौतिक आनंद का पीछा करना छोड़ना चाहिए। अगर पश्चिम दुनिया के लोगों को भौतिक आनंद के दबाव से मरना नहीं चाहते, तो अपना जीवन दर्शन बदलना चाहिए। गांधी को पश्चिमी भौतिक सभ्यता से बहुत दुख हुआ था, इसलिए उन्होंने पश्चिमी भौतिक सभ्यता, खासकर औद्योगीकरण पर बहुत विश्वास खो दिया। यह समझा जा सकता है। उन्होंने दो मुख्य कारण से पश्चिमी भौतिक सभ्यता की आलोचना की। पहला, इससे अमीरों और गरीबों के बीच बड़ा अंतर पैदा हुआ। दूसरा, इससे नैतिक भ्रष्टता पैदा हुई।

इस प्रकार गांधी ने अर्थव्यवस्था और नैतिकता के बीच संबंध और आपसी प्रभाव पर ध्यान दिया, आर्थिक क्षेत्र में नैतिकता की संभावित भूमिका भी बरामद की। किसी हद तक वे नैतिक कारक को मानसिक कारक व शारीरिक कारक से ज्यादा महत्वपूर्ण समझते थे। गांधी ने नैतिकता और अर्थव्यवस्था के बीच संबंधों को इतनी प्राथमिकता दी, अब तक दुनिया में इसका महत्वपूर्ण व्यावहारिक महत्व जारी रहा है।

गांधी मानते थे कि महान सामाजिक या आर्थिक परिवर्तन से नैतिकता नियंत्रण से बाहर जाएगी या बदलेगी। यह एक नियमित घटना है, समस्या यह है कि इसका समाधान कैसे किया जाएगा। इसकी निंदा करने से कोई लाभ नहीं होगा। राजनेताओं और विचारकों के लिए नई नैतिक मूल्य प्रणाली का पुनर्निर्माण जल्दी से करना सबसे कायम तरीका है। गांधी को अपने नैतिक मूल्य मानक थे, उन्होंने मानवीय नैतिकता के दृष्टिकोण से पश्चिमी भौतिक सभ्यता की आलोचना की। इससे उन्होंने अपनी देशभक्ति, भारत में बहुसंख्यक की इच्छा और मांग, भारतीय जनता की उम्मीद और विरोध व्यक्त किया। हालांकि इस आलोचना की अपनी ऐतिहासिक परिमितता थी, लेकिन उस समय इसका महत्वपूर्ण और सकारात्मक असर था। गांधी ने मानव सामाजिक जीवन में मानव और उनकी नैतिकता के मूल्य और प्रभाव पर ज़ोर दिया।

श्रम से संपत्ति हासिल कर सकते हैं, यह गांधी के ग्रामीण आर्थिक विचार का आधार है। इसमें मानव समाज में भौतिक उत्पादन के श्रम का स्थान और भूमिका पर ज़ोर दिया गया। विद्वान पेंग शुजी ने कहा था कि मानव जीवित रहने के लिए कृषि या अन्य व्यवसायों का शारीरिक श्रम करना होगा, गांधी इसे आर्थिक न्याय के सिद्धांत मानते थे। आजीविका श्रम गांधी की विशेष आर्थिक नैतिकता और नैतिक सिद्धांत बन गया। गांधी की नज़रों में सामाजिक

विकास आगे बढ़ने का मूल कारण यह है कि सब लोग श्रम करते हैं। अगर श्रम नहीं करते, तो आत्म विनाश होगा। गांधी का यह विचार बहुत सरल और व्यवहारिक था। मानव जीवित रहना चाहता है, तो श्रम करना पड़ेगा। श्रमिक अपने श्रम को प्यार करते समय दूसरों के श्रम का सम्मान भी करना चाहिए। गांधी ने स्वयं कताई और मितव्ययता की। उन्होंने 'हर व्यक्ति श्रम करना चाहिए' का आर्थिक सिद्धांत पेश किया और वे खुद अपना विचार व्यवहार में भी लाए।

हर व्यक्ति को अपना काम करना होगा, गांधी ने इस सवाल पर बहुत सोचा। उनका मानना था कि अगर हर व्यक्ति को अपना काम करने की गारंटी नहीं होती, सामान्य जीवन बिताने की गारंटी नहीं होती, तो लोकतंत्र एक दयनीय बर्बादी होगी, कायम नहीं रखी जा सकेगी। इस लिए गांधी ने चरखों का उपयोग करने और ग्रामीण अर्थव्यवस्था को पुनर्जीवित करने पर ज़ोर दिया। उसी समय कुछ लोगों का मानना था कि भारत पश्चिम देशों की तरह शहरीकरण तेज़ कर सकेगा और कृषि आबादी की संख्या लगातार कम कर सकेगा। गांधी इस विचार से सहमत नहीं थे, उन्होंने कहा कि यह अवास्तविक कल्पना है। बड़े पैमाने पर औद्योगीकरण करते समय जीवन आवश्यकताओं की आपूर्ति घरेलू हस्तकला तथा ग्रामीण हस्तकला के विकास से की जानी चाहिए। घरेलू हस्तकला तथा ग्रामीण हस्तकला की उत्पादन क्षमता बढ़ाने में विज्ञान और प्रौद्योगिकी मदद कर सकती है। स्वयं सहायता गतिविधियों में भारतीय लोगों को आकर्षित करने के लिए हस्तकला एक सरल रास्ता है। गांधी के सुझाव के आधार पर भारतीय लोगों ने संबंधित गतिविधियां कीं और कुछ उपलब्धियां भी हासिल कीं।

गांधी घरेलू हस्तकला तथा ग्रामीण हस्तकला का विकास मानते थे, लेकिन वे विज्ञान और प्रौद्योगिकी का विरोध नहीं करते। उन्होंने कहा था कि यदि वैज्ञानिक आविष्कार के माध्यम से 30 हज़ार लोग पूरे देश में सामान की जरूरत पूरी कर सकेंगे, इस पर उन्हें कोई मतभेद नहीं होगा। सवाल यह है कि बाकी लोग क्या करेंगे। अगर लाखों लोग बेरोज़गार बनेंगे और जीवन में मुश्किलें होंगी, तो बड़ी समस्या होगी।

आज हर देश अपने हितों के लिए दूसरों देशों से प्रतिस्पर्द्धा करता है, ऐसा करना एक निश्चित सीमा तक उचित और आवश्यक भी है। लेकिन हमें मानवता की सेवा नहीं भूलना चाहिए।

इस क्षेत्र में गांधी ने एक अच्छा उदाहरण किया और हमें शिक्षित भी किया। वे एक देशभक्ति और अंतर्राष्ट्रीयतावाद मिले हुए श्रेष्ठ उदाहरण थे। उन्होंने कहा था कि अगर दुनिया एकीकृत नहीं है, तो मैं दुनिया में नहीं रहना चाहता हूं। उन्होंने यह भी कहा था कि मैं देशभक्ति हूं, लेकिन मैं पूरी दुनिया को भी प्यार करता हूं। मैं दूसरे देशों व जनता को दुख व शोषण करने से अपना विकास करने की देशभक्ति का विरोध करता हूं। इस वाक्य का आज की दुनिया में भी अहम व्यावहारिक महत्व है।

गांधी अधिकतम आत्मनिर्भरता पर विश्वास करते थे, लेकिन वे यह भी मानते थे कि जब खुद को दूसरों की मदद चाहिए, तो दूसरों की मदद स्वीकार करनी चाहिए, अगर दूसरों को मदद चाहिए, तो दूसरों की मदद भी करनी चाहिए। उन्हें विश्वास था कि दुनिया एकीकृत है, जीवन में

एकजुटता की ज़रूरत है। उन्होंने ऐसा कहा और ऐसा ही किया। गांधी आदि लोगों के समर्थन में भारत ने सन् 1938 में चीन में एक चिकित्सा दल भेजा और चीनी जनता को जापानी आक्रमण विरोधी युद्ध में सहायता दी। चीन की सबसे कठिन वर्षों में गांधी ने हमें नैतिक और भौतिक समर्थन दिया, यह हम आज तक याद करते हैं। गांधी की तीव्र देशभक्ति और अंतर्राष्ट्रीयतावाद की भावना चीनी जनता के दिलों में हमेशा रहेगी।

आज चीन और भारत दोनों देशों के सामने निर्माण का मुश्किल कार्य है। हमारे देशों का निर्माण बेहतर करने के लिए हमें एक दूसरे से सीखना, एक दूसरे का समर्थन करना चाहिए।

सन यात-सेन ने भारत का समर्थन किया और ब्रिटेन की निंदा की

सन यात-सेन चीन में पूंजीपति क्रांतिकारियों के महान नेता और देशभक्त थे। राष्ट्रीय आज़ादी, लोकतंत्र व स्वतंत्रता और जनता के सुख की खोज करने के लिए उन्होंने अपना पूरा जीवन समर्पित किया। उन्होंने न केवल चीनी क्रांति के लिए उत्कृष्ट योगदान किया, बल्कि अन्य उत्पीड़ित देशों में स्वतंत्रता के लिए कर रहे संघर्ष पर भी चिंता करते थे। भारतीय जनता के आज़ादी के लिए लड़ते समय उन्होंने दृढ़ समर्थन दिया और कुछ व्यावहारिक मदद करते हुए ब्रिटिश साम्राज्य की कड़ी निंदा भी की।

उन्होंने मुख्य रूप से नैतिक स्तर पर भारत में क्रांति के प्रति सहानुभूति प्रकट की और समर्थन किया। प्रथम विश्व युद्ध के दौरान उन्होंने चीन के भविष्य के बारे में एक किताब लिखी, किताब में भारत के बारे में भी बहुत चर्चा की गई। उन्होंने कहा कि प्रथम विश्व युद्ध अन्याय था, युद्ध के दोनों पक्षों ने औपनिवेशिक और अर्द्ध-औपनिवेशिक भूमि छीनने के लिए लड़ाई लड़ी। इसलिए दोनों पक्ष अन्याय थे। उन्होंने किताब में भारत में ब्रिटिश शासन होने का कारण बताया। उन्होंने कहा कि ब्रिटेन ने भारत की लूट की: 'ब्रिटेन ने हर साल भारत से बहुत अनाज लूट लिया, जिससे भारत में करोड़ों लोग भूख से मर गए।' फिर उन्होंने कहा 'ब्रिटेन की कठोर लूट और अत्याचारी शासन से भारत जीवित भी नहीं हो सकता, वास्तव में ब्रिटेन ने भारत में बड़े पैमाने पर लूट की।'

उन्होंने अपनी किताब 'तीन लोगों के सिद्धांतों (the Three People's Principles)' में भी कई बार भारत का उल्लेख किया। उपनिवेशवाद और साम्राज्यवाद के प्रशासन में भारत में उत्पादित अनाज यूरोप में बिकता था, लेकिन भारतीय लोगों को अनाज नहीं मिलता था। भुखमरी से बहुत लोगों की मौत हुई। उन्होंने ब्रिटिश औपनिवेशिक शासन की लालच और क्रूरता पर पर्दा दूर किया और खराब हालत में लड़ रहे भारतीय जनता को अपनी गहन सहानुभूति व्यक्त की।

18वीं शताब्दी के अंत और 19वीं शताब्दी की शुरुआती में ब्रिटेन में औद्योगिक क्रांति हुई, जिससे ब्रिटेन ने भारत पर नए तरीके से शोषण शुरू किया। इस समय से उपनिवेशवादियों

ने कालोनी से अपने लिए औद्योगिक कच्चे माल की आपूर्ति की और कालोनी में अपने उत्पादन बेचे। इसलिए तत्कालीन ब्रिटिश सरकार ने कई कदम उठाकर भारत के प्रति शोषण और निचोड़ तेज़ की। जिससे भारतीय हस्तशिल्प उद्योग पर बड़ा झटका हुआ और भारत में अनाज की कमी दिन ब दिन गंभीर हो गई।

प्रथम विश्व युद्ध में ब्रिटेन ने न केवल भारत से श्रमशक्ति और भौतिक संसाधनों की मांग की, बल्कि भारत सरकार से पैसों की मांग भी की। सुन यात-सेन ने भारत पर ब्रिटेन का ब्लैकमेल पर्दाफ़ाश किया: 'हाल में ब्रिटेन ने भारत को एक अरब पाउंड युद्ध की लागत देने के लिए विवश किया। ब्रिटेन का बहाना है कि यह भारतीय लोगों की इच्छा है।' उन्होंने स्पष्ट किया कि ब्रिटेन साम्राज्य बनने का कारण भारत में है, ब्रिटेन में नहीं। ब्रिटेन का आर्थिक आधार, ब्रिटेन की जीवन रेखा भारत में है। अगर भारत नहीं होता, तो ब्रिटिश साम्राज्य नहीं स्थापित हो सकता। भारत खोकर ब्रिटिश साम्राज्य अवश्य नाश हो जाएगा।

सन यात-सेन ने भारत में हो रहे राष्ट्रीय आंदोलन पर भी चिंता करते थे, जब भारत में असहयोग आंदोलन शुरू हुआ, तब उन्होंने भी बहुत ध्यान दिया। सन् 1921 में उन्होंने एक भाषण में कहा कि 'भारतीय लोगों पर ब्रिटेन का उत्पीड़न है, इसलिए भारतीय लोगों ने क्रांति की, क्रांति का विचार भी पहले से अलग था। हाल में अंग्रेज़ी अखबार में प्रकाशित लेख पढ़के पता चला कि भारत में 600 से अधिक क्रांतिकारियों को ब्रिटेन ने गिरफ्तार किया। ज़ाहिर है कि भारत में क्रांतिकारी भावना विकसित हो गई, भारत अंत में ब्रिटेन के खिलाफ संघर्ष में जीतेगा।' वे भारत के भविष्य और जनता की जीत पर विश्वास रखते थे।

प्रथम विश्व युद्ध की जीत हासिल करने के बाद ब्रिटेन शक्तिशाली बना। लेकिन सन यात-सेन मानते थे कि ब्रिटेन की समृद्धि में गहरा संकट भी छिपा हुआ था। ग्रेट ब्रिटेन साम्राज्य लंबे समय तक नहीं रहेगा। पूरे विश्व में राष्ट्रीय आंदोलन से इसकी जड़ निकाली जाएगी। भारत में राष्ट्रीय आंदोलन की नई लहर है असहयोग आंदोलन। सन् 1924 में उन्होंने एक भाषण में चीनी लोगों से गांधी के असहयोग आंदोलन का परिचय किया। उन्होंने कहा असहयोग का अर्थ यह है कि ब्रिटेन जो भी मांगता है, भारतीय लोग नहीं देंगे। ब्रिटेन जो भी देता है, भारतीय लोग नहीं लेंगे। उदाहरण के लिए ब्रिटिश लोगों को मज़दूरों की ज़रूरत है, लेकिन भारतीय लोग उनके लिए काम नहीं करेंगे। ब्रिटेन ने भारत में बहुत विदेशी मालों की आपूर्ति की, लेकिन भारतीय लोग नहीं खरीद लेंगे, वे भारतीय माल खरीदते हैं। उन्हें आशा थी कि चीनी जनता भी भारत से सीखकर एकजुट आंदोलन से साम्राज्यवाद का विरोध करेगी। सन यात-सेन का मानना था कि गांधी का असहयोग आंदोलन विदेशी शासन का विरोध करने का एक रास्ता है, असहयोग करने से विदेशी साम्राज्यवाद का प्रभाव कम होगा, ताकि राष्ट्र के स्थान का संरक्षण किया जा सके और राष्ट्र का नाश न हो।

सन यात-सेन हिंसक क्रांति मानते थे, लेकिन उन्होंने गांधी की असहयोग नीति की सहमति और सराहना की। वे भारत में राष्ट्रीय संघर्ष की रचनात्मकता का सम्मान करते थे। उन्होंने कहा कि पीड़ित लोगों को संयुक्त रूप से लड़ना चाहिए, एशिया में चीन और भारत पीड़ित

देशों में मुख्य शक्तियां हैं। दोनों देशों के एकजुट होना बहुत आवश्यक और अहम है। सन् 1924 में रबीन्द्रनाथ टैगोर चीन यात्रा करने आ रहे थे। इस खबर सुनकर सन यात-सेन को बहुत खुशी हुई। उन्होंने टैगोर को भारतीय लोगों का दूत माना। सन यात-सेन ने चीन और भारत संयुक्त करने के लिए बहुत प्रयास किया, लेकिन खेद की बात है कि सन् 1925 में उनका देहांत हो गया। बाद में, चीनी कुओमिन्तांग पार्टी और भारतीय राष्ट्रीय कांग्रेस पार्टी ने संयुक्त रूप से साम्राज्यवाद विरोधी संघर्ष में सहयोग मजबूत करने का बयान जारी किया। सन यात-सेन की इच्छा अंततः पूरी हो गई। सन यात-सेन को आधुनिक समय में चीन और भारत संयुक्त करने का संस्थापक माना जाता है, वे हमेशा चीनी और भारतीय लोगों के दिल में जीवित रहेंगे।

टैगोर ने चीन के प्रति सहानुभूति व्यक्त की और जापान की निंदा की

रबीन्द्रनाथ टैगोर भारत के एक महान साहित्यकार थे, भारतीय आधुनिक साहित्य के संस्थापकों में से एक थे, नोबेल साहित्य पुरस्कार के विजेता थे, एक महान अंतर्राष्ट्रवादी थे और चीनी जनता के सबसे घनिष्ठ मित्र थे।

टैगोर की प्रतिभा बहुमुखी थी, वे कवि, उपन्यासकार, नाटककार, निबंधकार, शिक्षक, चित्रकार और संगीतकार थे। उन्होंने 50 से अधिक कविता संग्रह, 12 उपन्यास, 100 से अधिक कथाएं, 20 से अधिक नाटक लिखे। उन्होंने कठोर रूप से उपनिवेशवादियों और सामंत की क्रूरता प्रकट की, भारतीय जनता के संघर्ष की प्रशंसा की, उनके ग्रंथों में भारतीय जनता के बेहतर जीवन का पीछा करने का आदर्श व्यक्त किया गया।

टैगोर चीन को बहुत प्यार करते थे, चीनी संस्कृति की प्रशंसा करते थे और दोनों देशों के जनता के बीच दोस्ती को महत्व देते थे, चीन के भाग्य पर चिंता करते थे। उन्होंने चीन पर आक्रमण करने के लिए जापानी फ़ासिस्ट की निंदा की और मजबूती से चीनी जनता का समर्थन किया। सन् 1924 में उन्होंने चीन की यात्रा की, आधुनिक समय में भारत-चीन सांस्कृतिक आदान-प्रदान में यह एक अहम घटना थी। उन्होंने चीन में कई स्थानों में भाषण दिए, भारत-चीन मैत्री की प्रशंसा की। उन्होंने आशा जताई कि चीन और भारत एक दूसरे में छात्र भेजेंगे और दोनों देशो के बीच टूटे हुए सांस्कृतिक संबंध और प्राचीन दोस्ती बहाल करेंगे। लेकिन उसी समय दोनों देशों को राजनीतिक स्वतंत्रता नहीं प्राप्त हुई, उनका आदर्श साकार करना बहुत मुश्किल था। कठोर वातावरण में टैगोर की चीन यात्रा ने एक सकारात्मक भूमिका निभाई, चीनी साहित्य जगत पर बड़ा प्रभाव पड़ा। उनकी कई किताबों का चीनी भाषा में अनुवाद किया गया। कुओ मोरुओ और बिन शीन आदि साहित्यकार उनसे प्रभावित थे। भारत वापस आने के बाद टैगोर ने चीनी संस्कृति का अध्ययन और चीन-भारत सांस्कृतिक आदान प्रदान आगे बढ़ाने के लिए शांति निकेतन में 'चीनी अकादमी' की स्थापना की। चीन के जापानी आक्रमण विरोधी युद्ध के दौरान उन्होंने चीन का समर्थन किया और जापानी की निंदा की। सन् 1941 में अपनी मृत्यु से पहले वे बिस्तर पर भी चीन की स्थिति पर चिंचित थे, उन्हें पक्का विश्वास था कि चीन अवश्य जीतेगा। टैगोर चीनी जनता के एक अच्छे दोस्त थे, हम हमेशा उनका स्मरण करेंगे।

चीन-भारत सांस्कृतिक आदान प्रदान में टैगोर का योगदान

रबीन्द्रनाथ टैगोर भारत के एक महान साहित्यकार, प्रसिद्ध कवि और कलाकार थे। वे नोबेल साहित्य पुरस्कार के विजेता थे, भारतीय आधुनिक साहित्य के संस्थापकों में से एक थे। वे एक देशभक्त थे, राष्ट्रीय आंदोलन के समर्थक और सहभागी थे। वे एक महान अंतर्राष्ट्रतावादी थे और चीनी जनता के सबसे घनिष्ठ मित्र थे।

भारतीय संस्कृति में टैगोर का योगदान

टैगोर का जन्म 7 मई, सन् 1861 में पश्चिम बंगाल के कलकत्ता में हुआ था। उनका परिवार व्यापारी और ज़मींदार वर्ग का था। वे ब्राह्मण थे। उनके दादा और पिता दोनों सामाजिक कार्यकर्ता थे, सामाजिक सुधार का समर्थन करते थे। उनके पिता दार्शनिक और धार्मिक सुधारक भी थे। बचपन से ही टैगोर ने परिवार के माहौल में अच्छी शिक्षा प्राप्त की। वे कई कॉलेज गए थे, लेकिन उन्हें स्कूल का मशीनी जीवन पसंद नहीं था। उन्होंने औपचारिक स्कूल पढ़ाई पूरी नहीं की। उनका ज्ञान माता-पिता और परिवार शिक्षकों के पढ़ाने और स्वयं सीखने से प्राप्त हुआ था। उन्हें कविता लिखने में बहुत दिलचस्पी थी, 12 वर्षों की उम्र में ही कविता लिखने लगे। टैगोर साहित्य पसंद करते थे, संस्कृत, बंगाली और अंग्रेजी किताबें पढ़ना पसंद करते थे। बहुत छोटी उम्र में उन्होंने 'महाभारत', 'रामायण', 'मेघदूत' और नाटक 'शकुंतला' पढ़ लिया। सन् 1878 में वे पिता की इच्छा के अनुसार ब्रिटेन गए। पहले कानून की पढ़ाई की, लेकिन पसंद नहीं था। बाद में उन्होंने ब्रिटिश साहित्य और पश्चिमी संगीत सीख लिया। सन् 1880 वे भारत वापस आए और साहित्यिक रचना लिखने लगे। सन् 1884 वे शहर से निकलकर गांवों में पैतृक भूमि का प्रबंधन करने लगे, इससे किसानों से संपर्क करने का अवसर मिला। सन् 1901 में अपना शिक्षा करने का आदर्श साकार करने के लिए उन्होंने शांति निकेतन में एक कॉलेज स्थापित किया। सन् 1905 के बाद भारत में साम्राज्यवाद के खिलाफ राष्ट्रीय आंदोलन शिखर पर पहुंचा, टैगोर ने भी इसमें भाग लिया, उन्होंने बहुत देशभक्ति कविताएं लिखीं और भारतीय जनता को प्रेरित किया।

टैगोर ने संस्कृति और कला के क्षेत्र में उल्लेखनीय उपलब्धियां प्राप्त की। उनकी प्रतिभा बहुमुखी थी, उन्होंने 60 साल तक साहित्यिक रचना की। उन्होंने परवर्ती पीढ़ियों को 50 से अधिक कविता संग्रह, 12 उपन्यास, 100 से अधिक कथाएं, 20 से अधिक नाटक रखे। उन्होंने

बेरहमी से उपनिवेशवादियों और सामंत की क्रूरता प्रकट की, भारतीय लोगों के संघर्ष की प्रशंसा की, उनके ग्रंथों में भारतीय लोगों के बेहतर जीवन का पीछा करने का आदर्श व्यक्त किया गया।

उनकी प्रतिभा बहुमुखी थी, वे न केवल कवि, उपन्यासकार, नाटककार, निबंधकार थे, बल्कि शिक्षक, चित्रकार और संगीतकार भी थे। वे कवि के रूप में दुनिया में प्रसिद्ध थे। वे लगातार कवि संग्रह और उपन्यास प्रकाशित करते थे, उनकी कई कविताएं न केवल लंबे समय से भातीय लोगों के बीच प्रचलित थीं, बल्कि प्राथमिक और हाई स्कूल की पाठ्यपुस्तकों में भी शामिल की गईं। उन्होंने भारतीय लोगों की देशभक्ति उत्साह को प्रोत्साहित करने और भारतीय संस्कृति को बढ़ावा देने में सकारात्मक भूमिका निभाई।

बचपन से ही टैगोर ने कविता लिखना शुरू किया। 12 साल की उम्र में उन्होंने एक छोटी कविता लिखी और सभी लोगों को हैरान किया। 15 साल की उम्र में उन्होंने एक लंबी कविता लिखी, जो पत्रिका में भी प्रकाशित की गई। कलकत्ता के बुद्धिजीवी वर्ग में रबीन्द्रनाथ टैगोर का नाम प्रसिद्ध होने लगा। सने 1878 में, 17 साल की उम्र में पिता जी की इच्छा पर वे न्यायशास्त्र पढ़ने के लिए लंदन गए। लेकिन वहां पहुंचने के बाद उन्हें न्यायशास्त्र में कोई रुचि नहीं आई। क्योंकि उन्हें साहित्य पसंद था। इसलिए उन्होंने न्यायशास्त्र छोड़कर ब्रिटिश साहित्य और पश्चिमी संगीत सीखना शुरू किया। सन् 1880 में वे भारत वापस आए। उन्होंने ब्रिटेन में कुल 14 महीने बिताए, विश्वविद्यालय में सिर्फ 3 महीनों तक पढ़ा, बाकी समय पश्चिमी साहित्य व कला सीखने और ब्रिटेन का सामाजिक जीवन समझने में लगाया। नाममात्र उन्होंने लंदन विश्वविद्यालय में प्रवेश किया, लेकिन उन्होंने ज्यादा औपचारिक शिक्षा नहीं प्राप्त की, मुख्य तौर पर स्वयं सीखने से ज्ञान प्राप्त किया।

सन् 1880 में, टैगोर 19 साल के थे, वे ब्रिटेन से भारत वापस आगए। उन्होंने साहित्यिक रचना पर सारा ध्यान दिया। 20 साल की आयु से पहले उन्होंने बहुत कविताएं, उपन्यास और निबंध प्रकाशित किए। उनके लेखों का विषय सामंती शादी प्रणाली और वर्ण व्यवस्था की निंदा करना है। उल्लेखनीय बात यह है कि 20 वर्षों की उम्र में उन्होंने 'भारतीय जनता' पत्रिका में 'चीन में मृत्यु का व्यापार' नामक एक राजनीतिक टिप्पणी प्रकाशित की, जिसमें उन्होंने चीन में ब्रिटिश के अफीम व्यापार और आक्रमण युद्ध का दृढ़ विरोध किया।

औपनिवेशिक व्यवस्था और सामंती व्यवस्था से भारतीय लोगों को बहुत दुख और पीड़ा पहुंचाया गया। औपनिवेशिक शासन और सामंती शोषण से ज्यादा नहीं सहन कर पाए भारतीय किसानों ने जोरदार विद्रोह शुरू किया। औपनिवेशिक के खिलाफ बुद्धिजीवियों की विद्रोही भावना भी दिन ब दिन बढ़ रही थी। बंगाल भारत में आंदोलन का केंद्र क्षेत्र था। युवा टैगोर ने भी सक्रिय रूप से राष्ट्रीय मुक्ति आंदोलन में भाग लिया। उन्होंने अपने लेख में भारतीय विवाह प्रणाली पर हमला किया, जिसने समाज का ध्यान आकर्षित किया। उपनिवेशवाद और सामंतवाद के खिलाफ लेख लिखने के अलावा, वे 23 वर्षों की आयु में धार्मिक सुधार संगठन 'ब्राह्म समाज' के सचिव भी बने। 'ब्राह्म समाज' ने सामाजिक सुधार में प्रमुख भूमिका निभाई है।

सन् 1881 से 1890 तक 10 साल में वे एक तरफ सक्रिय रूप से सामाजिक सुधार गतिविधि में भाग लेते थे, दूसरी तरफ बहुत रचनाएं भी लिखते थे। उनकी कविताओं में मानव प्रेम

की भावना है, धार्मिक माहौल भरा हुआ है। उन्होंने उपन्यास लिखकर सामाजिक विरोधाभास का पर्दफास किया, सामाजिक बुराइयों की आलोचना की। उन्होंने साहस के साथ पुरानी कविताओं के पारंपरिक स्वरूप तोड़कर अपने कविता रचने का नया मार्ग खोल दिया।

वर्ष 1884 में टैगोर के जीवन में बड़ा परिवर्तन हुआ, इससे उनकी रचनाओं का स्वर्णिम युग भी आया। वे पिता के आदेश से कलकत्ता से निकल कर ग्रामीण क्षेत्र में आए। इससे किसानों के साथ सीधा संपर्क करने और उनके असली जीवन जानने का मौका मिला। यह उनके लिए अत्यंत अहम था। किसानों के साथ संपर्क और बातचीत करके वे आश्चर्यचकित हो गए। उन्होंने किसानों के साथ दोस्ती बनाई, किसानों और लोक कलाकारों को लोकगीत और लोक कथा कविता गाने के लिए आमंत्रण किया, उन्होंने इन सब की रिकॉर्ड की। उन्हें किसानों की गरीबी और दुख से बहुत सहानुभूति हुई, उपनिवेशिकों और जागीरदार के खिलाफ बहुत क्रोध आया। इसलिए उन्होंने बहुत साहित्यिक रचना की। विद्वान जांग क्वांगलिन ने कहा था कि 'कठोर जीवन वास्तविकता, जनता के दुर्भाग्य से उनकी रचनात्मक इच्छाओं को प्रेरित किया गया, जिससे उन्हें रचना का अंतहीन स्रोत मिला।' उनका रचनात्मक उत्साह ज्वालामुखी की तरह विस्फोटक हो गया। यह कहना बहुत उचित है।

समृद्ध किताबें लिखने के अलावा टैगोर ने शिक्षा कार्य में भी बहुत योगदान किया। सन् 1901 में वे शांति निकेतन में स्कूल की स्थापना की। वे भारत की पारंपरिक सामंती शिक्षा का विरोध करते थे, भारत में ब्रिटिश शासन की औपनिवेशिक शिक्षा से नफरत करते थे। उनका मानना था कि ब्रिटिश स्कूल सैन्य शिविर जैसे थे, जिसमें ब्रिटिश शासन आज्ञाकारी सेवक बनाता था। ब्रिटिश शिक्षा का लक्ष्य है भारतीय लोगों से भारतीय लोगों पर प्रशासन करवाना। वे बच्चों की प्रकृति मुक्त करना, राष्ट्रीय भावना का प्रचार करना और 'प्यार' की नैतिक गुण प्रशिक्षित करना मानते थे। इसलिए उन्होंने शिक्षा कार्य में बहुत प्रयास किया। सन् 1901 में पिता से अनुमति मांगकर उन्होंने शांति निकेतन में एक कॉलेज की स्थापना की, जो बाद में प्रसिद्ध अंतर्राष्ट्रीय विश्वविद्यलय बना।

यहां पढ़ाने के अलावा उन्होंने बहुत रचनाएं भी लिखीं, मुख्य रचनाएं लंबे उपन्यास थे। इन रचनाओं से उन्होंने तत्कालीन भारतीय समाज में बुराइयों का पर्दफ़ाश किया, भारतीय लोगों की जागरूकता व्यक्त की। लोगों को एकीकृत करके राष्ट्रीय मुक्ति के लिए लड़ने में प्रोत्साहित किया गया।

सन् 1890 से 1900 तक यहां शिक्षा करते समय उन्होंने सामंती शोषण, बाल विवाह, विधवा सती और वर्ण व्यवस्था की आलोचना करने के लिए बहुत लेख और उपन्यास भी लिखे। 19वीं शताब्दी के अंतिम दशक में टैगोर ने सामंती विरोधी और ब्रिटिश औपनिवेशिक शासन विरोधी बहुत साहित्यिक रचनाएं लिखीं। 20वीं शताब्दी में भारत में ब्रिटेन विरोधी आंदोलन चरमोत्कर्ष पर पहुंचा, ब्रिटिश उपनिवेशों ने भारत में राष्ट्रीय मुक्ति आंदोलन को कमजोर करने के लिए बहुत कुछ किया। इससे टैगोर बहुत असंतुष्ट हुए। सन् 1905 में उन्होंने राष्ट्रीय मुक्ति आंदोलन में भाग लेने का फैसला किया। उन्होंने ब्रिटेन विरोधी प्रदर्शन आयोजित किया, रैली में

भाषण दिया और देशभक्ति गीत गाया। देशभक्ति उत्साह को प्रोत्साहन में उन्होंने बहुत देशभक्ति कविताएं लिखीं। 'जन गण मन' सन् 1911 में लिखी गई एक कविता थी, टैगोर ने इसके लिए संगीत भी रचा। भारत की आजादी के बाद संविधान सभा में औपचारिक रूप से इसे राष्ट्रीय गान अपनाया।

राष्ट्रीय मुक्ति आंदोलन आगे बढ़ते समय, संघर्ष के तरीके में बदलाव हुआ, शांतिपूर्ण तरीका छोड़कर हिंसक तरीका अपनाया गया। टैगोर का विचार आंदोलन के नेताओं से अलग था, कुछ आम लोगों ने उनका विचार भी स्वीकार नहीं किया। वे हिंसा का विरोध करते थे, जनता के ब्रिटिश माल जलने और सशस्त्र संघर्ष करने पर असहमत थे। सन् 1907 में टैगोर ने राष्ट्रीय मुक्ति आंदोलन से निपट गए। उन्होंने शांति निकेतन लौटकर शिक्षा और साहित्य कार्य बनाए रखे। सन् 1910 में उन्होंने 'गीतांजलि' प्रकाशित की, जिसकी प्रशंसा बहुत यूरोपीय लेखकों ने की। वे पूरे यूरोप में प्रसिद्ध बने फिर नोबेल साहित्य पुरस्कार भी प्राप्त किया।

सन् 1908 में राजनीतिक आंदोलन से निकलने के बाद सन् 1917 तक उनकी रचनाओं से यह प्रकट हुआ कि वे वास्तविकता सही ढंग से समझने वाले महान लेखक थे। उन्होंने कहा था कि सत्य कठोर है, लेकिन मैं इस कठोरता पंसद करता हूं, क्योंकि वह धोखा नहीं देगा। टैगोर सत्य का पीछा करने, वास्तविकता का सामना करने और मेहनती से कोशिश करने वाले एक महान साहित्यकार थे।

सन् 1919 के आसपास भारत में राष्ट्रीय-विरोध और वर्ग-विरोध पहले से ज्यादा गंभीर हो गया। हड़ताल और जलूस एक के बाद एक आयोजित किया जाती थी। ब्रिटिश औपनिवेशिक प्रशासन को आतंक और चिंता लगने लगी। टैगोर ने शांतिनिकेतन से निकलकर भारत की विभिन्न जगहों में यात्रा की, राष्ट्रीय आंदोलन की स्थिति और जनता की दुखता जान ली। उन्होंने सक्रिय रूप से राष्ट्रीय मुक्ति आंदोलन में भाग लिया, भाषण दिए, ब्रिटिश औपनिवेशिक नीति की कड़ी निंदा की। साथ ही उन्होंने शांतिनिकेतन में शिक्षा कार्य भी नहीं छोड़ा, उन द्वारा स्थापित कॉलेज प्रसिद्ध अंतर्राष्ट्रीय विश्वविद्यलय बना, विभिन्न देशों के छात्र यहां पढ़ सकते थे, विश्व के अनेक प्रसिद्ध विद्वानों ने यहां आकर पढ़ाई की। इससे विभिन्न देशों के बीच सपर्क मज़बूत किया गया, जनता के बीच दोस्ती भी आगे बढ़ाई गई। सन् 1920 के बाद 20 सालों में वे भारत की आजादी और विश्व शांति के लिए संघर्ष करते रहे। उन्होंने कई बार विदेशी यात्रा की, वे यूरोप, अफ्रीका और एशिया में 30 से अधिक देश गए।

सन् 1940 में टैगोर बीमार हो गए। सन् 1941 के 7 अगस्त को, यानी 80 वर्षों की आयु में, उपचार अप्रभावी होने से उनकी मृत्यु हुई।

टैगोर ने जीवन भर अपनी साहित्यिक रचना और भारत के राष्ट्रीय मुक्ति संघर्ष को घनिष्ठ रूप से जोड़ दिया। उन्होंने आधुनिक समय में भारतीय प्रगतिशील साहित्य का रास्ता खोला। उन्होंने सफल रूप से बंगाली भाषा में कविताएं लिखीं, भारत की आधुनिक कविताओं की एक नई दुनिया खोली। उन्होंने आधुनिक समय में भारत की लघु कहानी शैली की स्थापना की। जीवन भर में उन्होंने बहुत कामयाबियां हासिल की हैं, उनका जीवन बहुत महान था।

चीन पर टैगोर का प्रभाव

टैगोर में न्याय की मजबूत भावना थी, 20 साल की उम्र में ही उन्होंने लेख 'मृत्यु का व्यापार' लिखकर चीन में ब्रिटेन के अफीम व्यापार की निंदा की थी। उन्होंने ज़बरदस्त रूप से अफीम ब्रिटेन के अफीम व्यापार और आक्रमण युद्ध का विरोध किया। वे ब्रिटिश लोगों को 'डाकू' कहते थे।

टैगोर ने चीन-भारत मित्रता ढूढने के लिए सन् 1924 में चीनी क्रांतिकारी नेता सन यात-सेन के विशेष आमंत्रण पर चीन का दौरा किया। 50 दिनों की यात्रा के दौरान वे शांगहाई, नानजिंग, जीनान और पेइचिंग आदि शहर गए, उन्होंने चीन में विभिन्न जगतों के लोगों से मुलाकात की और धर्म, कला, राजनीति, जीवन आदि विषयों पर चर्चा की। उन्होंने आत्मविश्वास से कहा: 'मुझे विश्वास है कि तुम्हारा महान भविष्य होगा और वह एशिया का भविष्य भी होगा।' उन्होंने यह भी कहा कि चीन और भारत की दोस्ती और एकजुटता संघर्ष कर रहे एशिया का आधार है। चीन से निकलते समय उनसे पूछा गया कि क्या उन्होंने कोई चीज़ चीन में छोड़ दी? उन्होंने अपने सिर को हिलाकर कहा: 'मेरे दिल के अलावा मैं ने कुछ भी नहीं छोड़ा।' चीनी जनता के प्रति उनकी दोस्ती बहुत ह्दयद्रावक थी।

चीन से भारत वापस जाने के बाद टैगोर ने चीन-भारत मित्रता को आगे बढ़ाने के लिए शांति निकेतन में 'चीनी अकादमी' की स्थापना की, जहां चीनी भाषा और साहित्य का अध्ययन और अनुसंधान किया जाता है। चीनी अकादमी उदघाटन बैठक में टैगोर ने उत्साह से कहा: 'मेरे लिए आज एक महान दिन है, मैं ने इस दिन का बहुत लंबे समय तक इंतज़ार किया। आज से मैं अपनी जनता की तरफ से चीनी जनता के साथ सांस्कृतिक आदान-प्रदान और गहरी दोस्ती दोनों को घनिष्ट रूप से एक साथ जोड़ दूंगा।'

टैगोर की रचनाएं चीन में बहुत लोकप्रयि हैं। सन् 1915 में उनके लेखन का परिचय चीन में शुरू किया गया। सन् 1949 तक 200 से अधिक प्रकार के लेखनों का अनुवाद चीनी भाषा में किया गया। सन् 2000 में प्रकाशित 'टैगोर के पूरे लेख' की कुल 24 पुस्तकें और 1 करोड़ शब्द हैं। चीनी अनुवाद उद्योग और प्रकाशन उद्योग टैगोर के लेखन को बहुत महत्व देते हैं। उनके लेखनों का विचार क्षेत्र चीन के एकेडेमिया और विद्या जगतों पर सक्रिय प्रभाव पड़ा।

टैगोर की रचनाएं व विचारधारा को न केवल चीनी पाठक, बल्कि साहित्यकार भी पंसद करते हैं। चीनी मशहूर आधुनिक कवि और महान साहित्यकार कुओ मोरुओ (Guo Moruo) उनमें से एक थे। कुओ मोरुओ ने कहा था कि चीन में उन्होंने सबसे पहले टैगोर के साथ संपर्क किया। कविता रचने के अनुभव के बारे में उन्होंने कहा कि उन पर सबसे पहले टैगोर आदि लोगों का प्रभाव पड़ा। उनके दिल पर टैगोर कविताओं के छाप की याद करते हुए उन्होंने कहा कि टैगोर की कविताएं समझने में बहुत आसान हैं और वे गद्य के स्वरूप में लिखा गया। टैगोर का नाम उनके दिमाग में उत्कीर्ण किया गया।

टैगोर के सवेर्श्वरवाद विचार का कुओ मोरुओ के प्रारंभिक विचार पर भी बड़ा प्रभाव पड़ा। उन्होंने कहा कि 'मैं च्वांगजी को पसंद करता हूं, फिर टैगोर से संपर्क हुआ, सवेर्श्वरवाद

विचार मुझे आकर्षित किया।' इस विचार के प्रोत्साहन से कुओ मोरुओ ने सभी अधिकार की उपेक्षा की, उनका पुरानी व्यवस्था का प्रतिरोधक करने का विश्वास भी मज़बूत हो गया, उनमें सभी बंधन तोड़ने की शक्ति पैदा हुई। सन् 1919 में '5·4 आंदोलन' के आगे-पीछे उन्होंने देशभक्ति, व्यक्तित्व स्वतंत्रता और सवेर्श्वरवाद विचार का मेल करके नए साहित्य आंदोलन की सबसे महान कविता संग्रह 'देवी' लिखा। उन्होंने चीन में नई कविता का एक नया युग खोला। '5·4 आंदोलन' के बाद चीन में नई कविता फार्म के निर्माण पर टैगोर की कविताओं का प्रभाव पड़ा।

बिंग शिन (Bing Xin) टैगोर से प्रभावित दूसरी प्रसिद्ध साहित्यकार थीं। उन्होंने टैगोर की कविताओं के प्रभाव में प्रसिद्ध कविता संग्रह 'सितार' और 'वसंत पानी' लिखे।

संक्षेप में, टैगोर की रचनाओं से चीन में कई प्रसिद्ध साहित्यकार और कवि प्रभावित हुए। अब तक चीन के युवा पाठकों को भी टैगोर की रचनाओं को पढ़ना पसंद है। भारत की चर्चा करते ही चीनी लोगों को स्वाभाविक रूप से टैगोर की याद आई है।

पहले टैगोर की चीन यात्रा पर चर्चा की गई थी। हम मानते हैं कि टैगोर की चीन यात्रा की सबसे बड़ी कामयाबी यह है कि दोनों देशों के बीच परंपरागत मैत्री को मजबूत किया गया और चीन-भारत सांस्कृतिक आदान-प्रदान का मार्ग फिर से खोला। इतिहास में चीन और भारत के बीच हज़ारों वर्षों का आदान प्रदान रहा, दोनों के बीच सांस्कृतिक आदान प्रदान हुआ, दोनों ने एक दूसरे से सीखा, एक दूसरे पर प्रभाव डाला, दोनों के बीच गहरी दोस्ती हुई। लेकिन सुङ राजवंश और य्वान राजवंश के बाद, खास कर पश्चिमी उपनिवेशवाद आने के बाद इस मैत्रीपूर्ण आदान प्रदान पर बाधा बना, यहां तक कि टूट गया। 19वीं सदी के मध्य के बाद, दोनों देशों में उपनिवेशवाद के खिलाफ आंदोलन हुए, दोनों की दोस्ती बहाल होने का संकेत था, लेकिन वास्तव में बहाल नहीं हो सका। इसके प्रति टैगोर खेद लगा। उन्होंने इस टूटी हुई मिंत्रता को बहाल करना अपना कर्तव्य मान लिया। चीन में आकर कई भाषणों में उन्होंने ज़ोर देते हुए कहा कि वे चीन-भारत दोस्ती फिर से स्थापित करना चाहते थे। उन्होंने जैसा कहा, वैसा ही किया। वे भारतीय लोगों की मित्रता लेकर चीन आए, चीन में दोस्ती के बीज बोए, चीनी लोगों को भारत की स्थिति बताई। फिर वे चीनी जनता की मित्रता लेकर भारत वापस गए। ऐसा कहा जा सकता है कि भारत-चीन संबंधों के इतिहास में उनकी यात्रा से एक नया अध्याय शुरू हुआ। इसके बाद दोनों देशो के बीच आपसी आवाजाही बहाल हो गई। उन्होंने भारत में चीनी भाषा और संस्कृति का अध्ययन आगे बढ़ाया। उस समय जापानी फ़ौजीवादी जानबूझकर चीनी संस्कृति को नष्ट करना चाहते थे, लेकिन टैगोर ने चीनी संस्कृति के अध्ययन को बढ़ावा दिया। उन्होंने चीनी विद्वानों और कलाकारों को भारत यात्रा करने के लिए आमंत्रित किया और चीनी छात्रों के लिए छात्रवृत्ति भी स्थापित की। उनके असाधारण व्यवहार से बहुत महत्वपूर्ण और दूरगामी प्रभाव पड़ा।

सन् 1937 में जापानी साम्राज्यवाद ने चीन पर आक्रमण युद्ध किया। टैगोर ने दृढ़ रूप से चीनी जनता का समर्थन किया। उन्होंने तलवार और आग जैसी कविता लिखकर जापान की निंदा की। इसी साल उन्होंने प्रसिद्ध लेख 'चीन और भारत' लिखा, जिसका समाज पर बड़ा

प्रभाव पड़ा, लोगों को प्रोत्साहन मिला।

बुढ़ापे में वे भी चीनी जनता के जापानी आक्रमण विरोधी युद्ध पर चिंतित थे। सन् 1941 में अपनी मृत्यु से पहले वे अस्पताल की चारपाई पर भी चीन की स्थिति पर ध्यान देते थे, उन्हें विश्वास था कि चीन अवश्य जीतेगा।

टैगोर की मृत्यु के बाद 60 साल बीत चुके हैं, लेकिन चीनी जनता हमेशा के लिए इस महान साहित्यकार और दोस्त की स्मृति करती हैं। उनकी रचनाएं चीन में व्यापक रूप से प्रचलित हो रही हैं, जिससे गहरा प्रभाव भी पैदा हुआ। चीन के प्रति उनकी गहरी दोस्ती चीनी जनता सदा के लिए नहीं भूलेगी, जिससे चीनी जनता सदा के लिए उनकी स्मृति भी करेगी। चीन के पूर्व प्रधानमंत्री झोउ एनलाय सन् 1956 में भारत का दौरा करते समय शांति निकेतन भी गए। उन्होंने शिलालेख में चीन में टैगोर के प्रभाव की उच्च प्रशंसा की। उन्होंने लिखा: 'टैगोर एक महान कवि, दार्शनिक, देशभक्त, कलाकार थे। चीनी जनता उनका अत्यधिक सम्मान करती है। चीन के प्रति उनका प्रेम, चीनी लोगों के राष्ट्रीय संघर्ष में उनका समर्थन, हमेशा के लिए चीनी लोगों की याद में रहेगा।'

समय बीतने के साथ, टैगोर की अमर रचनाएं और महान व्यक्तित्व को अधिक से अधिक लोग जानेंगे और महसूस करेंगे, इस प्रकार और अधिक चमकदार होगा। चीनी जनता पीढी दर पीढी महान टैगोर को याद करेगी।

ची श्येनलिन और चीन-भारत सांस्कृतिक आदान प्रदान

भारत और चीन प्राचीन काल से एक दूसरे से सीखते रहे और आदान प्रदान करते रहे। दशकों में चीनी प्रसिद्ध विद्वान ची श्येनलिन ने पिछली पीढ़ी की कामयाबियां उत्तराधिकार में प्राप्त करके नया युग खोल दिया। उन्होंने न केवल भारतीय संस्कृति का बड़े पैमाने पर अनुसंधान किया और विशाल प्रभाव व महान ऐतिहासिक महत्वपूर्ण रचनाएं प्रकाशित की, बल्कि स्वयं चीन-भारत सांस्कृतिक आदान प्रदान के लिए व्यवहारिक योगदान किया। उन्हें चीन-भारत सांस्कृतिक आदान-प्रदान का दूत कहा जा सकता है।

ची श्येनलिन सांस्कृतिक आदान-प्रदान के अनुसंधान को काफी महत्व देते थे। अन्होंने कहा कि हम सांस्कृतिक आदान-प्रदान का अध्ययन करते हैं, लेकिन केवल अध्ययन ही के लिए नहीं करते हैं, बल्कि ऐसा करने का व्यावहारिक महत्व होता है। दुनिया भर में लोग सदा के लिए सांस्कृतिक आदान-प्रदान में रहते हैं, सांस्कृतिक आदान-प्रदान से भौतिक और आध्यात्मिक लाभ प्राप्त करते हैं।

उन्होंने कहा कि चीन-भारत सांस्कृतिक आदान प्रदान का लंबा इतिहास है। खासकर ईसा पूर्व में बौद्ध धर्म चीन में आया, चीन में अपनी जड़ जमा देकर धीरे-धीरे इसका प्रभाव व्यापक हो गया। बौद्ध धर्म न केवल लोगों के बीच प्रचलित थे, बल्कि गहराई से चीनी पारंपरिक विचारधारा के केंद्र में भी इस का प्रवेश भी हुआ। अगर बौद्ध धर्म चीन में नहीं आया, तो चीन में दर्शनशास्त्र का विकास कैसे अलग होगा, इसका कल्पना करना मुश्किल है। बौद्ध धर्म के चीन में प्रचार होने के साथ, भारतीय दर्शनशास्त्र, साहित्य और कला भी चीन में आयी। इसलिए भारतीय संस्कृति ने चीन पर बहुत प्रभाव डाला, यह सब जानते हैं, हम इसे नजरअंदाज नहीं कर सकते। ची श्येनलिन ने ज़ोर देते हुए कहा कि ईसा पूर्व बौद्ध धर्म चीन में आने के बाद जांच, अनुकूलन, विकास, परिवर्तन, प्रवेश और एकीभवन आदि चरणों से गुज़र गया, फिर अंततः चीनी संस्कृति और विचारधारा का एक हिस्सा बना। इसलिए उन्होंने कहा कि बिना चीन पर बौद्ध धर्म के प्रभाव का अध्ययन किए, तो चीनी संस्कृति का इतिहास, चीनी दर्शनशास्त्र का इतिहास, यहां तक कि चीन का इतिहास नहीं लिख सकेंगे। चीन में बौद्ध धर्म का विकास एक बहुत दिलचस्प शोध विषय है। उनका कहना बहुत पैनी दृष्टि का था और सही था, लेकिन लंबे समय से चीन में इस क्षेत्र में अनुसंधान बहुत पीछा रहा। इस स्थिति को बदलने के लिए ची श्येनलिन सालों

तक इस क्षेत्र में अनुसंधान करने में जुटे हुए थे। उन्होंने 'बौद्ध धर्म और चीन-भारत सांस्कृतिक आदान प्रदान' जैसी कई महत्वपूर्ण किबातें प्रकाशित की हैं। लेकिन सांस्कृतिक आदान प्रदान पारस्परिक और द्विपक्षीय रूप से होता है। इसलिए ची श्येनलिन मानते थे कि अगर चीन और भारत के बीच आपसी सीखना और आदान प्रदान नहीं हुआ, दोनों देशों के सांस्कृतिक विकास आज की तरह नहीं होगा। उन्होंने भारत पर चीनी संस्कृति के प्रभाव के बारे में बहुत अध्ययन भी किया, 'चीन-भारत सांस्कृतिक आदान प्रदान का इतिहास', 'पारस्परिक प्रभाव वाला चीन-विदेश सांस्कृतिक आदान प्रदान' आदि किताबें प्रकाशित कीं। उन्होंने इस अध्ययन क्षेत्र में खाली जगह भर दी।

ची श्येनलिन ने साठ, सत्तर सालों तक अकादमिक अनुसंधान किया, उनके अनुसंधान के क्षेत्रों की व्यापकता, गहराई, विविधता और अधिकता, देश-विदेश में बहुत कम देखी जाती है। एक या दो वाक्य में सारांश नहीं किया जा सकता है। उन्होंने भारत और चीन-भारत सांस्कृतिक आदान प्रदान संबंधी बहुत विषयों पर अनुसंधान किया। मुख्य रूप से निम्नलिखित पहलुओं के बारे में: पहला, भारत विद्या का अनुसंधान। दूसरा, चीन-भारत सांस्कृतिक आदान प्रदान के इतिहास का अनुसंधान। तीसरा, चीन-विदेश सांस्कृतिक आदान प्रदान के इतिहास का अनुसंधान। चौथा, भारतीय प्रसिद्ध साहित्यिक लेखनों का अनुवाद और भारतीय साहित्य का अनुसंधान। पांचवां, तुलनात्मक साहित्य और लोक साहित्य का अनुसंधान। छठा, गद्य रचना।

भारत विषयक अध्ययन के क्षेत्र में ची श्येनलिन ने बहुत कामयाबियां हासिल की हैं और बहुत योगदान भी दिया। वे सबसे श्रेष्ठ थे। उन्होंने इस जगत में अधिकतम समय और शक्ति डाल दी। भारत विषयक अध्ययन में भारत के भाषा-विज्ञान, संस्कृति-विज्ञान, इतिहास-विज्ञान और बौद्ध धर्म-विज्ञान आदि शामिल हैं। वे न केवल अंग्रेजी, जर्मन, संस्कृत, वैदिक भाषा, पाली और तोहेरियन पर कुशल थे, बल्कि फ्रांसीसी, रूसी और अन्य भाषाओं की किताबें भी पढ़ सकते थे। इससे उन्हें भाषा विज्ञान के शोध में एक महत्वपूर्ण शर्त मिली है। भारत की प्राचीन भाषाओं के अध्ययन में उनका उत्कृष्ट योगदान यह है कि उन्होंने प्राचीन भारतीय भाषाओं के रूपात्मक बदलाव की खोज की और उसे साबित भी किया। उन के द्वारा लिखे निबंधों से बौद्ध धर्म ग्रंथों का लिखित साल, स्थान और प्रचलन की स्थिति निश्चित करने में विश्वसनीय सबूत मिल सकता है। उन्होंने बौद्ध संस्कृत भाषा का अध्ययन और भारत में बौद्ध धर्म के इतिहास का अध्ययन एक साथ जोड़ा, इससे उन्होंने बौद्ध धर्म के इतिहास में कई समस्याओं का समाधान किया, बौद्ध संस्कृत भाषा के विकास नियमों की खोज की। उन्होंने भाषा विज्ञान के संवर्द्धन और विकास, भारतीय भाषाओं के इतिहास के अध्ययन के लिए महत्वपूर्ण योगदान दिया। भाषा विज्ञान के अध्ययन से उन्हें अन्य विषयों पर अध्ययन करने में भी लाभ मिला। उन्होंने भाषा का अध्ययन और बौद्ध ऐतिहासिक तथ्यों की खोज दोनों को एक साथ जोड़ दिया। प्राचीन बौद्ध भाषा का अध्ययन करते समय उन्होंने न केवल भाषा के रूपात्मक बदलाव पर, बल्कि इन रूपात्मक बदलाव के पीछे छिपे हुए तथ्यों की खोज पर भी ज़ोर दिया। उन्होंने सावधान अध्ययन से बहुत उपलब्धियां हासिल कीं, उनका अध्ययन विश्व स्तर पर पहुंच गया। दुनिया भर में विद्वान उनका

सम्मान करते हैं। विश्व संस्कृत शास्त्र और भाषा ज्ञान जगत में उन्हें काफी महत्व की दृष्टि से देखा जाता है। उनके प्रतिनिधि कृति हैं 'प्राचीन भारतीय भाषाओं पर निबंध संकलन' और 'मूल बौद्ध भाषा की समस्या' आदि।

भारतीय संस्कृति शास्त्र के अध्ययन जगत में ची श्येनलिन ने पूर्ववर्ती विद्वानों की कामयाबी का उत्तराधिकार करके और आगे बढ़ाया। उन्होंने उल्लेखनीय कामयाबियां हासिल की हैं और श्रेष्ठ योगदान दिया। उन्होंने भारतीय संस्कृति का गठन, इसकी विशेषता, श्रेष्ठता, कमी, पश्चिमी संस्कृति और चीनी संस्कृति की तुलना में इसका अंतर आदि विषयों पर स्पष्ट विवरण किया। विश्व संस्कृति में भारतीय संस्कृति के विशेष स्थान और महत्वपूर्ण प्रभाव की वैज्ञानिक रूप से व्याख्या भी की। चीन और भारत दो महान देशों के बीच एक दूसरे से सीखने और आदान प्रदान करने का इतिहास दो या तीन हजार वर्ष हो चुका है। ची श्येनलिन ने इसका व्यवस्थित अनुसंधान और आयोजन किया। उन्होंने कहा कि चीन और भारत दो सांस्कृतिक सर्किल ने एक दूसरे से सीखा, एक दूसरे पर प्रभाव डाला, जिससे एक दूसरे का सांस्कृतिक विकास आगे बढ़ाया गया। यह इतिहास है और वास्तविकता भी है। उन्होंने बहुत सही कहा। उन्होंने न केवल भारतीय संस्कृति का चीन में बहुत परिचय किया, बल्कि लंबे समय तक अध्ययन भी किया। उन्होंने चीन में भारतीय संस्कृति के अध्ययन कार्य को खूब बढ़ा दिया, चीन-भारत सांस्कृतिक आदान-प्रदान और दोनों देशों के बीच आपसी समझ भी मज़बूत की। इस जगत में उनके प्रतिनिधि किताबें हैं 'भारतीय संस्कृति पर ची श्येनलिन का विचार', 'प्राचीन भारतीय संस्कृति', 'चीन-भारत सांस्कृतिक आदान-प्रदान का निबंध संग्रह' आदि।

इतिहास शास्त्र के क्षेत्र में उन्होंने बहुत उच्च स्तर पर अध्ययन किया. उन्होंने पूर्ववर्ती विद्वानों की गलतियां ठीक कीं और बहुत नए विचार पेश किए। यह उनके अनुसंधान कार्य की एक विशेषता है, भारत से बौद्ध धर्म कब चीन में आया और किस मार्ग से आया आदि समस्याओं पर उनका अध्ययन बहुत अच्छा उदाहरण है। ची श्येनलिन का मानना था कि इतिहास का अनुसंधान करते समय नैतिकता चाहिए। वास्तविकता को मानकर काम करना और इसे साबित करना बहुत अहम है। 'साबित करने का लक्ष्य है वास्तविकता और तथ्य का पीछा करना। इतिहास के अध्ययन में वास्तविकता उसका कोर है। अगर बिना साबित किए ऐतिहासिक सामग्रियों का हवाला किया या बदलाव किया, चाहे जानबूझकर हो या नहीं, यह अनैतिक व्यवहार है, जिससे ईमानदार विद्वान नफ़रत करते हैं।' वे मानते थे कि इतिहास के अध्ययन में मतांधता नहीं होनी चाहिए। उन्होंने ज़ोर दिया कि 'इतिहास के अध्ययन में वास्तविकता का पीछा करना मूल्यवान है, अपनी मांग पूरी करने या अपना परिणाम साबित करने के लिए ऐतिहासिक तथ्य बदलने की ऐसी मतांधता नहीं होनी चाहिए।' उन्होंने न सिर्फ चीनी इतिहास के अध्ययन में, बल्कि भारतीय इतिहास के अध्ययन में अपना विचार भी प्रकट किया। भारतीय इतिहास के बारे में उन्होंने अध्ययन करने के वैज्ञानिक सिद्धांत और तरीके हमें उपलब्ध किए। उनका मानना था कि भौतिकवादी रूप से ऐतिहासिक कालों का विभाजन और सामाजिक प्रकृति का निर्धारण करना चाहिए, व्यावहारिक दृष्टिकोण और वैज्ञानिक व तुलनात्मक तरीके से अध्ययन

करना चाहिए। उन्होंने ऐसा किया और चीनी विद्वानों के लिए एक शानदार नमूना बनाया। उन्होंने 'भारत का संक्षिप्त इतिहास', '1857-1859 भारतीय राष्ट्रीय विद्रोह' आदि किताबें प्रकाशित की हैं। इसके अलावा उन्होंने भारतीय इतिहास संबंधी बहुत अकादमिक लेख भी लिखे। जैसे 'रामायण का प्रारंभिक अध्ययन', 'चीन-भारत सांस्कृतिक आदान प्रदान का इतिहास' और 'चीनी का इतिहास' आदि लेख भी लिखे। इन लेखों में उन्होंने भारतीय इतिहास में कई अदृष्ट और अनसुलझे सवालों का वैज्ञानिक अनुसंधान किया और अपनी विशेष राय प्रस्तावित की। उन्होंने भारतीय इतिहास के अनुसंधान में खाली जगह भर दी और भारतीय इतिहास का अध्ययन व्यापक भी किया। उन्होंने दुनिया भर में विद्वानों की प्रशंसा हासिल की।

बौद्ध धर्म शास्त्र के अध्ययन क्षेत्र में ची श्येनलिन मूल बौद्ध धर्म ग्रंथों के माध्यम से अध्ययन कर सकते थे, दुनिया में सिर्फ कुछ लोग ऐसा कर सकते हैं। उन्होंने संस्कृत, पाली, बौद्ध संस्कृत, प्राचीन भारतीय कहावत और चीनी भाषा में अनुवादित बौद्ध धर्म ग्रंथ आदि बड़ी मात्रा में मूल सामग्रियों के माध्यम से अध्ययन किया, अंतर्राष्ट्रीय विद्वानों के साथ मूल बौद्ध धर्म की भाषा समस्याओं पर चर्चा और बहस की, उन्होंने कई अंतर्राष्ट्रीय प्रसिद्ध विद्वानों के गलत परिणाम ठीक किए, जिससे बड़ा और महत्वपूर्ण प्रभाव पैदा हुआ। इस जगत में उनकी प्रतिनिधि रचनाएं हैं 'आदि बौद्ध भाषा से संबंधित प्रश्न व समस्याएं', 'भारत की प्राचीन भाषाएं: निबंध संकलन', 'बौद्ध धर्म' आदि। तेहेरियन भाषा के अध्ययन जगत में उन्होंने चीन में इस क्षेत्र की खाली जगह भर दी, अतंर्राष्ट्रीय अकादमिक जगत से उन्हें महत्व दिया गया, चीन के लिए सम्मान हासिल की। उनके प्रतिनिधि रचनाएं हैं 'तेहेरियन भाषा का अध्ययन', तेहेरियन 'मैत्रेय से मुलाकात' का अनुवाद और टिप्पणी।

'महा थाङ राजवंश काल में पश्चिम की तीर्थयात्रा का वृत्तांत' में पांच जगहों पर 'महायान आर्य-स्थविर-निकाय' का नाम लिया गया है। ची श्येनलिन ने इसका अध्ययन करके बताया कि 'महायान में पहले तथाकथित आर्य-स्थविर-निकाय और महासंघिका का विभाजन न था, इसलिए 'महा थाङ राजवंश काल में पश्चिम की तीर्थयात्रा का वृत्तांत' का अध्ययन करने वाले विभिन्न देशों के विद्वानों के सामने बहुत सी समस्याएं आईं। एक सौ से अधिक सालों से यूरोप और जापान के विद्वान इस पर अपने अलग अलग मत प्रकट करते रहे, लेकिन कभी भी इस समस्या का सही समाधान न हो सका। ची श्येनलिन ने इस समस्या को लेकर बड़ी संख्या में चीनी और विदेशी भाषाओं में इससे संबंधित ऐतिहासिक सामग्रियों का अध्ययन किया। ची श्येनलिन महोदय ने बौद्ध धर्म के इतिहास में लंबे अरसे से अधर में लटकी इस समस्या का वैज्ञानिक निष्कर्ष निकाला। उनका मानना है कि तथाकथित 'महायान आर्य-स्थविर-निकाय' में महायान और आर्य-स्थविर-निकाय दो प्रकार की चीज़ें नहीं है, बल्कि वह महायान के विचारों को मानने वाले हीनयान आर्य-स्थविर-निकाय की कोई वस्तु है। लेकिन इसमें महायान और हीनयान दोनों की विषय-वस्तु सम्मिलित है, इसलिए 'महायान आर्य-स्थविर-निकाय' नामक यह अजीबोगरीब संप्रदाय पैदा हुआ। ची श्येनलिन ने पूर्ववर्ती विद्वानों के अध्ययन के निष्कर्षों के आधार पर अपना महत्वपूर्ण योगदान दिया और अपने अध्ययन कार्य को एक नई ऊंचाई पर

पहुंचाया। उनकी इस कामयाबी का अंतर्राष्ट्रीय प्रभाव और व्यावहारिक मूल्य है।

बौद्ध धर्म भारत से चीन आया, लेकिन बाद में फिर चीन से भारत में वापस लौटा था। लेकिन बहुत कम लोग यह जानते हैं। भारतीय बौद्ध धर्म इतिहास में, चीन-भारत सांस्कृतिक आदान-प्रदान के इतिहास में, यहां तक कि विश्व धार्मिक इतिहास में यह एक दिलचस्प घटना थी। बौद्ध धर्म में यह घटना क्यों हुई, बौद्ध धर्म और चीन-भारत सांस्कृतिक आदान-प्रदान के इतिहास और विश्व धार्मिक इतिहास का अध्ययन करने के लिए बहुत महत्वपूर्ण है। लेकिन आज तक बौद्ध धर्म के इतिहास अथवा इससे संबंधित विषयों की एक भी किताब में इस घटना पर गंभीरता से चर्चा नहीं की गई। ची श्येनलिन ने बहुत ऐतिहासिक सामग्रियों का अनुसंधान और विश्लेषण करके बौद्ध धर्म में उलटी धारा की स्थिति और उसके कारण आदि सवालों पर सूक्षमता और गहराई से प्रकाश डाला है और ऐतिहासिक साक्ष्यों का वैज्ञानिक निष्कर्ष निकाला है। उन्होंने बौद्ध धर्म शास्त्र की समृद्धि और उसके विकास के लिए अहम योगदान दिया है।

चीन-विदेश सांस्कृतिक आदान प्रदान के जगत में ची श्येनलिन का मानना था कि सक्रिय रूप से चीन-विदेश सांस्कृतिक आदान प्रदान करना चाहिए। इस दौरान में पिछले समय का संक्षेप करते समय भविष्य की प्रतीक्षा भी करनी चाहिए। उन्होंने लेख लिखने, रिपोर्ट करने और सेमिनार करने से सांस्कृतिक आदान-प्रदान की आवश्यकता और महत्व का बड़ा प्रचार प्रसार किया। उन्होंने 'सांस्कृतिक आदान-प्रदान की आवश्यकता और जटिलता', 'चीनी सांस्कृतिक विकास की रणनीति समस्या' आदि किताबें प्रकाशित की हैं। बाद में उन्होंने 'पूर्व और पश्चिम संस्कृति पर निबंध संग्रह' का संपादन किया। इन सब से बड़ा प्रभाव पैदा हुआ। देश-विदशी विद्वानों ने उनके काम को महत्व दिया। चीन-विदेश सांस्कृतिक आदान प्रदान के जगत में उन्होंने व्यापक क्षेत्र में और लंबे समय तक अध्ययन किया। इससे भी अधिक मूल्यवान बात यह है कि चीन-भारत सांस्कृतिक आदान प्रदान के इतिहास के अध्यय में उन्होंने ज्यादा अहम योगदान दिया। उन्होंने बहुत समय और शक्ति लगाकर चीन और भारत के बीच 2-3 हज़ारों वर्षों तक चल रहे सांस्कृतिक आदान प्रदान के इतिहास की व्यवस्थित खुदाई और प्रबंधन किया और इसकी विशेषताएं बताईं: 'एक दूसरे से सीखा, अपना नवाचार हुआ, एक दूसरे पर प्रभाव डाला और एक दूसरे में प्रवेश हुआ।' ची श्येनलिन ने भारत शास्त्र और चीन-भारत सांस्कृतिक आदान प्रदान जगत में उल्लेखनीय कामयाबियां हासिल की हैं, उनकी प्रतिनिधि कृतियां हैं 'चीन-भारत सांस्कृतिक आदान प्रदान का इतिहास', 'बौद्ध धर्म और चीन-भारत सांस्कृतिक आदान प्रदान', 'चीनी का इतिहास', 'महा थाङ राजवंश काल में पश्चिम की तीर्थयात्रा का वृत्तांत की टिप्पणी' आदि। उनकी शानदार कामयाबियों की वजह से भारतीय साहित्य अकादमी ने उन्हें 'सम्माननीय अकादमी सदस्य' का पुरस्कार दिया। पुरस्कार समारोह में तत्कालीन चीन स्थित भारतीय राजदूत विजय नांबियार ने कहा कि 'ची श्येनलिन ने भारत शास्त्र के अध्ययन में अपना पूरा जीवन समर्पित किया, वे एक लेजन्डेरी व्यकति हैं। पूरी दुनिया में उन्हें संस्कृत के अध्ययन के लीडर माने जाते हैं। चीन-भारत के बीच लंबे समय से चल रहे पारस्परिक आदान प्रदान के अध्ययन में उन द्वारा दिया गया योगदान आज भी मार्ग दर्शक की भूमिका निभा रहा है' भारतीय

साहित्य अकादमी के प्रधान राम कांता रथ ने पुरस्कार समारोह में कहा कि 'ची श्येनलिन चीनी और पूर्वी संस्कृति व अकादमिक जगत के लीडर हैं, उन्हें सम्माननीय अकादमी सदस्य का पुरस्कार देना एक अभूतपूर्व व्यवहार है, मुझे प्रसन्नता लगती है।' उन्होंने यह भी कहा कि ची श्येनलिन दुनिया में प्रसिद्ध पूर्वी विद्वान हैं, दुनिया में सबसे प्रसिद्ध संस्कृत विद्वान भी हैं, चीन में भारतीय शास्त्रीय साहित्य का अध्ययन शुरू करने में उनका योगदान बिल्कुल अद्वितीय है।

भारतीय प्राचीन शास्त्रीय साहित्य क्षेत्र में उन्होंने बड़ी संख्या में प्राचीन साहित्य रचनाओं का अनुवाद किया और चीन में उनका परिचय किया। उन्होंने सावधानी से सिलसिलेवार अध्ययन किया, उत्कृष्ट योगदान दिया, चीन में भारतीय संस्कृत साहित्य की खाली जगह भर दी। उन्होंने चीन-भारत सांस्कृतिक आदान-प्रदान और दोनों देशों की जनता के बीच दोस्ती को बढ़ावा देने में अहम योगदान किया, चीन और भारत के विद्वानों की प्रशंसा हासिल की। दशकों में उन्होंने 'शकुंतला', 'पंचतंत्र', 'दस राजकुमार', 'बौद्ध जातक' आदि प्रसिद्ध किताबों का अनुवाद किया, खासकर उन्होंने दस साल कोशिश करके विश्व में प्रसिद्ध महान भारतीय महाकाव्य 'रामायण' का अनुवाद समाप्त किया। उन्होंने न केवल चीन में संस्कृत साहित्य के अनुवाद जगत में एक खाली जगह भर दी, बल्कि यह चीन के अनुवाद जगत में एक अभूतपूर्व शानदार घटना भी है। इस प्रकार अंतर्राष्ट्रीय संस्कृत विद्वानों ने उनका बहुत उच्च मूल्यांकन और प्रशंसा की। इसके आधार पर उन्होंने 'रामायण' के चीन के शिन्च्यांग, हान जाति, दाई जाति, मंगोलियन जाति और तिब्बत में प्रसार की स्थिति और उसके प्रभाव का शोध किया, चीन-भारत सांस्कृतिक आदान प्रदान के अध्ययन के लिए नया योगदान दिया। इसके अलावा उन्होंने 'भारत का साहित्यिक इतिहास' भी संपादित किया। संक्षेप में कहा जाए गहराई से भारतीय साहित्य और भारतीय संस्कृति के चीन पर पड़े प्रभाव का अध्ययन करने के लिए उन्होंने महत्वपूर्ण योगदान दिया है।

तुलनात्मक साहित्य और लोक साहित्य जगत में ची श्येनलिन ने साहस के साथ नवाचार किया, पुरानी परंपराओं का बंधन तोड़ा। उन्होंने तुलनात्मक साहित्य को महत्व देते थे। उनके प्रस्ताव में चीन में पहली तुलनात्मक साहित्य अध्ययन समिति की स्थापना की गई, वे इस समिति के सम्माननीय अध्यक्ष थे। उन्होंने चीन में तुलनात्मक साहित्य के अनुसंधान कार्य का जोरदार विकास आगे बढ़ाया। उन्होंने तुलनात्मक साहित्य जगत में चीनी शाखा स्थापित करने का सुझाव पेश किया। चीनी विद्वानों में उनके सुझाव पर सहमति हासिल की। चीन में इस शाखा का लगातार विकास हुआ और वैदेशिक साहित्य जगत का ध्यान भी आकर्षित किया गया। अब विश्व तुलनात्मक साहित्य जगत में चीनी शाखा एक महत्वपूर्ण हिस्सा बन गया है। उन्होंने कहा कि तुलनात्मक साहित्य सांस्कृतिक आदान प्रदान के दायरे में है, उन्होंने तुलना करने के महत्व, आवश्यकता और तरीकों पर ज़ोर दिया। उन्होंने चीनी साहित्य को तुलनात्मक साहित्य के ट्रैक में शामिल किया, यूरो-मध्येवाद की गलती ठीक की। उन्होंने स्वयं तुलनात्मक साहित्य निबंध लिखकर तुलनात्मक साहित्य जगत में मौजूद समस्याएं बताईं। उन्होंने कहा कि विश्व साहित्य के इतिहास में पूर्वी साहित्य हमेशा के लिए एक बहुत ही महत्वपूर्ण स्थान रखता है। चीन, भारत, ईरान, अरब, जापान और कई अन्य पूर्वी देशों के साहित्य का विश्व साहित्य पर

महान प्रभाव पड़ा है, जिससे विश्व साहित्य के विकास को आगे बढ़ाया गया। लेकिन आज पर्वी साहित्य पर उचित ध्यान नहीं दिया जाता है, साहित्य का केंद्र यूरोप में रखा गया, इससे विश्व साहित्य में पूर्वी साहित्य की भूमिका कम की गई। ऐसा करना विभिन्न देशों के बीच आपसी समझ और एक दूसरे से सीखने के लिए अनुकूल नहीं है। इसलिए उन्होंने ज़ोर देते हुए कहा कि तुलनात्मक साहित्य का अध्ययन करने का लक्ष्य तुलना करने के लिए नहीं है, वास्तविक लक्ष्य है कि इस अध्ययन से अपने साहित्य का विकास आगे बढ़ाना है। लेकिन वर्तमान में पूर्वी साहित्य पर काफी ध्यान नहीं दिया जाता। इसलिए उन्होंने तुलनात्मक साहित्य जगत में चीनी शाखा स्थापित करने का सुझाव पेश किया। वे चाहते थे कि चीनी साहित्य और पूर्वी साहित्य का मूल्य और स्थान निष्पक्ष ढंग से समझा जाएगा, विभिन्न शाखाओं से अच्छाइयां सीखकर एक वैज्ञानिक और विशिष्ट तुलनात्मक साहित्य प्रणाली की स्थापना की जाएगी, इससे अपने साहित्य का विकास आगे बढ़ाया जाएगा। लेकिन तुलनात्मक साहित्य का अध्ययन कैसे करना है, इस पर ची श्येनलिन ने कहा कि यदि एक व्यक्ति तुलनात्मक साहित्य का अध्ययन करना चाहता है, तो उसे कम से कम चीनी साहित्य और एक विदेशी साहित्य का विशेषज्ञ बनना चाहिए। अगर विशेषज्ञ नहीं बन सकता, तो कम से कम कुछ जानना चाहिए। चीनी और विदेशी साहित्यिक सिद्धांत और विकास के नियम पर भी कुछ हद तक समझना चाहिए। इसके आधार पर गलत रूप से तुलना नहीं करेगा। तुलना करने का परिणाम भी नई चीनी साहित्य के विकास के लिए लाभदायक होगा। तुलनात्मक साहित्य का बेहतर अध्ययन करने के लिए साहित्यिक और कलात्मक सिद्धांत के निर्माण पर भी ध्यान देना चाहिए। दोनों के बीच घनिष्ठ संबंध हैं। उनका मानना है कि प्राचीन चीनी साहित्यिक और कलात्मक सिद्धांत, प्राचीन भारतीय साहित्यिक और कलात्मक सिद्धांत और प्राचीन पश्चिमी साहित्यिक और कलात्मक सिद्धांत मानव साहित्यिक और कलात्मक सिद्धांत की तीन प्रणालियां हैं। हम सब को बड़ी कोशिश करके सीखना चाहिए, विभिन्न पक्षों से सीखकर अवश्य कुछ कामयाबियां हासिल होंगी। केवल इस कदम उठाकर चीन की तुलनात्मक साहित्य में वास्तविक महत्वपूर्ण खोज प्राप्त होगी और वैदेशिक तुलनात्मक साहित्य जंगल में खड़ी हो सकेगी, इससे हमारे मन चाहे तुलनात्मक साहित्य की चीनी शाखा स्थापित हो सकेगी। एक शब्द में चीनी तुलनात्मक साहित्य के पुनरुद्धार और निर्माण में ची श्येनलिन ने जबरदस्त योगदान दिया है। उनके प्रतिनिधि कृतियां है 'चीन में रामायण', 'तुलनात्मक साहित्य के इतिहास पर व्यापक चर्चा', 'तुलनात्मक साहित्य पर मेरा विचार', 'तुलनात्मक साहित्य और लोक साहित्य', 'ची श्येनलिन लेख संग्रह' की 8वीं किताब आदि।

गद्य रचना। ची श्येनलिन के अध्ययन कार्य की एक विशेषता है कि वे हमेशा कई अध्ययन कार्य एक साथ करते थे, यह आराम करने का एक सकारात्मक तरीका है। अगर कुछ प्रेरणा प्राप्त हुई, तो वे गद्य भी लिखते थे। गद्य लिखने में उन्हें अपनी विशेषता थी। 20वीं सदी में चीन के साहित्य जगत में उन्होंने एक अलग झंडा खड़ा किया। उनके गद्यों की पठनीयता बहुत मज़बूत है, यह सारे संसार ने मान लिया है। वे भावना प्रटक करने में योग्य हैं और दृश्य के वर्णन

करने में भी, कभी कभी शास्त्रीय ग्रंथों और कविताओं का हवाला भी करते हैं। उनके गद्य पढ़ने में बहुत आनंद आता है। उनके गद्य पढ़ने से लोगों को उनकी महान व्यक्तित्व ताकत से आश्चर्य होगा, फिर गद्य के कलात्मक आकर्षण में मस्त रहेंगे। उनकी तरह उनके गद्यों से ईमानदारी, दोस्ताना, हास्य और बुद्धि आदि लग सकती है। उनके गद्यों का समृद्ध अर्थ है और लोगों के दिल को छू सकते हैं। उन्होंने कुल 15 लाख अक्षरों के गद्य लिखे, जिन में भारत का संस्मरण, जैसे 'दिल पर भारत की छाया' आदि।

चीन-भारत सांस्कृतिक आदान-प्रदान द्विपक्षीय है। भारतीय संस्कृति चीन में आई और चीनी संस्कृति पर प्रभाव पड़ा। लेकिन चीनी संस्कृति भी भारत में गई, चाहे भौतिक संस्कृति हो या आध्यात्मिक संस्कृति, भारतीय सांस्कृतिक विकास पर भी प्रभाव पड़ा, यह सत्य है। इसलिए ची श्येनलिन ने कहा कि अगर चीन और भारत ने एक दूसरे से नहीं सीखा और दोनों के बीच आदान प्रदान नहीं हुआ, तो दोनों देशों में सांस्कृतिक आदान प्रदान आज जैसा नहीं होगा। उन्होंने बहुत सही कहा, दुनिया में इतने देशों में चीन और भारत जैसे बहुत घनिष्ठ सांस्कृतिक संबंध रखने वाला कोई अन्य उदाहरण नहीं है। ची श्येनलिन ने चीन और भारत के बीच एकतरफा आदान प्रदान होने की दृष्टिकोण तोड़ दिया, उनका मानना था कि चीन और भारत के बीच आदान प्रदान द्विपक्षीय है, दोनों में नवाचार हुआ और एक दूसरे में प्रवेश हुआ। उन्होंने कुछ लेख और किताबें भी प्रकाशित की हैं। यह चीन-भारत सांस्कृतिक संबंधों के अध्ययन में एक महत्वपूर्ण योगदान है।

चीन और भारत के बीच सांस्कृतिक आदान प्रदान और बौद्ध धर्म के बीच घनिष्ठ संबंध है, भारतीय बौद्ध धर्म बहुत समय से पहले चीन में आया, लेकिन कैसे आया, किस मार्ग से आया, चीन में आने के बाद बौद्ध धर्म का क्या सुधार और विकास हुआ, बौद्ध धर्म आते समय चीनी भाषा, संस्कृति, संगीत, कला और चिकित्सा पर क्या प्रभाव पड़ा। चीन में आकर सुधार और विकास होने के बाद बौद्ध धर्म कैसे फिर भारत में वापस गया, इन सिलसिलेवार समस्याओं पर ची श्येनलिन ने ध्यान से अध्ययन किया और जवाब भी दिया। उन्होंने बहुत कठिन समस्याओं को हल किया। उनकी किताबें पढ़ने से पाठकों को न केवल बहुत समस्याओं के जवाब मिल सकते हैं, बल्कि विभिन्न प्रेरणा भी मिल सकती है।

भारतीय संस्कृति के अध्ययन में ची श्येनलिन को अपना विशेष तरीका है, वे भाषा शास्त्र और इतिहास शास्त्र के आधार पर अध्ययन करते थे। वे इतिहास को साबित करना सबसे पसंद करते थे। सच पूछिये तो साबित करना सिर्फ अध्ययन करने का एक तरीका है। इसकी मूलवस्तु सबूत के बिना विश्वास नहीं करना। इसके अलावा वे पुरानी परंपराओं से बाधित नहीं थे, उन्होंने साहस के साथ विचार किया, अन्वेषण किया। उन्होंने बहुत ऐसा विचार पेश किया जिन्हें परवर्ती विद्वानों ने नहीं किया। उन्होंने चीन-भारत सांस्कृतिक आदान प्रदान के कई क्षेत्रों में बड़ी मात्रा में अध्ययन किया और नया क्षेत्र खोल दिया। उन्होंने इतनी किताबें लिखीं कि सब लोग उनकी प्रशंसा करते हैं। उदाहरण के लिए उन्होंने 'आदि बौद्ध भाषा से संबंधित प्रश्न व समस्याएं' और 'भारत की भाषाएं: निबंध संग्रह' आदि अहम किताबें लिखी हैं।

चीन-भारत सांस्कृतिक आदान प्रदान

लेकिन भारत पर चीनी संस्कृति ने क्या प्रभाव डाला, ची श्येनलिन ने इस क्षेत्र में बहुत अनुसंधान किया, उल्लेखनीय और सराहनीय उपलब्धियां भी हासिल कीं। उनकी उपलब्धियां निम्नलिखित पहलुओं में हैं:

1.

उन्होंने चीन और भारत के बीच चीनी बनाने के तकनीक के आदान प्रदान के इतिहास का अध्ययन किया। उन्होंने बहुत चीनी और विदेशी ऐतिहासिक सामग्रियों को पढ़ा और इस परिणाम हासिल किया कि सफेद चीनी बनाने का तकनीक चीन से भारत में गया था। उन्होंने कहा कि यह तकनीक समुद्री मार्ग से भारत में गया, केवल भाषा शास्त्र के माध्यम से इस परिणाम की पुष्टि भी कर सकते हैं। फिर उन्होंने चीनी ऐतिहासिक किताब 'मिंग राजवंश का इतिहास' में नया सबूत पाया कि सफेद चीनी बनाने का तकनीक मिंग राजवंश के दौरान चीन से भारत के बंगाल में गया। यह उनका एक अहम योगदान है। वर्षों के अनुसंधान के बाद, उन्होंने 'चीनी का इतिहास' यह शानदार किताब प्रकाशित की और विश्व में विद्वानों को आश्चर्य किया।

2.

चीनी रेशम भारत में जाने के इतिहास का अध्ययन किसी ने भी व्यवस्थित ढंग से गहरा अध्ययन नहीं किया, लेकिन यह चीन-भारत सांस्कृतिक आदान-प्रदान के इतिहास में एक बड़ी घटना थी। वर्षों में ची श्येनलिन ने चीन और भारत की प्राचीन किताबों और पुरातात्विक खुदाई से मिली सामग्रियों के माध्यम से निश्चित किया कि चीनी रेशम कब भारत में गया, किस प्रकार से गया और भारत पर इसका क्या प्रभाव पड़ा।

चीनी रेशम कब भारत में गया, इसका सबसे प्रारंभिक उल्लेख ची श्येनलिन ने भारत की प्राचीन पुस्तकों में हासिल किया। उन्होंने भारत की प्राचीन भाषाओं और किताबों में चीनी रेशम के बारे में उल्लेख बरामद किया। उदाहरण के लिए कौटिल्य द्वारा लिखी किताब 'देश का प्रशासन' में चीनी रेशम का उल्लेख किया गया, इस से पता चला कि 4 वीं सदी ईसा पूर्व चीनी रेशम का प्रवेश भारत में हुआ था। 2 वीं सदी से ईसा पूर्व और 2वीं सदी ईस्वी के दौरान लिखित 'मनुस्मृति' में भी कई बार रेशम की चर्चा की गई। प्रसिद्ध महाकाव्य 'महाभारत' और 'रामायण' में भी कई बार चीनी रेशम चर्चित हैं। 4 वीं सदी ईसा पूर्व में पैदा हुए व्याकरणविद पाणिनी ने अपनी किताब में रेशम संबंधी शब्द का इस्तेमाल किया। इसके अलावा प्रसिद्ध कवि कालिदास की कई किताबों में भी। ची श्येनलिन ने अपने अध्ययन में बरामद किया कि 'चीनपट्ट' इस शब्द का अर्थ पहले के 'चीन से आए रेशम का बंडल' से 'रेशम कपड़ा' बना। कई बार परिवर्तन होने के बाद 'चीनपट्ट' शब्द के दो भाग 'चीन' और 'पट्ट' स्वतंत्र रूप से मौजूद थे, दोनों के अर्थ रेशम थे। इसके अलावा शब्द 'चीनांशुक' का मूल अर्थ है 'चीन के कपड़े', बाद में 'रेशम कपड़े' भी बना। इन दो शब्दों से हमें पता चल सकता है कि जब भी भारतीय लोगों को रेशम की याद थी,

तो स्वभाविक रूप से चीन की याद आती थी। जब भी चीन की याद आती थी तो रेशम की याद आती थी। उनके दिलों में रेशम और चीन दोनों एक ही जैसा था।

चीनी रेशम के भारत में प्रवेश होने पर चीन की ऐतिहासिक किताबों में भी बहुत उल्लेख हैं, सबसे पहले 'हान राजवंश की पुस्तक' में इस का उल्लेख किया गया। ची श्येनलिन ने अध्ययन करके कहा कि हान राजवंश के दौरान चीन और भारत के बीच समुद्री मार्ग उपलब्ध था, चीनी व्यापारी सोने और रेशम लेकर भारत में बेचते थे और भारत से कीमती और विशिष्ट पत्थर खरीदते थे। चीन की औपचारिक ऐतिहासिक किताब में यह सबसे आरम्भिक अल्लेख है।

अध्ययन में उन्होंने यह भी पाया कि पश्चिमी किताबों में चीनी रेशम के भारत में जाने पर रिकॉर्ड भी है। समय बीतने के साथ और सामाजिक विकास के साथ ज्यादा चीनी रेशम भारत में निर्यात किए गए और रेशम की गुणवत्ता भी कहीं बेहतर हो गई।

3.

इस्पात भी चीन से भारत में गया था। संस्कृत का अध्ययन करके ची श्येनलिन ने बरामद किया कि 'संस्कृत में बहुत अक्षरों का अर्थ इस्पात है, लेकिन एक विशेष शब्द है 'चीनज', 'चीन' का मतलब है चाइना, 'ज' का मतलब है जन्म, एक साथ जोड़के इस शब्द का मतलब है चीन में जन्म हुआ। यह बहुत स्पष्ट हुआ कि चीन में उत्पादित इस्पात किसी समय में, किसी मार्ग से भारत में गया। भारत तो इस्पात का उत्पादन करने से प्रसिद्ध है, लेकिन चीन का इस्पात भारत में गया, दोनों के संबंधों पर विचार किया जाना चाहिए।'

4.

चीन का कागज़ और कागज़ बनाने का तकनीक कब और कैसे भारत में गया, इसका क्या प्रभाव पड़ा, इन सवालों का ची श्येनलिन ने भी अध्ययन किया। उन्होंने बरामद किया कि 7वीं शताब्दी के अंत में भारतीय भाषाओं में कागज़ का शब्द था, यानी 7 वीं शताब्दी के अंत में कागज़ चीन से भारत में गया था। बाद में कागज़ बनाने का तकनीक भी। फिर चीन में छपाई तकनीक का आविष्कार किया गया, वह भी प्रत्यक्ष या अप्रत्यक्ष रूप से भारत में गया। कागज और छपाई तकनीक का एक साथ जोड़ने से संस्कृति के प्रचार प्रसार को बहुत आगे बढ़ाया गया।

उक्त संक्षिप्त परिचय से देखा जा सकता है कि दशकों में ची श्येनलिन ने चीन-भारत सांस्कृतिक आदान-प्रदान क्षेत्र में बहुत अनुसंधान किया और शानदार व सराहनीय उपलब्धियां भी हासिल कीं। उन्होंने केवल अनुसंधान करने या किताब लिखने से नहीं, बल्कि व्यक्तिगत व्यवहार से चीन-भारत सांस्कृतिक आदान-प्रदान आगे बढ़ाने के लिए बहुत वास्तविक काम भी किया। दशकों में उन्होंने अनगिनत भारतीय विद्वानों, पत्रकारों, अधिकारियों और छात्रों का सत्कार किया, अनगिनत दर्शकों के पत्र मिले और जवाब दिए। उन्होंने बहुत भाषण दिए और पत्रकारों के साथ प्रश्नोत्तर किए, उन्होंने अपने घर में ही अनगिनत भारतीय अतिथियों का सत्कार

भी किया। अखबारों और पत्रिकाओं में इनके बारे में बहुत रिपोर्ट मिल सकती हैं। ची श्येनलिन ने भी बहुत संस्मरण लेख लिखे, 'दिल पर भारत की छाया' उनमें से एक है।

दशकों में ची श्येनलिन ने बहुत बार अंतर्राष्ट्रीय सम्मेलनों में भाग लिया, अनेक देशों का दौरा किया। उन्होंने कई बार भारत की यात्रा की थी। यात्रा का समय सबसे लंबा था और यात्रा के स्थल सबसे अधिक थे। कभी वे चीनी मैत्रीपूर्ण प्रतिनिधिमंडल के सदस्य के रूप में भारत गए और कभी चीनी विद्वान के रूप में वहां अंतर्राष्ट्रीय सम्मेलन में उपस्थित हुए। यात्रा का समय भी अलग था, कभी 45 दिनों की यात्रा थी, कभी सिर्फ एक सप्ताह की थी। लेकिन चाहे कब भी गए, कहां भी गए, स्थानीय लोग उनका धूमधाम से स्वागत करते थे। उन्होंने आमंत्रण पर भारत में भाषण दिए थे, भारतीय लोगों से चीनी संस्कृति का परिचय किया था और चीनी जनता की दोस्ती भारत में फैली थी। चीन वापस आने के बाद वे भारत में अपना अनुभव लिखकर प्रकाशित करते थे, चीनी लोग और दुनिया के सभी लोगों को बताते थे।

उनके संस्मरण से हम भारत की शानदार संस्कृति को जान सकते हैं, भारत पर साम्राज्यवादी शक्तियों का आक्रमण और भारतीय लोगों की साम्राज्यवाद विरोधी संघर्ष करने की वीरता जान सकते हैं, दो हज़ार वर्षों में चीन और भारत के बीच पीढ़ियों से पीढ़ियों तक चल रही मित्रता जान सकते हैं। पाठक चीन-भारत सांस्कृतिक आदान-प्रदान में ची श्येनलिन की महत्वपूर्ण भूमिका समझ सकते हैं। भारत में उनका कैसा स्वागत किया गया, उनका क्या अनुभव हुआ, उन्होंने क्या किया, ये सब हम उनके लेखों से जान सकते हैं। उन्होंने लिखा था: 'जब हम भारत में थे, मैं अक्सर भारतीय लोगों से कहा कि मैं चीनी जनता की दोस्ती लेकर आया और भारतीय जनता की दोस्ती चीन वापस लाऊंगा। लेकिन हम किस प्रकार दोस्ती ले सकते हैं। दोस्ती वास्तव में मौजूद है, लेकिन हम उसे देख नहीं सकते, छू भी नहीं सकते। दोस्ती का स्वरूप नहीं है, गंध नहीं, रंग नहीं और वज़न भी नहीं है। इसे पैकिंग में डालकर नहीं ले सकते हैं, वजन आंककर नहीं ले सकते है। इसलिए दोस्ती सिर्फ हमारी कार्रवाइयों के ज़रिए ले सकते हैं। तो मेरे जैसे लेख लिखना पसंद करने वालों के लिए यह कार्रवाई लेख लिखना है। मेरे लेखों को करोड़ों चीनी लोग पढ़ेंगे, उन सभी लोगों को भारत जाने का अवसर नहीं मिलता, लेकिन चीन में ही वे मेरे लेखों के ज़रिए मेरा आनंद महसूस कर सकते हैं, चीनी जनता के प्रति भारतीय जनता की दोस्ती महसूस कर सकते हैं।'

उन्होंने फिर लिखा था कि 'मुझे गहरा महसूस है कि अगर मैंने अपना अनुभव नहीं लिखा, तो भारतीय जनता के प्रति एक पाप जैसा होगा, चीनी जनता के प्रति भी होगा। कम से कम यह एक स्वार्थी व्यवहार है। मेरा दिल मुझे लिखने के लिए प्रोत्साहित करता रहता है। चाहे मेरे लेख अच्छे हों या नहीं हों, मुझे लिखना चाहिए।'

उन्होंने भारतीय लोगों से कैसा कहा और वैसा ही किया। चीन वापस आने के बाद उन्होंने अपना सारा अनुभव लिखकर प्रकाशित किया। ताकि चीनी जाता भी उनका आनंद समझ कर सके, भारतीय लोगों की दोस्ती महसूस कर सके। उदाहरण के लिए उन्होने सन् 1951 में दिल्ली पहुंचने की स्थिति बताते हुए लिखा था कि 'हवाई विमान से उतरते ही मुझे आश्चर्य हो गया,

क्योंकि हवाई अड्डे पर लोगों की बड़ी भीड़ सागर जैसी थी, लाल झंटा लहरों की तरह बह रहे थे। हमारे गले पर लाल, पीला, बैंगनी और हरा आदि रंग के पुष्पहार पहनाए गए। जिंदगी में मैं ने पहली बार इतने अधिक पुष्पहार पहनाए। मेरा नाक और मेरी आंखें भी पुष्पहार में छिप गए। विभिन्न रंग के फूल की पत्तियों से मेरे कपड़े भी रंगीन हो गए। लोगो ने मेरे आइब्रो के बीच, कंधों पर सुगंध तेल लगाया, फूलों और सुगंध तेल का खुशबू लंबे समय तक मेरी चारों ओर उड़ रहा था। फूल और तेल के सुगंध से मेरे दिमाग में एक ऐसा छाप छोड़ा गया जो जीवन भर नहीं भूलूंगा।' (देखो: 'पहली बार दिल्ली पहुंचा')

ची श्येनलिन ने कई बार भारत की यात्रा की है, उन्होंने न केवल अकादमिक आदान प्रदान किया, बल्कि दोनों देशों की जनता के बीच मित्रता को भी मज़बूत किया, यह बहुत मूल्यवान है। सन् 1952 में उन्होंने एक लेख में लिखा था: 'मैं अंततः हवाई जहाज से उतरा। मैंने भारत की धरती पर अपना पैर रखा। हवाई अड्डे में बहुत भीड़ थी, कम से कम दो या तीन हज़ार लोग वहां इकट्ठे होंगे। सबसे आगे नयी दिल्ली से आया भारतीय सरकार का प्रतिनिधिमंडल, पश्चिम बंगाल का प्रतिनिधिमंडल और कलकत्ता सरकार का प्रतिनिधिमंडल एवं जन संगठनों के प्रतिनिधिमंडल खड़े थे। लोगों ने जोरदार से तालियां बजाईं, 'चीन-भारत दोस्ती जिंदाबाद' की चियर्स समग्र हवाई अड्डे में गूंज रही थी। उन लोगों के साथ हाथ मिलाते समय हमारी आंखों में आंसू भरे। हमें लगता था कि वे विदेशी लोग नहीं हैं, वे हमारे भाई हैं।' आज तक उनका लेख पढ़ते समय हमें शिक्षित किया जाता है।

चीन और भारत के बीच मैत्रीपूर्ण संबंधों का हज़ारों वर्षों का इतिहास है। दोनों देशों की ऐतिहासिक किताबों में बहुत संबंधित उल्लेख मिलते हैं। आज वास्तविक जीवन में इस मित्रता के गवाह भी हैं। सन् 1978 में मैत्रीपूर्ण प्रतिनिधिमंडल के मुख्य सदस्य के रूप में ची श्येनलिन ने फिर से भारत की यात्रा की। उन्होंने एक लेख में इस यात्रा का वर्णन किया, उन्होंने लिखा: 'कोचीन की चर्चा करते ही मेरी कल्पना उड़ गई, जैसे मैं चीन और भारत की दोस्ती के लंबे इतिहास में वापस गया। भारत में हम हर जगह लोगों को चीन-भारत दोस्ती के इतिहास की चर्चा करते हुए सुन सकते हैं। लोगों को इस मित्रता पर गर्व और शोभा लगता है। लेकिन किस विस्तृत घटना से इस दो हज़ार साल से चल रही दोस्ती साबित की जा सकती है, अवश्य ऐसी घटना है। उदाहरण के लिए थाङ राजवंश के चीनी भिक्षु श्वेन त्साङ उनमें से एक है। सुना है उनकी कहानी भारत में प्राथमिक स्कूल की पाठ्य पुस्तकों में शामिल की गई है। करोड़ों भारतीय बच्चों के मन में इस चीनी भिक्षु की छवि भी है। लेकिन क्या अब इस मित्रता का जीवित गवाह है, अवश्य है और वह है कोचीन। चीन-भारत दोस्ती ज़िंदाबाद का नारा कोचीन बंदरगाह के बाहर समुद्री लहरों की तरह लगातार बहता है। लोगों की आंखों में उत्साह भरा हुआ है, उनके हाथ गर्म लगते हैं। चीन-भारत दोस्ती का इन लोगों से बेहतर और क्या गवाह है।'

चीनी जनता के प्रति भारतीय जनता के उत्साह और मित्रता के बारे में ची श्येनलिन को बहुत अधिक और गहरा अनुभव था। इसलिए उन्होंने अपने लेख में लिखा है : 'पिछले एक महीने में हम भारत के अधिकांश स्थान गए, पिछले 40 साल की तुलना में भी मैंने इस अवधि में ज्यादा

अनुभव किया। हम ने भारत के विभिन्न जगतों के लोगों से मुलाकात की है। भारतीय जनता की दोस्ती हमारे दिलों में भरी हुई है, यहां तक कि वह बह निकलने वाली है। हमें बहुत उत्साह लगता था और हम प्रेरित भी हो गए। हमें लगता था कि हम ने भारत को जान लिया, भारतीय लोगों को जान लिया। हमें इतना उत्साह था कि हमें थोड़ी सी थकान भी लगती थी।'

कोचीन की तरह अन्य स्थानों में भी ऐसा था। मुंबई के बारे में उन्होंने लिखा : 'मुझे याद है कि एक रात को हमें त्यौहार मनाने के लिए आमंत्रित किया गया......बहुत देर रात हो गई, हम कई बार जाना चाहते थे, लेकिन हमारे भारतीय दोस्तों ने हमें पकड़कर नहीं छोड़ा। उन्होंने कहा कि वे हमें सोने नहीं देंगे, वे चाहते हैं कि हम भारत में ज्यादा समय बिताएंगे। अगर हम थक गए, तो चीन वापस जाकर सो सकेंगे। उन्हें विश्वास है कि अगर वे चीन आएंगे, तो हम भी उन्हें सोने नहीं देंगे। हम और क्या कह सकते हैं, ठीक है। अगर भारतीय दोस्त चीन में आए, तो हम ज़रूर उन्हें सोने नहीं देंगे। अब सत्ताईस साल बीत चुके हैं, लेकिन उसी समय का अनुभव अभी भी नज़रों के सामने ताज़ा लगता है, उनकी आवाज़ अभी भी कानों में गूंज रही है। भारतीय लोगों की यह दोस्ती हम कभी नहीं भूल सकेंगे।'

दरअसल में चीन और भारत के बीच पारंपरिक दोस्ती लोगों के दिल में रहती है, इसके बारे में बहुत हृदयवेदक उदाहरण हैं। ची श्येनलिन चीनी जनता के प्रति भारतीय लोगों की दोस्ती चीन में लाए। आज तक जब हम उक्त लेख पढ़ते हैं, तो हमें भी प्रेरित लगते हैं। (देखो: 'गहरी रात में आए मेहमान')

ची श्येनलिन ने न केवल ईमानदारी से चीन के प्रति भारतीय लोगों की मैत्रीपूर्ण भावना की दर्ज की, बल्कि भारतीय लोगों के साथ सांस्कृतिक आदान-प्रदान के पुराने इतिहास के बारे में भी खूब चर्चा की और भारतीय लोगों के साथ सांस्कृतिक आदान प्रदान किया। लेकिन वे कैसे करते थे? उनके लेखों में ऐसा वर्णन है। हर बार वे भारत गए, वे भारतीय लोगों के साथ आमने सामने आदान प्रदान करते थे। ऐसे बहुत उदाहरण हैं, यहां एक प्रस्तुत करूंगा। एक बार उन्होंने दिल्ली विश्वविद्यालय और जवाहर लाल नेहरू विश्वविद्यालय का दौरा किया। उनका गर्मजोशी से स्वागत प्राप्त किया गया। उन्होंने उत्साह से एक भाषण दिया। उनके लेख में लिखा है: 'अंतर्राष्ट्रीय आम नियम के अनुसार, मेज़बान के स्वागत भाषण देने के बाद मुझे भाषण देना है। मेरा मन शांत तो हो गया, लेकिन मैंने भाषण तैयार नहीं किया। मेज़बान के भाषण देते समय मैं एक तरफ ध्यान से सुन रहा था, दूसरी तरफ उत्तेजित आकुलता से सोच रहा था कि ऐसी स्थिति में क्या कहना होगा और क्या कहना उचित होगा। मैं ने चीन-भारत सांस्कृतिक आदान-प्रदान के इतिहास के बारे में कुछ शोध किया, कुछ सामग्रियां भी जमाईं। मुझे भी पता है कि भातीय मित्रों को ऐसा इतिहास सुनना पसंद है। इसलिए मैंने फैसला किया कि चीन-भारत सांस्कृतिक आदान-प्रदान की शुरुआती के बारे में भाषण दूंगा। यह एक विवादित समस्या है, इस पर मुझे अपना विचार है, मैं इस अवसर पकड़कर बताऊंगा। मुझे इस पर सहमति नहीं है कि चीन-भारत सांस्कृतिक आदान-प्रदान बौद्ध धर्म के चीन में आने के समय, यानी प्रथम शताब्दी ईस्वी में शुरू हुआ। मेरा विचार है कि तीसरी या चौथी शताब्दी ईसा पूर्व में ही शुरू हुआ था। उसी समय छु

य्वान (Qu Yuan) द्वारा लिखी किताब में चांद पर एक खरगोश रहने की बात कही थी। भारत में ऐसी कहानी बहुत प्रचलित थी। चीनी भाषा में अनूदित बौद्ध सूत्रों में भी कई बार यह कहानी बताई गई। सभी संकेत के अनुसार यह कहानी भारत में पैदा होने की बड़ी संभावना है और चीन में प्रसारित हुई। छु य्वान ने इसे अपनी किताब में लिखी। ऐसे में चीन-भारत सांस्कृतिक आदान प्रदान का इतिहास दो हज़ार तीन सौ या चार सौ साल पुराना है। अगर 28 नक्षत्र समूह क्षेत्र की बात करेंगे, चीन और भारत दोनों में यह नाम है, तो यह इतिहास और अधिक पुराना होगा। संक्षेप में हम दोनों देशों की संस्कृतियां बहुत पुरानी हैं और आज तक भी समृद्ध हैं, दोनों देशों की जनता को इस पर गर्व लगना चाहिए। चीन-भारत सांस्कृतिक आदान-प्रदान की शुरुआती के विषय पर मेरे भाषण ने लोगों की दिलचस्पी आकर्षित की। स्वागत समारोह खत्म होने के बाद मैं ने सोचा कि ज़रा दौरा करने के बाद आराम का समय होगा, लेकिन नहीं। यह स्वागत समारोह उत्कर्ष नहीं था, उत्कर्ष बाद में था। बहुत शिक्षकों और छात्रों ने मुझे घेरकर चीन-भारत सांस्कृतिक आदान-प्रदान पर बहुत चर्चा की। लेकिन उनके सवाल चीन-भारत सांस्कृतिक आदान-प्रदान से सीमित नहीं थे। कुछ ने प्राचीन चीन में विदेशों से संबंधित उल्लेख के बारे में पूछे, कुछ ने संस्कृत साहित्य के अनुवाद के बारे में सवाल पूछे, कुछ ने बौद्ध सूत्रों के चीनी भाषा संस्करण के बारे में पूछे, कुछ ने पीपुल्स कम्यून के बारे में पूछे......उनके लिए मैं एक शब्दकोश जैसा था, जहां उन्हें सवालों के जवाब मिल सकते। ऐसी स्थिति संभालने में मैं बहुत व्यस्थ रहा, लेकिन दिल में बहुत खुशी थी, मैं गहराई से प्रेरित हो गया। पूरा कैंपस चीन-भारत दोस्ती के वातावरण में डूबा हुआ था।'

ऐसे बहुत उदाहरण हैं। संक्षेप में कहा जाए, उन्होंने न सिर्फ चीनी जनता की ओर से भारतीय लोगों के साथ गहरी दोस्ती की, बल्कि आमने सामने सांस्कृतिक आदान प्रदान भी किया, आपस में समझ मज़बूत की। यह बहुत दुर्लभ और मूल्यवान है।

इतना ही नहीं, ची श्येनलिन ने अपने लेख में उपनिवेशवादी शासन की निंदा की और भारतीय लोगों की संघर्ष करने की भावना की प्रशंसा की। उन्होंने लेख में लिखा है: 'समुद्र तट पर एक अत्यंत भव्य मेहराब ऊंचा खड़ा है, यह ब्रिटेन द्वारा निर्मित प्रसिद्ध इंडिया गेट है। यह भारत में उपनिवेशवादी विजय का प्रतीक है, उनकी अकड़ का शुरुआत बिंदु है। बताया जाता है कि ब्रिटिश गवर्नर जनरल इसी गेट से तट पर चढ़ा। इस गेट से गुज़रने का मतलब है भारत में पहुंच गए। लेकिन अब स्थिति बदल गई, वे अत्याचारी और अभिमानी विदेशी आक्रमणकारी अब कहां गायब हुए, यहां केवल यह गेट बची है। सागर पहले की तरह विशाल है, लहरें पहले की तरह किनारे पर लपेट रही हैं, भारतीय लोग रीढ़ सीधा करते हुए अपनी ही जमीन पर चल रहे हैं। यह इंडिया गेट इतिहास के उतार-चढ़ाव का साक्षी बन गया है। भारतीय लोग उठकर खड़े हो गए और पुराने उपनिवेशवादी गायब हो गए। विशाल समुद्र और जोशपूर्ण कबूतर देखते हुए दिल में यह प्रश्न आया कि इतनी विशाल भूमि पर शासन कौन करता है, जवाब मेरे सामने ही है, इतिहास के गवाह के रूप में मुंबई ने इस सवाल का जवाब दिया।' (देखो: 'मंबई, एतिहासिक साक्ष्य')

चीन श्येनलिन ने चीनी जनता से भारतीय पर्यटन स्थलों का परिचय भी किया, उनके विस्तृत और सुस्पष्ट वर्णन से लोगों को बहुत सच्चा महसूस होता है। उनके लेख पढ़ने से पाठक न केवल भारत की शानदार संस्कृति सीख सकते हैं, बल्कि भारत की यात्रा का अनुभव भी महसूस कर सकते हैं। प्रसिद्ध ताजमहल का वर्णन करते हुए उन्होंने लिखा: 'यह कब्र एक एक सफेद संगमरमर पत्थरों से निर्मित है। लेकिन चाहे दूर से या नजदीक से, निर्माण का चिह्न नहीं देख सकते, यह एक संपूर्ण संगमरमर पत्थर लगता है। इन वर्षों में मैं ने ताजमहल के अनगिनत फोटो और चित्र देखे हैं, लेकिन कोई भी फोटो या चित्र ताजमहल की भव्यता नहीं प्रकट कर सकता। सिर्फ ताजमहल के सामने आकर, संगमरमर के सफेद में घेरा जाकर, तुम्हें लगेगा कि स्वर्ग में आ गया है। ताजमहल की सुंदरता सिर्फ स्वर्ग में होनी चाहिए थी, लेकिन मैंने स्वयं देखी। मैं इस सुंदरता के आनंद में डूब गया और समय भूल गया।' ऐसा लेख पढ़ते समय पाठकों को लगेगा कि वे स्वयं ताजमहल के सामने खड़े होंगे।

भारत में ची श्येनलिन ने बौद्ध धर्म के तीर्थस्थान नालंदा का दौरा भी किया। उन्होंने अपने लेख में पाठकों को बताया: 'यह जगह न केवल बौद्ध धर्म का केंद्र था, बल्कि भारत का अकादमिक केंद्र भी था। चीन के इतिहास में चिन राजवंश से थाङ राजवंश तक फाश्येन, श्वेन त्साङ और यीजिंग आदि प्रख्यात भिक्षुओं ने यहां आकर अध्ययन किया था।' श्वेन त्साङ की चर्चा करते हुए उन्होंने कहा: 'थाङ राजवंश के दौरान चीन से एक प्रख्यात भिक्षु बहुत लंबी यात्रा करके, बाल बाल बचकर, भारत में आए। उन्होंने बौद्ध धर्म सूत्रों और अन्य भारतीय शास्त्र का अध्ययन करते हुए नालंदा में कई साल बिताए। भारतीय सम्राट और जनता ने उनके साथ अत्यंत विशेषाधिकृत व्यवहार किया। चीन वापस आने के बाद उन्होंने 'महा थाङ राजवंश काल में पश्चिम की तीर्थयात्रा का वृत्तांत' किताब लिखी। उन्होंने इस किताब में उसी समय भारत की विस्तृत रिकॉर्ड की, जो अब भारत और पूरी दुनिया के विद्वान एक दुर्लभ खजाना मानते हैं। श्वेन त्साङ का नाम आज तक भी भारतीय लोगों के ज़बान पर रहता है।' इस तरह ची श्येनलिन ने न सिर्फ चीनी जनता से भारतीय पर्यटन स्थलों का परिचय किया, जिससे पाठक भारत के इतिहास, भूगोल और सांस्कृतिक अवशेष के बारे में जानकारी प्राप्त कर सकते हैं, बल्कि श्वेन त्साङ समेत प्राचीन काल में चीनी भिक्षुओं की ऐतिहासिक भूमिका और भारतीय जनता के दिल में उनका स्थान भी चीनी लोगों को बताया।

संक्षेप में कहा जाए, ची श्येनलिन ने अपने लेख के ज़रिए पाठकों को भारत के सुंदर दृश्य और रीति रिवाज़ बताए, दोनों देशों की परंपरागत दोस्ती दोहराई, साथ ही भारतीय लोगों के साथ चीन-भारत मित्रता और सांस्कृतिक आदान प्रदान के विकास पर विचार विमर्श भी किया।

चीन-भारत सांस्कृतिक आदान प्रदान का इतिहास बहुत पुराना है, सांस्कृतिक आदान प्रदान से दोनों देशों में सामाजिक विकास आगे बढ़ाया गया, दोनों देशों के बीच दोस्ती गहरी की गई, दोनों देशों को लाभ पहुंचाया गया। दशकों में ची श्येनलिन ने पूर्ववर्ती विद्वानों की कामयाबियां सीखने और उत्तराधिकार करने के बाद बहुत कठिनाइयों का सामना करके एक विशिष्ट मार्ग खोला, उन्होंने चीन-भारत सांस्कृतिक आदान प्रदान में कई नए अध्ययन क्षेत्र खोल दिया और समृद्ध कामयाबियां भी हासिल की हैं। पूरी दुनिया में लोग उनकी प्रशंसा

करते हैं। इतना ही नहीं, उन्होंने स्वयं चीन-भारत मित्रता और सांस्कृतिक आदान प्रदान के लिए बहुत व्यावहारिक काम किया। विभिन्न समय में और विभिन्न स्थान पर, उनका विभिन्न आदान प्रदान का तरीका और विषय था। चाहे उनके द्वारा लिखी कितबें, या विदेशी यात्रा करते समय दिए गए भाषण या की गई बातचीत हों, या चीन लौटने के बाद लिखे मूल्यवान उल्लेख हो, ये सब चीन-भारत मित्रता और सांस्कृतिक आदान प्रदान के लिए महत्वपूर्ण योगदान है। इसलिए सांस्कृतिक आदान प्रदान करने और दोस्ती पहुंचाने आदि क्षेत्रों में उन्होंने हमारे लिए एक नमूना बनाया, उन्होंने सांस्कृतिक आदान प्रदान दूत की भूमिका निभाई, जो आम लोग नहीं निभा सकते। उन से चीनी जनता और भारतीय जनता को हमेशा शिक्षित किया जाएगा।

आठवां अध्याय: चीन-भारत सांस्कृतिक आदान प्रदान और पारस्परिक प्रभाव

पहला, चीन में भारतीय संस्कृति

बौद्ध धर्म का चीनीकरण

बौद्ध धर्म चीन में आने के बाद, चीनी सामाजिक और ऐतिहासिक परिस्थितियों के प्रभाव से, धीरे-धीरे इसका चीनीकरण होने लगा। जब बौद्ध धर्म चीन में आया, उसी समय लोग बौद्ध धर्म को एक लोकप्रिय ताओवादी जादू कला समझते थे। पूर्वी हान राजवंश के बाद भारत से हीनयान बौद्ध धर्म और महायान बौद्ध धर्म एक साथ चीन में आए। वेइ और चिन राजवंश के दौरान चीन में अभौतिकवाद प्रचलित था, महायान बौद्ध धर्म की विचारधारा अभौतिकवाद के बराबर थी, इसलिए महायान बौद्ध धर्म का प्रसार तेज़ी से हुआ। बौद्ध विद्वानों ने अभौतिकवाद के माध्यम से बौद्ध सिद्धांतों की व्याख्या की, इससे उच्च वर्ग की जरूरत पूरी हो गई। ची श्येनलिन का मानना था कि 'पश्चिमी चिन राजवंश के बाद भारत से बहुत प्रख्यात भिक्षु चीन में आए और चीन में प्रख्यात भिक्षुओं की संख्या भी बढ़ी। बौद्ध धर्म का प्रभाव दिन ब दिन व्यापक और गहरा हो रहा था। बौद्ध विचारधारा ने चीनी आध्यात्मिक संस्कृति के हर क्षेत्र में प्रवेश किया। भौतिक संस्कृति क्षेत्र में चीन और भारत के बीच आदान प्रदान भी ज्यादा हो गया, राजनीति क्षेत्र में आवाज़ाही भी घनिष्ठ हो गई। ये सब बौद्ध गतिविधियों से संबंधित थे।' पश्चिमी चिन राजवंश के अंत से लागतार युद्ध होता रहा, लोग मुश्किलों और पीड़ा में जी रहे थे, इसलिए बौद्ध धर्म का प्रसार आसानी से स्वीकार किया। बौद्ध धर्म को प्रचार प्रसार की सुविधाजनक स्थिति मिली।

दक्षिणी और उत्तरी राजवंशों के काल में बौद्ध धर्म और चीनी पारंपरिक संस्कृति दोनों का मेल ज्यादा हो गया। बौद्ध धर्म के लगातार प्रसार से चीन में विभिन्न बौद्ध सम्प्रदाय भी स्थापित किए गए। दक्षिणी राजवंशों के विभिन्न शासक बौद्ध धर्म पर गहरा विश्वास रखते थे। प्रख्यात भिक्षु जू दाओशेंग (सन् 255-434) ने बौद्ध धर्म का बड़ी कोशिश से प्रचार प्रसार किया, उत्तरी राजवंशों के शासकों ने भी बौद्ध धर्म का समर्थन किया। इन से बौद्ध धर्म का प्रचार प्रसार आगे बढ़ाया गया।

वेइ और चिन राजवंशों के काल में बौद्ध धर्म मठों की आर्थिक शक्ति कमज़ोर थी, लेकिन बाद में विकास होते हुए स्वतंत्र मठवासी अर्थव्यवस्था स्थापित हुई। बौद्ध धर्म की विषय-वस्तु भी समृद्ध हो गईं। भारत से विभिन्न बौद्ध संप्रदायों का परिचय भी चीन में किया गया। इस समय विकास होने के बाद बौद्ध धर्म ने चीन में जड़ जमा दी है, बौद्ध धर्म चीनी समाज का ऊपरी ढांचा और संस्कृति का एक हिस्सा बन गया। चाहे विचारधारा क्षेत्र में या अर्थव्यवस्था क्षेत्र में, स्वई राजवंश और थाङ राजवंश के काल में चीनी विशेषता वाले बौद्ध संप्रदायों के गठन के लिए तैयारी हो चुकी।

स्वई राजवंश और थाङ राजवंश चीनी बौद्ध धर्म का उत्कर्ष समय था। उसी समय चीन शक्तिशाली था, संस्कृति समृद्ध थी। चीन ने विश्व संस्कृति के लिए भी सक्रिय योगदान किया। इस सामाजिक और ऐतिहासिक परिस्थितियों में बौद्ध धर्म का विकास शिखर पर पहुंचा। चीन में कई बौद्ध संप्रदाय गठित किए गए, पूरी दुनिया पर इन संप्रदायों का महत्वपूर्ण प्रभाव पड़ा था। ये बौद्ध संप्रदाय पारंपरिक संप्रदायों से भी अलग थे। भारत से आए बौद्ध धर्म का चीनीकरण हो गया।

चीनी बौद्ध संप्रदाय और कन्फ्यूशियसवाद, बौद्ध धर्म व ताओ धर्म का विलय

बौद्ध धर्म चीन में आने के बाद स्वई और थाङ राजवंशों के काल में, चीन में राजनीति, अर्थव्यवस्था और संस्कृति का अभूतपूर्व विकास हुआ। शासक वर्ग सांस्कृतिक शासन पर ध्यान देता था और कन्फ्यूशियसवाद, बौद्ध धर्म और ताओ धर्म का बड़ा समर्थन भी करता था। 9वीं शताब्दी के बाद चीनी बौद्ध धर्म अपने चरम पर पहुंच गया। इस समय चीनी बौद्ध धर्म के आठ संप्रदाय स्थापित किए गए, ये आठ संप्रदाय हैं सानलुन (Sanlun) संप्रदाय, योगा (Yoga) संप्रदाय, थ्येनथाई (Tiantai) संप्रदाय, ह्वायेन (Huayan) संप्रदाय, ध्यान (Zen) संप्रदाय, जिंगटू (Jingtu) संप्रदाय, लू (Lv) संप्रदाय और मी (Mi) संप्रदाय। इन में थ्येनथाई संप्रदाय, ह्वायेन संप्रदाय, ध्यान संप्रदाय और जिंगटू संप्रदाय ने चीन के इतिहास में बहुत अहम भूमिका निभाई थी।

पूर्वी हान राजवंश के बाद, बौद्ध धर्म का चीनीकरण धीरे-धीरे हुआ। कन्फ्यूशियसवाद, बौद्ध धर्म व ताओ धर्म का विलय बहुत लंबे समय तक चल रहा। पहले बहुत बौद्ध सूत्रों का चीनी भाषा में अनुवाद किया गया और चीन में प्रसारित हुआ। थाङ राजवंश तक बौद्ध सूत्रों का अनुवाद एक मुख्य कार्य था। सरकार ने राष्ट्रीय अनुवाद कार्यालय भी स्थापित किया। आंकड़ों के अनुसार, थाङ राजवंश के दौरान सन् 730 तक, कुल 5048 सूत्रों का अनुवाद पूरा किया गया, मिंग राजवंश तक यह संख्या 9000 तक बढ़ी।

सबसे पहले महायान बौद्ध धर्म चीन में आया, महायान बौद्ध धर्म से चीन में थ्येनथाई संप्रदाय और ह्वायेन संप्रदाय का विकास हुआ। बाद में चीन में महायान बौद्ध धर्म और हीनयान बौद्ध धर्म के सूत्रों को एक साथ जोड़के अपनी बौद्ध सैद्धांतिक प्रणाली स्थापित हुई और इसके आधार पर अद्वितीय चीनी बौद्ध धर्म के विशिष्ट ध्यान संप्रदाय और जिंगटू संप्रदाय गठित हुए।

भारत से बौद्ध धर्म के विभिन्न संप्रदाय चीन में आकर, चीनी भिक्षुओं ने उनका सुधार करके विभिन्न विशेषता वाले संप्रदाय स्थापित किए। इन संप्रदाय की स्थापना पूरी होने से बौद्ध धर्म का चीनीकरण पूरा हो गया। चीनी पारंपरिक संस्कृति के प्रभाव में बौद्ध धर्म समाज के सभी वर्गों की जरूरतों के अनुकूल हो गया। आम लोगों के बीच जड़ जमा देने के लिए बौद्ध धर्म ने कन्फ्यूशियस अवधारणा स्वीकार करके अपना सुधार किया। खास कर ध्यान संप्रदाय की स्थापना के बाद बौद्ध भिक्षुओं को बोझिल बौद्ध नियमों से मुक्त किया गया। ध्यान संप्रदाय 'संतानीय भक्ति' पर ज़ोर देता है। ऐसे में बौद्ध धर्म की विचारधारा मूल रूप से ताओ धर्म और

कन्फ्यूशियसवाद के बराबर बनी, इससे बौद्ध धर्म ने चीनी विद्वान और आम लोग दोनों की ज़रूरत पूरी की।

बौद्ध धर्म के विकास की प्रक्रिय का सिंहावलोकन करते हुए हम देख सकते हैं कि पूर्वी हान राजवंश के दौरान बौद्ध धर्म ताओ धर्म के साथ मेल होने के काल में था, बौद्ध धर्म का विकास ताओ धर्म पर निर्भर था। दो चिन राजवंशों और उत्तरी व दक्षिणी राजवंशों के दौरान बौद्ध धर्म वह अभौतिकवाद के साथ मेल होने के काल में था, वह अभौतिकवाद पर निर्भर था। स्वई और थाङ राजवंशों के काल में बौद्ध धर्म शक्तिशाली बन गया, मठवासी अर्थव्यवस्था मज़बूत हो गई, विभिन्न बौद्ध संप्रदाय स्थापित हो गए, बौद्ध धर्म की प्रणाली संपूर्ण हो गई, बौद्ध धर्म, कन्फ्यूशियसवाद और ताओ धर्म तीनों बराबर थे। लेकिन बौद्ध धर्म ने कन्फ्यूशियसवाद से बेहतर परिणाम नहीं दिया। सोंग, य्वान, मिंग और छींग राजवंशों तक, सामंती समाज का पतन होने के साथ बौद्ध धर्म भी कमज़ोर बन गया।

बौद्ध धर्म और चीनी रीति रिवाज़

भारत से बौद्ध धर्म चीन में आने के बाद चीनी जनता का विश्वास और रीति-रिवाज़ पर प्रभाव पड़ा। इस प्रभाव और चीनी पारंपरिक संस्कृति का विलय हो गया, जिससे नया विश्वास और रीति-रिवाज़ पैदा हुए।

बौद्ध धर्म चीन में आने के बाद, खासकर उत्तरी और दक्षिणी राजवंशों के बाद चीनी लोगों ने अधिक रूप से भारत की बौद्ध संस्कृति स्वीकार की, चीन में नया विचार और पूजा वस्तु पैदा हुई, जैसे कि 'कर्मफल की अनिवार्यता', 'जीवन पुनर्जन्म', 'यम राजा', 'पश्चिमी स्वर्ग', 'अहिंसा' आदि, आज तक भी आम लोग इन पर विश्वास रखते हैं। बुद्धा की पूजा और बौद्ध सूत्र की पढ़ाई न केवल भिक्षु करते हैं, बल्कि आम लोगों पर इनका प्रभाव भी पड़ता है। जीवन में परेशानी और दुख हुई, तो लोग मठ जाकर पूजा करते थे। मंत्र जप, भिक्षुओं के लिए बौद्ध सूत्र और बुद्धा के सिद्धांत समझने का एक ज़रूरी कार्य है। लेकिन आम लोग बुद्धा का आशीर्वाद और अच्छा कर्म हासिल करने के लिए भी मंत्र जप करते थे। कुछ लोग अपने हितों के लिए, जैसे बेटे, पैसे, बारिश और स्वास्थ्य की मांग करने के लिए, बुद्धा से भी प्रार्थना करते थे।

बौद्ध धर्म चीन में आने के बाद बौद्ध भगवान का चीनीकरण भी हुआ। उदाहरण के लिए, 'अवलोकितेश्वर बोधिसत्व' चीन में आने के बाद उनका स्वरूप समृद्ध बन गया, चीन में हज़ार हाथों और हज़ार आंखों के अवलोकितेश्वर बोधिसत्व भी हुआ। उनकी भूमिका भी अधिक हो गई। भारत में 'यम राजा' नरक पर प्रशासन करने वाले भगवान थे, लेकिन चीन में आकर यम राजा फिर भी नरक पर प्रशासन करते थे, लेकिन 'अठारह परतों वाले नरक' की अवधारणा पैदा हुई। चीनी भाषा में यम राजा से मिलने का मतलब है मर जाना। 'यम राजा' भी निष्पक्षता और ईमानदारी का प्रतीक बना। चीन में ड्रैगन की पूजा करने की परंपरा थी। भारतीय ड्रैगन भी चीन में आया। भारतीय ड्रैगन वास्तव में पंखवाला नाग था, बौद्ध धर्म के साथ भारतीय ड्रैगन के चिह्न भी चीन में आए। कहते थे कि जब शाक्यमुनि का जन्म हुआ, ड्रैगन ने पानी थूककर उनका स्नान

किया था। चीन में ड्रैगन पानी थूकना भी एक लोक धारणा बन गई।

बौद्ध धर्म के साथ भारत से कुछ त्यौहार भी चीन में आए। उदाहरण के लिए चीनी परंपरागत कैलेंडर के मुताबिक, फरवरी के 19वीं दिन को अवलोकितेश्वर बोधिसत्व दिवस है, अप्रैल के 8वीं दिन को बुद्धा का जन्म दिवस है और जुलाई के 15वीं दिन को उल्लम्बन दिवस है।

उल्लम्बन दिवस भारत से चीन में आया था। उल्लम्बन सूत्र के मुताबिक बुद्धा के अनुयायी मूल्येन (Maudgalyayana) को पता चला कि उनकी माता नरक में मुश्किलों का सामना कर रही है और बहुत पतली हो गई। मूल्येन को बहुत दुख हुआ, उन्होंने भोजन को उल्लम्बन में रखकर अपनी अलौकिक शक्ति के माध्यम से माता के पास पहुंचाया। लेकिन उनकी माता के खाने से पहले भोजन जल गया। मूल्येन को बहुत दुख था कि अपने को अलौकिक शक्ति है, लेकिन माता को नहीं बचा सकता। उन्होंने बुद्धा से मदद मांगी। बुद्धा ने उनसे कहा कि उनकी माता ने बहुत पाप किए हैं, वे अकले नहीं बचा सकते, दस दिशाओं में सभी भिक्षुओं की शक्तियां चाहिए। फिर बुद्धा ने मूल्येन को बताया कि वे जुलाई के 15वीं दिन को उल्लम्बन में सौ स्वाद के भोजन रखकर सभी भिक्षुओं को खिलाएंगे, ताकि उनकी माता बचाई जा सके। बुद्धा के आदेश पर मूल्येन ने ऐसा किया और उनकी माता बचाई गई। इसके बाद बुद्धा ने सभी अनुयायियों को बताया कि संतनीय भक्त बौद्ध अनुयायी जुलाई के 15वीं दिन को उल्लम्बन में सौ स्वाद के भोजन रखकर सभी भिक्षुओं को खिलाएंगे, ताकि उनके माता-पिता कल्याण प्राप्त हो सके।

यह दिवस माता-पिता का अच्छा व्यवहार करने से संबंधित है। यह विचारधारा चीनी परंपरा के अनुकूल था, इसलिए चीनी लोगों को पसंद था। उत्तरी और दक्षिणी राजवंशों क दौरान ल्यागंवू सम्राट (502-549 ईस्वी) ने जुलाई के 15वीं दिन को उल्लम्बन दिवस निश्चित किया। लेकिन सुङ राजवंश के बाद यह दिवस भूत की पूजा करने वाला दिवस बना।

मूल्येन के अपनी माता बचाने की कहानी भी चीन में व्यापक रूप से प्रचलित हो गई, इससे न केवल साहित्य की विषय-वस्तु में शामिल किया गया, बल्कि नाटक के रूप में लिखकर प्रदर्शन किया गया, लोगों को बहुत इस कहानी को पंसद है।

बुद्धा का जन्म दिवस भी भारत से आया था। बौद्ध पौराणिक कथा के अनुसार, बुद्धा का जन्म अप्रैल के 8वीं दिन को हुआ था, उसी समय 9 अजगरों ने पानी थूककर उनका स्नान किया। इसलिए इस दिवस पर बुद्धा मूर्तियों का स्नान भी किया जाता है।

इसके अलावा चीन में शवदाह संस्कार भी बौद्ध धर्म से संबंधित है। लोग मानते हैं कि शवदाह संस्कार विदेश से चीन में आया, लेकिन वास्तव में चीन में बहुत पहले ही शवदाह संस्कार हुआ था। ऐतिहासिक उल्लेख के मुताबिक छीन राजवंश के पश्चिम में यीछू नामक एक देश था, इस देश में परिजनों की मृत्यु होने के बाद शरीर को लकड़ियों में जलाया जाता था। यानी छीन रागवंश के काल में चीन में शवदाह संस्कार हुआ था। इसके अलावा गानसू प्रांत के लिनचाओ काऊंटी में एक प्रागैतिहासिक स्थल में एक बड़ा बर्तन मिला, जिसमें मानव राख रखी गई थी। इससे पुष्टि की गई कि चीन में आदिम समाज में ही शवदाह संस्कार किया जाता गया था। लेकिन चीन के अधिकांश क्षेत्रों में शव समाधि की परंपरा प्रचलित थी।

पूर्वी हान राजवंश के आरंभिक काल में बौद्ध धर्म चीन में आया, बौद्ध सिद्धांत के मुताबिक भिक्षुओं के मरने के बाद शवदाह संस्कार किया जाता था। धीरे धीरे यह रस्म आम लोगों के बीच भी प्रचलित हुई। यहां तक कि शाही परिवार के सदस्यों का शवदाह संस्कार भी किया जाता था।

सुङ राजवंश और य्वान राजवंश तक चीन में शवदाह संस्कार ज्यादा लोकप्रिय था, ऐतिहासिक उल्लेख के मुताबिक पूरे देश में शवदाह संस्कार किया जाता था। लेकिन सामंती शासकों ने कन्फ्यूशियस नैतिकता विचार का संरक्षण करने के लिए शवदाह संस्कार पर रोक लगा दी। मिंग राजवंश और छींग राजवंश शवदाह संस्कार का पतन धीरे धीरे हुआ, लेकिन पूरी तरह खत्म नहीं हुआ। प्राचीन चीन में शवदाह संस्कार का प्रचलन बौद्ध धर्म के आने से घनिष्ठ रूप से संबंधित था।

प्राचीन काल से चीनी लोग मौजूदा जीवन पर विश्वास रखते थे, परवर्ती जीवन पर नहीं। लेकिन बौद्ध धर्म आने के बाद लोगों का विचार प्रभावित हुआ। कर्मफल की अनिवार्यता एक उदाहरण है।

कर्मफल की अनिवार्यता और जीवन पुनर्जन्म का विचार भारत से चीन में आया था, लेकिन इससे चीन पर बहुत बड़ा प्रभाव पड़ा। इस विचार का मानना है कि मौजूदा जीवन में अगर लोगों ने अच्छा कर्म किया, तो परवर्ती जीवन में उन्हें आशीर्वाद और कल्याण मिलेगा। लेकिन अगर बुरा कर्म किया, तो परवर्ती जीवन में सज़ा मिलेगी। इस लिए चीनी लोग अच्छा कर्म करने पर ध्यान देने लगे। इनके अलावा, चीन में लोकप्रिय अवलोकितेश्वर बोधिसत्व, यम राजा और ड्रैगन राजा भी भारत से संबंधित हैं।

अवलोकितेश्वर बोधिसत्व, यम राजा और ड्रैगन राजा का चीन पर बहुत बड़ा प्रभाव पड़ा। अवलोकितेश्वर बौद्ध बोधिसत्व का नाम है। बताया जाता है कि अगर परेशानी में फंसे लोग अवलोकितेश्वर बोधिसत्व का नाम कहेंगे, तो वे सुनते ही अवश्य बचाने के लिए आएंगे। दक्षिणी और उत्तरी राजवंशों के दौरान अवलोकितेश्वर बोधिसत्व से संबंधित बहुत सूत्र थे, लोग अवलोकितेश्वर बोधिसत्व मानते थे, उनकी रक्षा हासिल करने के लिए उनसे प्रार्थना करते थे, धीरे धीरे ऐसा करना लोगों के बीच एक समान आस्था बना। अवलोकितेश्वर बोधिसत्व का स्वरूप पहले पुरुष का था, दक्षिणी और उत्तरी राजवंशों के काल में अवलोकितेश्वर बोधिसत्व की प्रतिमा महिला के स्वरूप में बनाई गई। क्योंकि आम आदमी की नज़रों में महिला के स्वरूप में अवलोकितेश्वर बोधिसत्व की दया बेहतर रूप से दिखाई जाती है।

यम राजा, अर्थात मृत्यु भगवान हैं, प्राचीन भारतीय पौराणिक कथाओं में यम राजा थे, जो नरक पर शासन करते थे, ऋग्वेद में ही ऐसा उल्लेख मिलता है। बौद्ध धर्म ने उन्हें स्वीकार किया, फिर बौद्ध धर्म के साथ चीन में भी आए। चीनी पौराणिक कथाओं में यम राजा के तहत कुल 18 न्यायाधीश हैं, जो अलग तौर पर 18 नरकों पर शासन करते हैं। चीनी बौद्ध सूत्रो के मुताबिक यम राजा की एक बहन भी है, यम राजा पुरुषों पर शासन करते हैं और उनकी बहन महिलाओं पर शासन करती हैं।

ड्रैगन राजा चीनी लोगें के बीच एक साधारण आस्था है। प्राचीन काल में चीन में ड्रैगन

की पूजा करने की रस्म थी, शांग राजवंश के काल में ओरेकल हड्डी स्क्रिप्ट में ड्रैगन का शब्द था। चीन के इतिहास में विभिन्न राजवंशों में ड्रैगन की पूजा करने की रीति रिवाज़ थी, आज ड्रैगन चीन जाति का प्रतीक बन गया है। भारत में ड्रैगन की पूजा भी थी। भारतीय ड्रैगन वास्तव में पंखवाला नाग था, बौद्ध धर्म के साथ भारतीय ड्रैगन के चिह्न भी चीन में आए। कहते थे कि जब शाक्यमुनि का जन्म हुआ, ड्रैगन ने पानी थूककर उनका स्नान किया था। चीन में ड्रैगन पानी थूकना भी एक लोक धारणा बन गई। जहां पानी निकलता है, लोग वहां ड्रैगन मुंह या ड्रैगन झरना कहते हैं, यहां तक कि बारिश होना भी ड्रैगन पानी थूकना मानते हैं। चीनी बौद्ध सूत्रों और ताओ धर्म में ड्रैगन राजा हैं। अगर सूखा या बाढ़ हुआ, तो लोग प्रार्थना करके ड्रैगन राजा बुलाते हैं और ड्रैगन राजा बारिश करेंगे या बाढ़ संभालेंगे। संक्षेफ में ड्रैगन राजा आपदा निपटा सकते हैं और कल्याण पहुंचा सकते हैं।

बौद्ध धर्म और चीनी दर्शनशास्त्र

पूर्वी और पश्चिमी हान राजवंश के काल में बौद्ध धर्म चीन में आया, दो हज़ार से अधिक वर्षों के बाद बौद्ध धर्म ने चीनी समाज के हर क्षेत्र में प्रवेश किया है और व्यापक प्रभाव डाला है, खासकर चीनी दर्शनशास्त्र पर। शुरूआंत में बौद्ध धर्म ने चीनी पारंपरिक विचारधारा पर निर्भर करके चीन में जड़ जमा दी। विकास होने के बाद बौद्ध धर्म ने चीनी दर्शनशास्त्र समृद्ध और संपूर्ण किया। वह चीनी पारंपरिक संस्कृति का एक हिस्सा बन गया।

प्राचीन चीनी दर्शनशास्त्र का विकास कई चरणों में संक्षिपत किया जा सकता है, यानी पूर्व-छीन राजवंश के विभिन्न दार्शनिकों के विद्या, हान राजवंश के कन्फ्यूशियस शास्त्र विद्या, वेइ और चिन राजवंशों के अभौतिकवाद विद्या, स्वई और थाङ राजवंशों के बौद्ध विद्या, सुङ और मिंग राजवंश के नव कन्फ्यूशियसवाद विद्या। वेइ और चिन राजवंशों के बाद चीनी दर्शनशास्त्र और बौद्ध धर्म के बीच अटूट बंधन हो गया। उदाहरण के लिए वेइ और चिन राजवंशों के दौरान बौद्ध धर्म का प्रज्ञापरमिता दर्शनशास्त्र चीनी अभौतिकवाद के माध्यम से चीन में प्रसारित हुआ, फिर दोनों का विलय हुआ, अंत में प्रज्ञापरमिता दर्शनशास्त्र ने चीनी अभौतिकवाद की जगह ले ली। प्रज्ञापरमिता दर्शनशास्त्र के आने से चीनी दर्शनशास्त्र समृद्ध हो गया। स्वई और थाङ राजवंशों के दौरान बौद्ध विद्या समाज में प्रचलित मुख्य विचारधारा बन गया। थाङ राजवंश के दौरान श्वेन त्साङ ने व्यवस्थित ढंग से भारत का विज्ञप्ति मात्रता संप्रदाय का परिचय चीन में किया और चीन में अपना विज्ञप्ति मात्रता संप्रदाय स्थापित किया, जिससे चीन में सभी बौद्ध संप्रदाय प्रभावित हो गए। स्वई और थाङ राजवंशों के दर्शनशास्त्र की चर्चा करते समय बौद्ध दर्शनशास्त्र नहीं छोड़ सकते हैं। इस लिए स्वई और थाङ राजवंशों के दर्शनशास्त्र चीनी परंपरागत संस्कृति का एक अविभाज्य भाग है। सुङ और मिंग राजवंश के दौरान पैदा नव कन्फ्यूशियसवाद भी बौद्ध धर्म से प्रभावित था। चीनी दर्शनशास्त्र पर बौद्ध दर्शनशास्त्र के प्रभाव के बारे में चीनी विद्वान चो पुछु (Zhao Puchu) ने विशेष अध्ययन किया। उन्होंने कहा कि 'बौद्ध धर्म के विभिन्न संप्रदायों ने चीनी बौद्धिक क्षेत्र पर अमिट असर डाला है। प्राचीन

चीनी दर्शनशास्त्र का अध्ययन करने वालों को ऐसा लगता है कि दो चिन और दक्षिणी व उत्तरी राजवंशों से स्वई और थाङ राजवंश व पांच पीढ़ी अवधि तक, चीनी दर्शनशास्त्र का इतिहास मुख्य रूप से चीन में बौद्ध धर्म का विकास इतिहास है। सुङ और मिंग राजवंशों के काल में नव कन्फ्यूशियसवाद भी मुख्य रूप से बौद्ध धर्म के ह्वायेन संप्रदाय और ध्यान संप्रदाय सिद्धांतों की प्रेरणा और प्रभाव से पैदा हुआ। छींग राजवंश के अंतिम काल में चीनी बुद्धिजीवी जगत में बौद्ध धर्म का अध्ययन करने का वातावारण प्रचलित था। लोकतान्त्रिक विचारधारा के कुछ पथप्रदर्शकों ने, जैसे थान सीटोंग, खांग योवेइ, ल्यांग छीछाओ, जांग थाईयेन आदि ने बौद्ध धर्म से कुछ विचार अपनाकर वैचारिक हथियार बनाया। यहां तक कि चीन में प्रारंभिक मार्क्सवादी कार्यकर्ता छु छ्यूबाई भी बौद्ध विचार से प्रभावित थे। ज़ाहिर है बौद्ध धर्म में दया, समानता, अनस्थिरता, निःस्वार्थता आदि विचार ने आधुनिक समय में चीनी बुद्धिजीवी जगत में प्रेरणा और प्रोत्साहन की भूमिका निभाई थी।' बौद्ध दर्शनशास्त्र में गहरा ज्ञान छिपा हुआ है, संसार और जीवन के निरीक्षण, मानव तर्कशक्ति के अंतरावलोकन, अवधारणा के विश्लेषण आदि जगत में बौद्ध धर्म को अपना गहरा और विशिष्ट दृष्टिकोण है। इसलिए एंगेल्स ने 'प्रकृति का द्वंद्ववाद' में कहा कि बौद्ध भिक्षु मानव द्वंद्वात्मक सोच के विकास के उच्च स्तर पर रहते हैं। विश्व दृष्टिकोण के क्षेत्र में विद्वानों का मानना है कि बौद्ध धर्म सर्वोच्च देवता से इनकार करता है, बौद्ध विचार में सभी चीज़ें एक अन्तहीन कर्मफल के जाल में हैं। इसलिए पश्चिमी अकादमिक क्षेत्र में कुछ लोग मानते हैं कि बौद्ध धर्म एक मात्र अनीश्वरवाद धर्म है। क्योंकि बौद्ध धर्म शून्यवाद मानता है, तो देवता भी शून्य हैं। अगर देवता शन्य हैं, तो वे कैसे संसार को स्थापित कर सकते हैं। लेकिन बौद्ध धर्म यह भी मानता है कि कर्मफल शून्य नहीं है, कर्म तो मानव का जागरूक व्यवहार है, इस व्यवहार का ज़रूर कुछ फल होगा। कर्म और फल दोनों वास्तविक रूप से मौजूद है, वे शन्य नहीं है। चो पुछु मानते थे कि जीवन दृष्टिकोण क्षेत्र में बौद्ध धर्म लोगों की आत्म चेतना पर ज़ोर देता है और व्यक्तिगत मुक्ति व सारे मानव की मुक्ति एक साथ जोड़ता है। बौद्ध धर्म और चीनी प्राचीन दर्शनशास्त्र ने एक दूसरे पर प्रभाव डाला, जिससे दार्शनशास्त्र के नए प्रस्ताव और नए दृष्टिकोण आगे बढ़ाए गए। बौद्ध धर्म की विशिष्ट सोच और जीवन शैली लोगों को नई प्रेरणा देती है, लोगों के आध्यात्मिक जीवन को एक नई दुनिया में पहुंचाती है।

बौद्ध धर्म ने चीनी बौद्धिक क्षेत्र पर अमिट असर डाला है। चीन में पहले ही कर्मफल की अनिवार्यता का विचार हुआ था, लेकिन इस विचार में फल एक व्यक्ति के परिवार और संतानों को मिलता है, खुद को नहीं। बौद्ध धर्म कर्मफल की अनिवार्यता और जीवन पुनर्जन्म का प्रसार करता है, बौद्ध धर्म का मानना है कि एक व्यक्ति का भाग्य पूर्ववर्ती जीवन में उसके व्यवहार का फल है। इससे चीन में कर्मफल की अनिवार्यता के विचार में नई समृद्ध सामग्रियां शामिल की गईं।

वेइ और चिन राजवंशों से स्वई और थाङ राजवंशों तक चीनी संस्कृति का चमकदार काल था। इस अवधि में चीनी दर्शनशास्त्र की मुख्यधारा बौद्ध धर्म शास्त्र थी, जिसका प्रभाव बड़ा और व्यापक था। इसलिए अगर बौद्ध शास्त्र नहीं जानता, तो चीनी दर्शनशास्त्र इतिहास

नहीं लिख सकता। इतिहास में ऐसा उदाहरण था, बताया जाता है कि हू शी (Hu Shi) चीनी दर्शनशास्त्र इतिहास लिखना चाहते थे, लेकिन आधे रास्ते में छोड़ दिया, क्योंकि वे बौद्ध शास्त्र नहीं जानते। एक शब्द में भारतीय बौद्ध धर्म और चीनी दर्शनशास्त्र के बीच बहुत घनिष्ठ संबंध थे, चीनी दर्शनशास्त्र का अध्ययन करते समय भारतीय बौद्ध धर्म नहीं छोड़ सकते हैं।

बौद्ध धर्म और चीनी भाषा व साहित्य

बौद्ध धर्म और चीनी भाषा

बौद्ध धर्म के साथ भारत से संस्कृत के कई शब्द भी चीन में आए। चीनी शब्दावली में भारत से बहुत शब्द शामिल हुए, जिससे चीनी शब्दावली भी समृद्ध हो गई। कुछ बौद्ध धर्म के शब्द थे, कुछ तकनीकी शब्द थे, इन शब्दों के उच्चारण का अनुवाद करके चीनी भाषा के शब्द बने। उदाहरण के लिए चीनी भाषा में 'फ़ो (बुद्धा)', 'पुसा (बोधिसत्व)', 'सेंग (भिक्षु)', 'नी (भिक्षुणी)', 'छाना (क्षण)', 'मिले (मैत्रेय)', 'पोलुआमन (ब्रह्म)' आदि। कुछ शब्द के उच्चारण का अनुवाद करके चीनी भाषा के शब्द के साथ जोड़ दिया गया। उदाहरण के लिए 'येनवांग (यम)'। कुछ शब्दों के अर्थ का अनुवाद करके चीनी भाषा के शब्द बने। इसके अलावा कुछ भारतीय दार्शनिक शब्दों का अनुवाद करके चीनी भाषा में शामिल किए गए।

चीनी भाषा के स्वरविज्ञान की उत्पत्ति और विकास भी संस्कृत के प्रभाव से संबंधित था। पूर्वी हान राजवंश से बौद्ध सूत्र के माध्यम से बहुत चीनी विद्वानों ने संस्कृत सीखा, उन्हें पता चला कि भारतीय लोग शब्द के स्वरूप पर नहीं, बल्कि उच्चरण को महत्व देते थे। वे चीनी शब्दों के उच्चरण का अध्ययन भी करने लगे। इसलिए चीन में स्वरविज्ञान का विकास होने लगा। उत्तरी और दक्षिणी राजवंशों के काल में चीनी भाषा के चार स्वराघात निश्चित किए गए, इसके आधार पर चित्राक्षरों के वर्गीकरण का काम शुरू किया और शब्दकोश का संपादन कार्य संपन्न किया। इसके बाद चीनी भाषा के स्वर, व्यंजन के विश्लेषण के आधार पर चीनी चित्राक्षरों के उच्चारण प्रणाली और अन्य संबद्ध नियमों को क्रमबद्ध रूप से तैयार किया गया। उदाहरण के लिए स्वई राजवंश के 'छ्ये युव' और बाद में सुङ राजवंश के 'क्वांग युन' नामक पुस्तकों को इसी कोटि में रखा जा सकता है। इस शोधकार्य से चीन की स्थानीय भाषाओं के अध्ययन और एकीकृत उच्चारण करने में काफी मदद मिलती है। थाङ राजवंश काल में शौ वन नामक एक बौद्ध भिक्षु ने संस्कृत की वर्णमाला (देवनागरी) के आधार पर चीनी भाषाओं के व्यंजनों की सूची का निर्माण किया, जिसमें 36 अक्षर थे। इस तरह चीनी भाषा के उच्चारण के विश्लेषण में विस्तार आया और चीनी भाषा विज्ञान का अध्ययन और नया विकास हुआ।

बौद्ध धर्म और, ब्येनवन, सिंगइंग व सेइंग साहित्य शैली

चीन और भारत के बीच आदान प्रदान लगातार होने और बौद्ध धर्म के आने से चीनी साहित्य पर भी प्रभाव पड़ा। चीनी साहित्य में नया रक्त मिला। चीनी साहित्य में नई सामग्रियां शामिल हुईं और नई शैली भी। भारत से एक नई साहित्य शैली चीन में आई, जो कविता और

गद्या का एक मेल था। चीन में इसे ब्येनवन (Bian wen)कहते थे। चीन के गानसू प्रांत के दुनह्वांग गुफाओं (Dunhuang Grottoes) से बहुत ऐसे ब्येनवन बरामद किए गए हैं। ब्येनवन एक ऐसा साहित्यिक रूप है जो सिंगइंग व सेइंग के रूप में बौद्ध कहानी सुनाई जाती थी, ब्येनवन की सामग्रियां मुख्य तौर बौद्ध सूत्रों से आई है, कुछ भी चीनी प्राचीन कहानियों से आई हैं।

प्राचीन भारतीय साहित्य का प्रसार मुख्य तौर पर मौखिक तरीके से किया जाता था। जो अहम सामग्रियां थीं, उन्हें कविता के रूप में संपादित की गईं। जो विवरण सामग्रियां थीं, उन्हें गद्य के रूप में संपादित की गईं। गद्यों में आम तौर पर बहुत कहानियां थीं। भारत में बहुत उत्कृष्ट कृतियों का प्रसार कविता और गद्य के रूप में किया जाता था। बौद्ध धर्म के साथ यह साहित्य शैली चीन में भी प्रसारित हुई। आम लोगों के बीच भी प्रचलित होने लगी और लोगों का स्वागत मिला। इससे सिंगइंग व सेइंग साहित्य शैली स्थापित हुई। थाङ राजवंश में भिक्षु भिक्षुणी इस सिंगइंग व सेइंग साहित्य शैली से सरल भाषा में बौद्ध सिद्धांत समझाते थे, मोहक कहानियों से अस्पष्ट और जटिल सिद्धांत पर प्रकाश डालते थे। धीरे धीरे भिक्षुओं से नागरिक समाज में सिंगइंग व सेइंग साहित्य शैली प्रसारित हुई। पहले बौद्ध कहानियां इस तरीके से सुनाई जाती थी, फिर गैर बौद्ध कहानियां भी इस तरीके से सुनाई जाने लगीं। सुङ राजवंश में कहानी कहने की कला पैदा हुई। य्वान और मिंग राजवंशों के दौरान उच्च कलात्मक मूल्य वाले उपन्यास और नाटक विकसित हो गया। चीनी नाटक भी भारतीय नाटक से प्रभावित हुआ।

बौद्ध धर्म और चीनी साहित्य

चीन का इतिहास बहुत पुराना है, चीनी की संस्कृति बहुत शानदार है। चीनी संस्कृति के विकास में बौद्ध धर्म ने महत्वपूर्ण भूमिका निभाई है। चीनी दर्शनशास्त्र, कला, वास्तुकला, रीति रिवाज़ और साहित्य आदि क्षेत्रों पर बौद्ध धर्म का प्रभाव पड़ा था। दो हज़ार सालों से, खासकर वेइ और चिन राजवंशों से, बौद्ध भिक्षु कविओं और बौद्ध विचार से प्रभावित प्रसिद्ध आम कविओं ने बहुत बड़ी संख्या में सुंदर कविताएं और लेख रचे। चीनी काव्य के विकास और चीनी संस्कृति की समृद्धि पर बौद्ध धर्म का जबरदस्त प्रभाव पड़ा।

चीनी कविता के विकास का इतिहास बहुत लंबा है। थाङ राजवंश और सुङ राजवंश के काल में आकर बौद्ध भिक्षु कवियों ने जितनी ज्यादा रचनाएं लिखीं, वह और भी अभूतपूर्व था। बाद में य्वान, मिंग और छींग राजवंशों, यहां तक कि चीनी गणराज्य काल तक भी बौद्ध भिक्षु कवियों की रचनाएं काफी मात्रा में रची जाती रहीं। धर्म से प्रभावित होने के कारण भिक्षु कवियों की जीवन दृष्टि सांसारिक जीवन दृष्टि से बिलकुल अलग थी और वस्तुओं और घटनाओं के प्रति उनका अपना विशेष दृष्टिकोण था। इसलिए सांसारिक कवियों की रचनाओं की तुलना में उनकी रचनाओं में भाव से लेकर विस्तार तक अपना अलग विचार वैशिष्ट्य है। उनकी शैली बिलकुल अलग है, विषय-वस्तु, अद्भुत है, काव्य कला असाधारण एवं उनकी रचनाओं में एक निर्लिप्तता है।

भारत से बौद्ध धर्म के चीन में आने से पहले, चीन में धर्म प्रचलित तो था, लेकिन ज्यादा

विकसित नहीं था। चीन के सर्वप्राचीन काव्य संग्रह 'गीत-संग्रह' में इसका उल्लेख है। उदाहरण के लिए देव पूजा और देव प्रशंसा में लिखे गीत इसका प्रमाण है। हान राजवंश के अंतिम काल में तथा वेइ और चिन राजवंशों के काल में (लगभग पहली शताब्दी से तीसरी शताब्दी तक) देश में दुर्व्यवस्था फैली थी, लोगों को खाना-कपड़ा नसीब नहीं होता था। ऐसे हालात में चीन में ताओ धर्म का जन्म हुआ, साथ ही भारत से बौद्ध धर्म चीन आया। बौद्ध धर्म का चीन में प्रवेश लगभग पूर्वी हान राजवंश के आरम्भिक काल (पहली शताब्दी) में हुआ। बौद्ध धर्म वैयक्तिक मोक्ष, दुखसागार से मुक्ति, तप करके बुद्धत्व प्राप्ति और सुखवटी में प्रवेश पर ज्यादा ज़ोर देता है। बौद्ध धर्म मूलतः वास्तविक जीवन से लोगों के दुख, विशेषतः मानसिक दुख दूर करने के लिए है। इसलिए दुख में गहरे डूबे लोगों ने बौद्ध धर्म की वैराग्य की विचारधारा को सरलता से ग्रहण कर लिया। जगत के प्रति उदासीनता एक आम बात हो गई। इससे साहित्यकारों के सोचने का तरीका और खुल गया। साहित्य रचना का एक नया रास्ता बना और कविता के विकास और समृद्धि को बढ़ावा मिला। इस काल में बौद्ध भिक्षु कवियों ने अपनी कविता में सांसारिक विषयों से बिलकुल अलग हटकर तपोभूमि के सुंदर दृश्य और जनकोलाहल से दूर शांत स्थल का चित्रण किया है। बौद्ध धर्म की विचारधारा से प्रभावित होने के कारण पूर्वी चिन राजवंश और उसके बाद की कविताओं में बौद्ध मत काफी गहराई तक मिलता है। भिक्षु कवियों की बहुत सारी नैसर्गिक दृश्य का वर्णन करने वाली रचनाओं में बौद्ध विचार मिला हुआ है। नैसर्गिक दृश्य चित्रण की कविताएं अक्सर बौद्ध धर्म के सहारे वास्तविक जीवन से दूर भागकर नैसर्गिक दृश्य का चित्रण करती हैं और मानसिक संतोष प्रदान करती हैं। पूर्वी चिन काल के कवि बो ताओयो (Bo Daoyou) को ऐसी कविता के प्रतिनिधियों में गिन सकते हैं।

थाङ राजवंश का काल चीनी साहित्य की समृद्धि, विशेषकर कविता के विकास के चरमोत्कर्ष का काल था। थाङ काल चीनी कविता के इतिहास में एक नया युग था, विशेषतः बौद्ध धर्म की कविताओं की रचना का स्वर्णयुग था। इस काल में कविता की वैचारिक विषय-वस्तु और काव्य कला दोनों अपने उत्कर्ष पर पहुंचे। थाङ राजवंश तक बौद्ध धर्म काफी विकसित हो चुका था और श्वेन त्साङ, ह्वई नङ आदि कई प्रसिद्ध बौद्ध भिक्षु हुए। भारतीय बौद्ध धर्म का चीनीकरण हो चुका था और वह चीनी विशेषता वाला बौद्ध धर्म बन चुका था। थ्येनथाइ संप्रदाय, योगागार संप्रदाय, ह्वायेन (Huayan) संप्रदाय, ध्यान संप्रदाय और जिंगटू संप्रदाय आदि बन चुके थे। इनमें से ध्यान संप्रदाय का प्रभाव सबसे व्यापक और गहरा था। ध्यान संप्रदाय ने चीनी ताओ धर्म के अभौतिकवाद का सारतत्व ग्रहण किया, बौद्ध धर्म के शून्यवाद का और अधिक विकास किया तथा चीनी कवियों के सोचने के तरीके एवं चीन के परंपरागत साहित्य पर बहुत गहरा प्रभाव डाला।

यह ध्यान देने की बात है कि कन्फ्यूशियसवाद, बौद्ध और ताओ ये तीनों धर्म थाङ राजवंश की विचारधारा और संस्कृति के स्रोत रहे। इनमें से बौद्ध धर्म के ध्यान संप्रदाय का थाङ काल की कविता पर सबसे अधिक प्रभाव पड़ा। थाङ काल में कई भिक्षु कवि हुए और उनकी रचनाएं भी बहुत ज्यादा हैं। इनमें से कई कविताओं में अलग अलग मात्रा में ध्यान संप्रदाय

का अर्थ निहित है। थाङ काल के ह्वई नङ को चीनी बौद्ध धर्म के ध्यान संप्रदाय का वास्तविक प्रणेता माना जाता है। उन्होंने पुराने जमाने के जटिल संस्कारों का सरलीकरण किया, साथ ही कठिन तपस्या पर जोर न देकर 'धर्म अपने मन के अंदर ही है', 'केवल धार्मिक ग्रंथों का पाठ काफी नहीं है' आदि सिद्धांतों का प्रतिपादन किया और बिना बाह्य आडम्बर के अपने स्वयं तप से जल्दी बुद्ध बनने का रास्ता दिखाया। इस कारण बहुत से लोग उनके अनुयायी बने। इसके साथ ही ह्वई नङ ने 'बौद्ध सुत्र मानव रचित है', 'मनुष्य ही बुद्ध बनता है', 'बुद्ध का दर्शन करना है तौ जनता में देखो', 'जीवन को न जानने वाला लाख प्रयत्न के बाद भी बुद्ध नहीं ढूंढ सकता' आदि विचारों का प्रतिपादन किया। इन विचारों ने बौद्ध धर्म की रहस्यवादिता और उसपर थोड़े लोगों के एकाधिकार की स्थिति को भारी धक्का पहुंचाया तथा बौद्ध धर्म को लोकाव्यापी और सांसारिक बनाया, जिसमें वह जनता के बीच गहरा पैठा और सामाजिक वास्तविकता के निकट आया। सांसारिकता और आम जनता के निकट पहुंची भिक्षुओं की काव्य रचनाएं सामाजिक समस्याओं को प्रतिफलित कर सकीं और जनता के दिल की बात कह सकीं। हान शान, शी द और फाङ युआन आदि भिक्षु कवियों ने ह्वई नङ के विचारों को उत्तराधिकार में ग्रहण किया। वाङ वेइ, पाइ जूयी आदि पर भी ह्वई नङ का गहरा प्रभाव पड़ा। इसके अलावा ध्यान संप्रदाय के कवि अक्सर कविता में अपने मन का भाव व्यक्त करते थे। वे भौतिक वस्तुओं का सहारा लेकर ध्यान मत का वर्णन करते थे। उनकी कविता की पंक्तियों के पीछे ध्यान मत छुपा होता था। इस प्रकार उन्होंने रचना कर्म का नया तरीका और कविता की नयी विशेषता का सृदन किया।

थाङ काल के महान कवि वाङ वेइ (701-761) जीवन भर बौद्ध धर्म और ध्यान संप्रदान के उपासक रहे। विशेष रूप से उनकी परवर्ती काल की कविताओं पर बौद्ध धर्म का गहरा प्रभाव पड़ा। उनकी कविता में ध्यान संप्रदाय की भाषा ही नहीं, बल्कि उसका मत भी मिलता है। वह कविता की भाषा के द्वारा धार्मिक संकल्पनाओं और मनोभावनाओं को व्यक्त कर सके, साथ ही साथ बौद्ध धर्म की संज्ञान की पद्धति की सहायता से कविता की अभिव्यक्ति की पद्धति को समृद्ध कर सके। इस प्रकार उन्होंने काव्य कला को एक नया आयाम दिया। उनकी कविताएं बहुत समृद्ध हैं। परवर्ती काल के लोगों ने उन्हें कवि बुद्ध का उपनाम दिया। एक उदाहरण प्रस्तुत है-

अधेड़ावस्था में ताओ में मन लगाया,
दक्षिण पर्वत पर दिन बिताने आया।
जब खुश होता घूमने चल पड़ता,
सुंदर दृश्य का अकेले उपभोग करता।
चलते-चलते पहुंचा जहां, जलधारा होती निशेष,
बैठ वहीं देखता उड़ते मेघों को अनिमेष।
मिला जंगल में एक वृद्ध मुझे अचानक,
हंसते बतियाते भूला मैं वापस जाना तक।

इस कविता में नदी और पर्वत के सुंदर दृश्य का वर्णन है। कवि ने अपनी अधेड़ावस्था

में सांसारिक जीवन से ऊब जाने के बाद बौद्ध धर्म अपनाकर भीड़-भाड़ से दूर चुङ नान पर्वत पर अपने बंगले में रहकर जनशून्य पहाड़, नदी और दूर तक फैले खेतों की सुंदरता में खो जाने का वर्णन किया है। इस कविता में न केवल चित्रात्मकता है, बल्कि कवि की असाधारण उदात्त भावना भी इसमें दिखाई पड़ती है। बहते पानी के साथ साथ चलती हुई जलधारा के लुप्त हो जाने पर कवि वहीं बैठ जाता है। उसी समय ऊपर बादलों पर दृष्टि पड़ते ही कवि के मन में ध्यान मत की चेतना का उदय होता है। संसार में सब कुछ अस्थाई और परिवर्तनशील है, एक जन्म लेता है तो दूसरा नष्ट होता है।

पाइ जूयी भी थाङ राजवंश के प्रसिद्ध भिक्षु कवियों में से एक हैं। उन्होंने युवावस्था में ही बौद्ध धर्म और ध्यान का अध्ययन करना आरंभ कर दिया था। सरकारी उच्चाधिकारी बनने के बाद अधिकारियों की आपसी राजनीति और छीन-झपट में कई बार मात खाने पर वह बौद्ध के और भी समीप आए तथा सांसारिक लड़ाई-झगड़े से दूर जाने की राह पर चल पड़े एवं वृद्धावस्था में और भी पक्के बौद्ध उपासक बन गए। वह भी अपने समय के कवियों में सिरमौर थे और अपनी व्यंग्य कविता तथा नई युए फू शैली के लिए राजमहल से लेकर आम जनता के बीच तक जाने जाते थे। खोखली प्रसिद्धि के पीछे न भागने, जीवन-मृत्यु की चिंता न करने और परिस्थितियों का धैर्यपूर्वक सामना करने का पाइ जूयी का स्वभाव उनकी कविताओं में प्रतिबिम्बित होता है। पाइ जूयी ने अपने जीवन में बहुत अधिक कविताएं लिखीं, जिनमें से 3 हज़ार से ज्यादा कविताएं अभी मिलती हैं। थाङ राजवंश के कवियों में पाइ जूयी की रचनाओं की संख्या सब से अधिक है। कविताओं की संख्या बहुत अधिक होने के कारण यहां केवल उनकी चार पंक्तियों की एक कविता 'धवल (सफेद) मेघ का झरना' का उल्लेख करूंगा---

थियेन फिङ पर्वत पर एक धवल मेघ का झरना,
मस्ती से बादल का उड़ना, धीरे पानी का बहना।
क्यों दौड़ती पर्वत से नीचे जाने को जलधार,
लहर बढ़ाने जनजीवन में, दुख जिसका खुद अपरम्पार।

तात्पर्य यह है कि लोगों के जीवन में पहले से बहुत परेशानियां हैं, उसमें और ज्यादा 'लहरें' बढ़ाने की क्या आवश्यकता है। कवि की इस भावना से संसार को त्यागकर लौकिकला से दूर रहने की बौद्ध धर्म की भावना को दर्शाता है।

थाङ राजवंश में भिक्षु कवि इतने अधिक हुए जैसे आसमान में तारे। विश्वप्रसिद्ध कवियों में हान शान, शी द, चिङ्युन, हू कुओ, चियाओ रान, शुयान लान, छिङ चियाङ, लिङ्यी, कुआन शियु और वाङ फान चि आदि का नाम ले सकते हैं। उनकी रचनाओं की सफलता को उनके समकालीन एवं परवर्ती काल के बुद्धिजीवियों ने हमेशा महत्व दिया।

भिक्षु कवियों की ज्यादातर कविताओं पर बौद्ध धर्म एवं ध्यान संप्रदाय की छाप है तथा थाङ काल की कविता के विकास पर उनका काफी महत्वपूर्ण प्रभाव है। हान शान की

कविताओं का प्रभाव बहुत अधिक था। उनकी कविता के बारे में कहा जाता है कि 'कविता में ध्यान है, ध्यान में कविता है।' सामाजिक विरोधाभासों को प्रतिबिम्बित करने की दिशा में इनका सक्रिय योगदान है। उनकी एक कविता प्रस्तुत है---

लंबी-लंबी ठंडे पर्वत की राह,
सूने-सूने पहाड़ी नदी के तट।
चूं-चूं अक्सर बोले पाखी,
भांय-भांय और अधिक सन्नाटा।
सांय-सांय चेहरा सहलाती हवा,
झर-झर तन पर गिरती बरफ।
दिनों दिन देखा नहीं सूरज,
सालों साल जाना नहीं वसंत।

यह कविता हान शान की प्रतिनिधि रचनाओं में से एक है। इसमें पर्वतीय अंचल के सुंदर दृश्य और कवि के निर्लिप्त मनोभाव का वर्णन है। पूरी कविता में शीत और अकेलेपन का भाव भरा है। पर्वत, नदी, पक्षी, मनुष्य, हवा और बर्फ का वर्णन हो या फिर प्राकृतिक दृश्य और मनोभावों का वर्णन हो, सबकी अपनी-अपनी विशेषता है, वर्णन अति सुंदर है, ऐसा लगता है, मानो एक चित्रकथा हो। इस कविता में अकेलेपन और निर्लिप्तता का भाव प्रातिनिधिक रूप से बौद्ध कविता की विशेषता को दर्शाता है।

सुङ राजवंश के समय चीनी बौद्ध धर्म फिर भी एक अपेक्षाकृत समृद्ध अवधि में था, कविता के विकास में बौद्ध धर्म फिर भी एक महत्वपूर्ण भूमिका निभाता था। इस काल के कवि थाङ राजवंश के भिक्षु कवि अपना नमूना मानते थे। उन कविओं ने थाङ राजवंश की कविताओं की परंपरा विरासत में पाते हुए नया विकास भी शुरू किया। इस अवधि में बौद्ध धर्म थाङ राजवंश की तरह उतना लोकप्रिय नहीं था, लेकिन बौद्ध धर्म का प्रभाव समाज के हर कोने, हर क्षेत्र पर पड़ चुका था। बौद्ध धर्म का प्रभाव अधिक व्यापक हो गया।

सुङ राजवंश के भिक्षु कवियों में ज्यादातर ध्यान मत मिलता है, यह सुङ कविता की एक बड़ी विशेषता है। सुङ कवियों का काव्य सिद्धांत और उनको काव्य कला ने ध्यान संप्रदाय से जन्म लिया था। उदाहरण के लिए प्रसिद्ध कवि यान यु की नीली लहर की कविता ध्यान सिद्धांत पर आधारित काव्य की प्रतिनिधि रचना है। जिस का बहुत अधिक प्रभाव पड़ा। इसे काव्य की सर्वश्रेष्ठ कृति माना जाता है। काव्य समीक्षा करते समय वह 'सतकाव्य' और 'धर्मग्रंथ' पढ़े बिना बुद्धत्व पर जो ज़ोर देते थे, उसका बौद्ध धर्म के 'तुरन्त' और 'पोथी के कम महत्व' में था। पोथी के कम महत्व का अर्थ यह नहीं है कि धर्मग्रंथों की आवश्यकता नहीं है, बल्कि इसका अर्थ है कि अपने मन की बात प्रकाश करते समय धर्मग्रंथ पर निर्भर न रहकर, सीधे व्यक्त करना। चाहे इसको उपमा द्वारा व्यक्त करें अथवा प्राकृतिक दृश्य के वर्णन के माध्यम से, वास्तिवक जगत

और निश्चित प्राकृतिक वातावरण के द्वारा चेतना लाभ करके शब्द के बाहर समृद्ध दर्शन का सिद्धांत प्राप्त करें। यान यु ने काव्य रचना, विशेषकर काव्य की कलात्मकता की उन्नति की दिशा में काफी महत्वपूर्ण योगदान दिया है।

सुङ राजवंश के बौद्ध धर्म से प्रभावित कवियों में सबसे प्रसिद्ध, सबसे प्रातिनिधिक और सबसे सफल कवि सू शी (1037-1101) हैं। उन्होंने बौद्ध धर्म का अध्ययन किया था। खासकर भाग्य टेढा होने की वजह से सरकारी अधिकारी बनकर भी आपसी राजनीति में कई बार मात खाकर बौद्ध धर्म में उनकी आस्था और ज्यादा बढ़ गई। उन्होंने अक्सर बौद्ध और ताओ धर्मों की विचारधारा में सान्त्वना खोजी तथा विशाल हृदय में जीवन दर्शन का परिचय दिया। उनकी कविता पर ध्यान शैली की छाप है। उनकी एक कविता प्रस्तुत है---

जीवन में जो कुछ भी देखा, सभी एक सा पाया।
जैसे उड़ता हंस कोई उतर बरफ़ पर आया।।
पंजों के चिह्न कभी वह छोड़ बरफ़ पर जाता।
उड़ा हंस जब कौन जानता, फिर कब इस दिशा आता।।
वृद्ध भिक्षु अब रहा नहीं, वह मरकर कबर समाया।
लिखे कभी जो शब्द दीवार पर, अब नहीं देख न पाया।।
गुज़रे दिनों के टेढ़े-मेढ़े रास्ते, क्या कभी याद हैं आते।
लंबी राह का थका मुसाफिर, जों रेंकता गधा चले लंगड़ाते।।

यह सू शी की एक प्रसिद्ध कविता है, जिसमें जीवन के प्रति कवि के उच्छ्वास तथा बीते समय के प्रति मोह का वर्णन है।

सुङ राजवंश के बाद से लेकर मिंग और छींग राजवंशों तक बुहतेरे प्रतिभासन्पन्न व्यक्ति हुए, लेकिन उनकी सफलता थाङ और सुङ राजवंश की सीमा से बाहर न जा सकी। इनमें अंतर यह था कि य्वान, मिंग और छींग राजवंशों में समाज के विकास के साथ साथ विभिन्न राष्ट्रों एवं देशों के बीच दिनों दिन बढ़ते आदान प्रदान, शिक्षा एवं संस्कृति के लगातार विकास तथा कन्फ्यूशियलवाद एवं ताओ धर्म के साथ बौद्ध धर्म के और भी प्रगाढ़ संगम के कारण विभिन्न विचार एवं संप्रदाय लौकिकता व समाजीकरण की दिशा में विकसित हुए। अतएव पुराने जमाने में साहित्यिक व्यंजना की मुख्य शैली कविता का धीरे धीरे सरलीकरण हो गया और उसका स्थान सुङ काल की त्छ कविता, नाट्यकला और उपन्यास ने ले लिया।

संक्षेप में, चीन में कई बौद्ध भक्त कवि हुए और उनका इतिहास भी पुराना है। उन्होंने एवं उनकी काव्य रचनाओं ने समाज के विरोधाभासों को उभारने, जनता के दुखों को प्रतिबिम्बित करने और कविता की विषय-वस्तु तथा रचना शिल्प को समृद्ध करने आदि पहलुओं पर महत्वपूर्ण प्रभाव डाला और चीनी संस्कृति के विकास और समृद्धि में किसी सीमा तक अपनी भूमिका निभायी। वे चीनी संस्कृति के अविभाज्य अंग हैं।

चीनी बौद्ध भिक्षु कवि और उनकी भक्ति परंपरा

संत ज्ञानेश्वर भारत के प्रसिद्ध भक्त कवि हैं। भगवदगीता पर मराठी में लिखी उनकी टीका से उनकी भक्ति विचारधारा और दर्शनशास्त्र में गहरी पैठ का परिचय मिलता है। उन्होंने विष्णु की प्रशंसा में 'हरिपाठ' आदि भक्ति कविताएं भी लिखी हैं। ज्ञानेश्वर निस्सन्देह भारत के प्रसिद्ध भक्त कवियों में एक हैं। भाषा और शैली की दृष्टि से भी उनकी रचनाओं की अपनी अलग विशेषता है। उन्होंने एक नए युग का सूत्रपात किया। वह सदा हमारे मन में बसे रहेंगे, हमें उन्हें याद रखना है।

भारत के भक्त कवियों की रचनाओं ने न केवल साहित्य के धार्मिक स्वरूप को बढ़ाया, अपितु साहित्य की विषय-वस्तु और लिखने की शैली को भी समृद्ध किया। परवर्ती साहित्य और लोक-मानस पर इन सबका गहरा प्रभाव पड़ा है।

मैं आज इस अवसर पर चीनी बौद्ध भिक्षु कवियों और उनकी भक्ति परंपरा के बारे में दो शब्द कहना चाहता हूं, ताकि भारत में चीन के बारे में जानकारी और अधिक बढ़े, जिसमें चीन-भारत सांस्कृतिक आदान प्रदान सुदृढ़ करने तथा चीन-भारत मैत्री के लगातार विकास में सहायता मिले।

यद्यपि चीन के इतिहास में भारत जैसी भक्ति लहर कभी नहीं रही, तथापि कई बौद्ध भक्त कवि ऐसे हुए, जो अपनी काफ़ी रचनाएं छोड़ गए हैं। परवर्ती काल में लोगों ने उन्हें भिक्षु कवि का नाम दे दिया। यह सर्वविदित है कि चीन का इतिहास बहुत लंबा है, उसकी संस्कृति बहुत शानदार है। बौद्ध धर्म ने चीनी संस्कृति के विकास में महत्वपूर्ण भूमिका निभाई। चीनी दर्शन, कला, स्थापत्य, रीति रिवाज़ और साहित्य आदि पर उसका प्रभाव पड़ा। पिछले दो हज़ार वर्षों से विशेषकर वेइ और चिन राजवंश के काल से बौद्ध भिक्षु कवियों और संन्यास की विचारधारा से प्रभावित प्रसिद्ध कवियों ने ढ़ेरों प्रसिद्ध और उत्तम रचनाएं लिखीं। चीनी कविता के विकास और चीनी संस्कृति के विकास में इनका बड़ा योगदान है।

चीनी कविता के विकास का इतिहास बहुत लंबा है। थाङ राजवंश और सुङ राजवंश के काल में आकर बौद्ध भिक्षु कवियों ने जितनी ज्यादा रचनाएं लिखीं, वह और भी अभूतपूर्व था। बाद में य्वान, मिंग और छींग राजवंशों, यहां तक कि चीनी गणराज्य काल तक भी बौद्ध भिक्षु कवियों की रचनाएं काफी मात्रा में रची जाती रहीं। धर्म से प्रभावित होने के कारण भिक्षु कवियों की जीवन दृष्टि सांसारिक जीवन दृष्टि से बिलकुल अलग थी और वस्तुओं और घटनाओं के प्रति उनका अपना विशेष दृष्टिकोण था। इसलिए सांसारिक कवियों की रचनाओं की तुलना में उनकी रचनाओं में भाव से लेकर विस्तार तक अपना अलग विचार वैशिष्ट्य है। उनकी शैली बिलकुल अलग है, विषय-वस्तु, अद्भुत है, काव्य कला असाधारण एवं उनकी रचनाओं में एक निर्लिप्तता है। लेकिन चूंकि ये लोग राजनीति से काफ़ी दूर रहते थे और सांसारिक विषयों की ओर ध्यान नहीं देते थे, इसलिए काफी संभव था कि उनकी और ध्यान आकर्षित न हो। जो अपने काव्य-संग्रह छोड़ गए हैं, ऐसे कुछेक भिक्षु कवियों को छोड़कर बाकी सभी की रचनाएं ज्यादातर उस काल के काव्य संकलन ग्रंथों में मिलती हैं, या फिर बौद्ध भिक्षु की जीवन कथाओ में मिलती हैं।

पूर्वी चिन राजवंश के कवि बो ताओयो को ऐसी कविता के प्रतिनिधियों में गिन सकते हैं। उदाहरण के लिए उनकी एक कविता प्रस्तुत है---

हज़ारों मील तक फैली पर्वतमाला,
समुद्र किनारे पहुंचता जंगल हरियाला।
बादल ढक लेते पर्वत को उड़ते-उड़ते,
राह कठिनतर करती तेज़ हवा बहते-बहते।
घने कोहरे में डूबी झोंपड़ी देती न दिखाई,
मुरगे की आवाज़ ही बताती रहती यहां मानव कोई।
टहलते-टहलते पहुंचा जब उस राह पर,
राख के ढेर पड़े दिखाई जहां-तहां पर।
तब समझा पीढियों से रहते लोग यहां,
पुरखों का वंश अटूट लगातार जहां।

इस कवि में वन और पर्वत के दृश्य की विशेषता का वर्णन है। इसकी भाषा सरल है एवं पहाड़ और जंगल के रस से भरपूर है। कवि ने वास्तविक जीवन से अलग अपने हृदय का भाव इस कविका में व्यक्त किया है। इसकी शैली नई और आनंदपूर्ण है, इतनी आकर्षक है कि पढ़कर जी नहीं भरता।

थाङ राजवंश का काल चीनी साहित्य की समृद्धि, विशेषकर कविता के विकास के चरमोत्कर्ष का काल था। थाङ काल चीनी कविता के इतिहास में एक नया युग था, विशेषतः बौद्ध धर्म की कविताओं की रचना का स्वर्णयुग था। इस काल में कविता की वैचारिक विषय-वस्तु और काव्य कला दोनों अपने उत्कर्ष पर पहुंचे।

थाङ राजवंश के बौद्ध भिक्षु कवि वाङ फ़ानचि (लगभग सन् 590-660 तक) वास्तविक नाम फ़ान थियेन, थाङ काल के प्रसिद्ध भिक्षु कवि हैं। वाङ फ़ानचि और उनकी पांच शब्दों की पंक्ति वाली कविताओं का थाङ एवं सुङ काल से भिक्षु समुदाय तथा जनसाधारण के बीच हमेशा स्वागत हुआ। मिंग राजवंश के बाद कहीं जाकर धीरे धीरे लुप्त हो गई। वाङ फ़ानचि ने 'बुरे को दंडित, भले को पुरस्कृत करने' की कविता की सामाजिक भूमिका पर बड़ा जोर दिया। उनकी कई कविताओं में समाज की असंगत बातों एवं लोगों के दिमाग में बसे कुविचारों का चाहे कटाक्ष और व्यंग्य से या फिर बेदरदी से साहसपूर्वक भंडा फोड़ दिया गया है और लोगों को अच्छे कार्य करने के लिए प्रेरित किया गया है। इस प्रकार धीरे धीरे तीक्ष्ण कविता की एक शैली तैयार हो गई, जिसने बुराइयों को दूर करने की भूमिका निभाई। वाङ फ़ानचि की कई कविताओं में बौद्ध धर्म की प्रशंसा और प्रचार किया गया है। कुछ में लोगों को भले काम करने की प्रेरणा है, कुछ में कर्मफल की अनिवार्यता की बात है और कुछ कविताओं में बौद्ध धर्म के सिद्धांतों की व्याख्या की गई हैं। उनकी कविताओं पर धर्म का गहरा रंग है। एक शब्द में वाङ फ़ानचि की कविताओं की विषय-वस्तु बहुत समृद्ध है। उनमें बौद्ध धर्म के सिद्धांतों की प्रशंसा भी

है, तो वास्तविक जीवन के विरोधाभासों को बेनकाब करने और जनता के दुखों को प्रतिबिम्बित करने वाली कविताएं भी हैं। कभी कभी व्यंग्यात्मक शैली का सहारा लेकर समाज की गलत बातों का पर्दाफाश करके लोगों को स्वस्थ वातावरण बनने की सलाह भी दी गई है। इस तरह उनकी कविताओं में किसी सीमा तक वास्तविकता निहित है। उनकी एक कविता प्रस्तुत है---

आसमान में चमके सूरज, सबका घर चमकाए।
अमीर चढे गाड़ी घोड़ा, गरीब पैदल बोझा ढ़ाए।।
धनी वही, पूर्व जन्म में जिसने अच्छा काम बोया।
कंजूस या जो गरीब हुआ, वह सारा पैसा खोया।।
अमीर-गरीब में फरक बड़ा है, जैसा किया वैसा पाया,
बढ़िया खाना-कपड़ा मिलता, उसको जिसने पुण्य कमाया।
ज़ानी जन तो स्वर्ग चले, अज्ञानी मार तो नरक समाया।।

यह कविता वाङ फ़ानचि की प्रतिनिधि रचनाओं में से एक है। पूरी कविता में तुलनात्मक शैली के द्वारा बौद्ध धर्म में कर्मफल की अनिवार्यता की विचारधारा की व्याख्या की गई है। आरम्भिक दो पंक्तियों में समाज में गरीब और अमीर के बीच जमीन-आसमान के अंतर की व्स्तुनिष्ठ वास्तविकता को तुलना के द्वारा साफ़ साफ़ दिखाया गया है। बीच की तीन पंक्तियों में कर्मफल की अनिवार्यता के बौद्ध धर्म के सिद्धांत के आधार पर ऐसी स्थिति होने का कारण बताया गया है-जैसा किया वैसा पाया। अंतिम दो पंक्तियों में लोगों को इस जन्म में अच्छे काम करके पुण्य संचय करने की सहाल दी गई है, ताकि अगले जन्म में इसका लाभ मिले। कविता में गरीब और अमीर के बीच जो जमीन-आसमान का अंतर दिखाया गया है उसमें हमें सामंतवादी समज को समझने में महत्वपूर्ण सहायता मिलती है।

विद्वानों के आकलन के अनुसार, बड़ी संख्या में उपलब्ध इनकी अमर कविताएं थाङ राजवंश की समस्त कविताओं का दसवां हिस्सा है। अर्थात् उनकी संख्या लगभग 5 हज़ार है। जिनके नाम मालूम हैं, ऐसे भिक्षु कवियों की संख्या 100 से कम नहीं है और जिन ग्रंथों का उल्लेख लिखित अभिलेखों में मिलता है, ऐसे ग्रंथों की संख्या 40 से अधिक है। उनके लिखे शब्दों और काव्य संकपनों की संख्या थाङ राजवंश की उपलब्ध कविताओं का बीसवां हिस्सा है। रचनाओं के लुप्त हो जाने की समस्या बहुत गंभीर है, इसलिए जिन कवियों की अपनी कविताओं के स्वतंत्र संकलन हैं, उनमें केवल हान शान, चियाओ रान, कुआन शियु, छी यी और वाङ फ़ानचि आदि हैं।

बौद्ध भिक्षु कवियों की कुछ कविताओं में समाज के विरोधाभासों को बेनकाब किया गया। उदाहरण के लिए हान शान की यह कविता---

एक अमीर कंजूस
उसकी मुट्ठी हरदम बंद
सड़ रहा गोदाम में अनाज, पर
न दे किसी को मुट्ठी भर।
मन में दुराशय लेकर खरीदता
चुन-चुन बढ़िया रेशमी कपड़ा।
अंत समय में बची-खुची ताकत से
उड़ाता भिनभिनाती मक्खियां।

इस कविता में कवि ने पत्थर दिल अमीरों का पर्दाफाश किया है और उन्हें आवेश के साथ अवहेलनापूर्ण ढंग से कोसा है। ज्यादातर अमीर दिनभर पैसे के पीछे दौड़ते हैं, उनके लालच की कोई सीमा नहीं है। वे धर्म की ओर मन नहीं लगाते, पुण्य संचय नहीं करते, गरीबों को दान भी नहीं देते। यहां तक कि अगर उनके गोदाम का अनाज सड़ भी रहा हो, फिर फी 'न दे किसी को मुट्ठी भर', उल्टे मन में दुराशय लेकर खरीदता चुन चुन बढ़िया रेशमी कपड़ा की तरह मन में दुराशय लेकर जमाखोशी और कालाबाजारी करते हैं, अनाज का दाम ऊंचा चढ़ा देते हैं और मौके का फायदा उठाकर पैसा बनाते हैं। यह स्वाभाविक ही है कि लोग ऐसे पत्थर दिल अमीरों की अवहेलना करें। अंत समय में बची-खुची ताकत से उड़ाता भिनभिनाती मक्खियां। कविता में प्रतिबिम्बित सामाजिक विरोधाभास उस काल में व्यापक तथा प्रातिनिधिक या और वर्तमान में भी इसका पर्यवेक्षण मूल्य है।

एक शब्द में वेइ, चिन, स्वई और थाङ काल से कन्फ्यूशियसवाद, बौद्ध धर्म और ताओ धर्म तीनों का संगम और परस्पर आदान प्रदान दिन पर दिन बढ़ता और फैलता रहा। कुछ कवि कन्फ्यूशियसवाद को मानने के साथ साथ बौद्ध धर्म में भी आस्था रखते थे। इस प्रकार कन्फ्यूशियसवाद, बौद्ध धर्म और ताओ तीनों धर्म मिलकर एकीभूत हो गए। कन्फ्यूशियसवाद के वास्तविकता के प्रति रुझान और दरिद्र-सेवा के विचार, बौद्ध धर्म के बैराग्य और जनसाधारण को दुखसागर पर कराने के विचार तथा ताओ धर्म के निष्क्रियता और संन्यास के विचार इत्यादी ने कवियों को हर पहलू से पोषण तत्व दिए, कविता की विषय-सामग्री व विषय-वस्तु को और भी समृद्ध किया तथा काव्य रचना को अंतहीन स्रोत व प्रेरणा दी।

सुङ राजवंश के समय चीनी बौद्ध धर्म फिर भी एक अपेक्षाकृत समृद्ध अवधि में था, कविता के विकास में बौद्ध धर्म फिर भी एक महत्वपूर्ण भूमिका निभाता था।

उक्त मैं ने सू शी की एक कविता का हवाला किया, जिसमें जीवन के प्रति कवि के उच्छ्वास तथा बीते समय के प्रति मोह का वर्णन है। कविता के प्रथम चार चरणों में छोटे भाई को दिए गए उत्तर का वर्णन है। कवि ने उड़ते-फिरते अस्थिर हंस के रूपक के माध्यम से बताया है कि यद्यपि बरफ़ के ऊपर हंस अपने पंजों के निशान छोड़ जाता है, तथापि वह निशान बहुत देर तक नहीं रहता। कवि अपने भाई को सलाह देते हैं कि ऐसा मत पूछो कि 'लोग याद आते हैं या नहीं', मानव जीवन भी इसी प्रकार अस्थाई है, पूरे जीवन में न जाने कितनी जगहें बदलनी

पड़ती हैं। सामंतवादी समज में न जाने कितने साहित्यकारों को इस प्रकार का स्थायित्वहीन जीवन बिताना पड़ता था। बौद्ध धर्म की मान्यता के अनुसार मानव जीवन क्षणभंगुर है, विश्व में कोई भी वस्तु सदा के लिए नहीं रह सकती, कोई वस्तु ऐसी नहीं, जो बिना बदले हमेशा एक की रहती है, सभी कुछ जीवन-मृत्यु के चक्र में समाहित है। मनुष्य को दुख-सुख से निरपेक्ष रहकर स्वाभाविक रूप से जीवन बिताना चाहिए। कवि आज सरकारी पद पर आसीन हुआ, वैसे तो यह कोई गौरव की बात नहीं, फिर भी इससे पहले शन छी जाते समय जैसी कठिन हालत का सामना करना पड़ता था। उसकी तुलना में आज का दिन स्पष्टः गौरवपर्ण है। लेकिन पता नहीं कब बुरे दिन लौट आएं, कल की बात कोई नहीं जानता। मानव जीवन के प्रति कवि का ऐसा मत काफी पहले ही बन चुका था, इसलिए परवर्ती जीवन में कई बार मुसीबत में पड़ने पर भी उन्होंने आशावाद के साथ स्वाभाविक रूप से उसका सामना किया।

सुङ राजवंश के बाद से लेकर मिंग और छींग राजवंशों तक बुहतेरे प्रतिभासन्पन्न व्यक्ति हुए, लेकिन उनकी सफलता थाङ और सुङ राजवंश की सीमा से बाहर न जा सकी। इनमें अंतर यह था कि य्वान, मिंग और छींग राजवंशों में समाज के विकास के साथ साथ विभिन्न राष्ट्रों एवं देशों के बीच दिनों दिन बढ़ते आदान प्रदान, शिक्षा एवं संस्कृति के लगातार विकास तथा कन्फ्यूशियलवाद एवं ताओ धर्म के साथ बौद्ध धर्म के और भी प्रगाढ़ संगम के कारण विभिन्न विचार एवं संप्रदाय लौकिकता व समाजीकरण की दिशा में विकसित हुए। अतएव पुराने जमाने में साहित्यिक व्यंजना की मुख्य शैली कविता का धीरे धीरे सरलीकरण हो गया और उसका स्थान सुङ काल की त्छ कविता, नाट्यकला और उपन्यास ने ले लिया।

आधुनिक काल में बौद्ध धर्म व चीनी संस्कृति का संबंध अभी भी काफी प्रगाढ़ है। आधुनिक चीन में बौद्ध संस्कृति का विकास भी अपने समय की विशेषता लिए हुए है। समाज के सुधार, देशवासियों की नैतिकता के उन्नयन एवं लोगों में निस्स्वार्थता तथा निडरता की भावना पैदा करने में बौद्ध शास्त्र की विचारधारा का उपयोग करने की कोशिश हुई है। निस्संदेह उसके अपेक्षाकृत समृद्ध द्वन्द्ववाद, सुगठित तर्कशास्त्रीय विश्लेषण प्रमाण पद्धति विवेकसंगत तत्वों का आधुनिक चीनी संस्कृति के विकास में संदर्भात्मक योगदान है।

बौद्ध भिक्षु कवियों के विशिष्ट प्रतिनिधि के रूप में सु मानशु आदि का नाम ले सकते हैं। सु मानशु (1884-1918) को चीन में भिक्षु कवि कहा जाता है। वह बौद्ध धर्म, विशेषकर ध्यान संप्रदाय के दृढ़ अनुयायी थे और पूरे जीवनभर उनके व्कतव्यों में और कार्यों पर इसका बड़ा प्रभाव पड़ा था। वे थाङ राजवंश के भिक्षु कवियों हान शान, शी द आदि से प्रभावित थे। उन्होंने उनकी परंपरा को आगे बढ़ाया और कविता एवं उपन्यास रचना पर ज़ोर दिया। उनकी रचनाएं बौद्ध धर्म के विचारों से भरी पड़ी हैं। यहां तक कि उन्होंने अपनी कविताओं में बौद्ध धर्म की भाषा का भी प्रयोग किया है। उदाहरण के लिए उनकी प्रतिनिधि कविता के रूप में मान्य उपहार नामक कविता में 'जूट की चप्पल' और 'भिक्षु पात्र ' जैसे शब्दों का व्यवहार किया गया है जो पूरी तरह से बौद्ध धर्म की भाषा है।

सु मानशु उपन्यास लेखक भी थे। उन्होंने अपने जीवन में कई प्रसिद्ध उपन्यास लिखे। विषय-वस्तु के रूप में ज्यादातर बौद्ध धर्म की कहानियों का उपयोग उनके उपन्यासों की

विशेषता है। उनकी रचनाओं के नायक व नायिका अंत में भिक्षु-भिक्षुणी बन जाते हैं। उनकी रचनाओं में कई साम्राज्यवाद विरोधी और सामंतवाद विरोधी विचार हैं, जिन्होंने अपने काल में बड़ी सकारात्मक भूमिका निभाई। इस प्रकार उनकी कविताएं और उपन्यास एक समय बहुत लोकप्रिय थे। उन्होंने न केवल साम्राज्यवाद विरोधी और सामंतवाद विरोधी लड़ाई में अपनी भूमिका निभाई, बल्कि चीनी संस्कृति के भंडार को भी समृद्ध किया।

संक्षेप में, चीन में कई बौद्ध भक्त कवि हुए जिन का इतिहास भी पुराना है। उन्होंने एवं उनकी काव्य रचनाओं ने समाज के विरोधाभासों को उभारने, जनता के दुखों को प्रतिबिम्बित करने और कविता की विषय-वस्तु तथा रचना शिल्प को समृद्ध करने आदि पहलुओं पर महत्वपूर्ण प्रभाव डाला और चीनी संस्कृति के विकास और समृद्धि में किसी सीमा तक अपनी भूमिका निभायी। वे चीनी संस्कृति के अविभाज्य अंग हैं।

बौद्ध धर्म और चीनी विज्ञान व प्रौद्योगिकी, कला

बौद्ध धर्म और चीनी चिकित्सा, खगोलीय कैलेंडर

चीन का चिकित्सा शास्त्र सदैव उन्नत रहा है और दुनिया में प्रसिद्ध है। चीन में बौद्ध धर्म के प्रवेश के बाद भारतीय चिकित्सा शास्त्र के जानकार कई बौद्ध भिक्षु बौद्ध धर्म के प्रचार प्रसार के उद्देश्य से चीन आए। इस तरह क्रमिक रूप से भारतीय चिकित्सा के सिद्धांत, उपचार की पद्धति, औषधि आदि से चीनी जनता परिचित हुई। पूर्वी हान वंश के अंतिम वर्षों में आन शी काओ ने 'शरीर के 404 रोगों का ग्रंथ' नामक भारतीय पुस्तक का चीनी भाषा में अनुवाद किया। भारत से न केवल चिकित्सा सिद्धांत और उपचार की पद्धति चीन में आई, बल्कि कुछ भारतीय चिकित्सकों ने भी चीन में आकर व्यापार शुरू किया, यहां तक कि चीनी सम्राट का इलाज भी किया। स्वई राजवंश के ऐतिहासिक अभिलेखों में नागार्जुन की उपचार विधि 'पश्चिमी क्षेत्र के विभिन्न ऋषियों की उपचार विधि ', 'पश्चिमी क्षेत्र के ब्राह्मण ऋषियों की उपचार विधि' आदि ग्रंथ का वर्णन मिलता है। चीनी प्रसिद्ध चिकित्सा ग्रंथ 'मटेरिया मेडिका का संग्रह' में भी भारत से आई औषधि का नाम मिलता है। सुङ राजवंश के दौरान चीन में भारतीय चिकित्सा किताबें भी प्रचलित थीं। चीन में बौद्ध धर्म के प्रवेश के उपरांत नेत्ररोग के उपचार की विधियों से चीन परिचित हुआ। इन सब से चीन और भारत के बीच चिकित्सा संबंधी आदान प्रदान और एक दूसरे से सीखने को आगे बढ़ाया गया।

चीन और भारत में खगोल विद्या और कलंडर बहुत विकसित थे। चीन में इतिहास की रिकॉर्ड शुरू होने से पहले ही खगोलीय कैलेंडर का विज्ञान शुरू हो गया। ओरेकल हड्डी स्क्रिप्ट से हम 3 हज़ार साल पहले का कैलेंडर जान सकते हैं। भारतीय कैलेंडर चीन में आने के बाद प्राचीन चीनी लोगें ने उसे महत्व दिया। यहां तक कि 7-8 शताब्दी ईस्वी में भारत से कुछ खगोल विद्या चीन में काम करने के लिए आए। कई भिक्षु भी खगोल विद्वान थे।

पहले उल्लेख किया गया है कि भारत में खगोल विद्या का इतिहास बहुत पुराना है और कामयाब भी है। खासकर गुप्ता राजवंश के दौरान खगोल विज्ञान का अत्यधिक विकास हुआ। आर्यभट ने एक सौर वर्ष का समय 365.3596895 दिन निश्चित किया, जो आधुनिक

अनुमान के बराबर है। उनका मानना था कि पृथ्वी न केवल अपनी धुरी पर चक्कर लगाता है, बल्कि सूर्य की चारों ओर भी चक्कर लगाता है। वराहमिहिर भी एक प्रसिद्ध खगोलशास्त्री थे। वे आर्यभट के साथ एक ही काल में रहते थे। वे ग्रीक और रोमन खगोल विज्ञान जानते थे और उन्होंने राशिचक्र सीख लिया। भारतीय खगोल विज्ञान में खगोलीय पिंडों के आंदोलन का वर्णन भी किया गया था।

चीन दुनिया में खगोल विज्ञान जगत में विकसित देशों में से एक है। मध्य नवपाषाण युग के दौरान चीनी पूर्वजों ने खगोलीय घटना का निरीक्षण शुरू किया और इसके आधार पर स्थान, समय और ऋतु निश्चित किया। शांग राजवंश के दौरान ओरेकल हड्डी स्क्रिप्ट में सौर और चंद्र ग्रहणों की रिकॉर्ड की गई थी और दुनिया में सबसे प्रारम्भिक नोवा रिकॉर्ड भी। यह विकसित कैलेंडर से संबंधित है, क्योंकि विकसित कैलेंडर के बिना मौसम की पहचान, लोकेशन की निश्चितता और तारों का निरीक्षण अच्छी तरह से नहीं किया जा सकता। बौद्ध धर्म के साथ भारत से खगोल विज्ञान की पुस्तकें भी चीन में परिचित हुईं। चीनी कैलेंडर विकसित तो थी, लेकिन भारतीय कैलेंडर को भी काफी महत्व दिया गया। विद्वानों के मुताबिक, चीन के वेइ और चिन राजवंशों से स्वई और थाङ राजवंशों तक चीन और भारत के बीच लगातार घनिष्ठ आदान प्रदान रहा। इस अवधि में भारतीय खगोल विज्ञान की पुस्तकों का अनुवाद भी चीनी भाषा में किया गया। उदाहरण के लिए 'स्वई राजवंश की पुस्तक' की नामसूची में 21 'ब्रह्म खगोलीय सूत्र' और 1 'ब्रह्म खगोल विज्ञान' किताब शामिल हैं। इसके अलावा चीनी भाषा में अनूदित बौद्ध सूत्रों में भी खगोल विज्ञान के बारे में चर्चा की गई, भारतीय खगोल विज्ञान और कैलेंडर का परिचय किया गया। इन किताबों के अनुवाद से ज़ाहिर है कि उसी समय चीन में बहुत लोगों ने भारतीय खगोलीय विज्ञान जान लिया। लेकिन जब भारत से इन खगोल विज्ञान से संबंधित किताबें चीन में आईं, तब चीन में खगोल विज्ञान भी बहुत विकसित था। इसलिए क्या भारतीय खगोल विज्ञान पर चीन का प्रभाव पड़ा था या नहीं, इसके बारे में अब तक कोई भी संबंधित सामग्री नहीं है।

भारतीय खगोलीय कैलेंडर बहुत लंबे समय से पहले चीन में आया, इसके बाद चीनी खगोलीय कैलेंडर के विकास में अवश्य सहायता मिली थी, लेकिन चीनी खगोलीय कैलेंडर वैज्ञानिक मुख्य तौर पर अपनी परंपरा और अनुभव के आधार पर खगोलीय कैलेंडर का विकास किया। वे विदेशी अकादमिक उपलब्धियों को सीखने पर ध्यान देते थे, लेकिन सरल रूप से नकल नहीं किया, बल्कि पाचन और परिपाक करके विकास और अभिनव किया। उदाहरण के लिए चीनी भिक्षुओं द्वारा बनाया गया डायेन (Dayan) कैलेंडर भारतीय नवग्रह कैलेंडर से ज्यादा वैज्ञानिक और परिष्कृत है।

निस्संदेह है कि भारतीय खगोल विज्ञान ने चीनी खगोल विज्ञान के विकास में एक सकारात्मक भूमिका निभाई थी, लेकिन चीनी खगोलशास्त्रियों ने मुख्य तौर पर अपनी परंपरा और वास्तविक निरीक्षण के आधार पर खगोल विज्ञान का अनुसंधान और विकास किया।

कैलेंडर विज्ञान और खगोल विज्ञान एक दूसरे से अलग नहीं किया जा सकता। कैलेंडर का विकास खगोल विज्ञान के व्यावहारिक अनुप्रयोग से विभाजित नहीं हो सकता। चीन में

बहुत समय से पहले से ही कैलेंडर बनाया गया, ऐतिहासिक रिकॉर्ड शुरू होने से पहले खगोलीय कैलेंडर विज्ञान की शुरुआत हो गई। ओरेकल हड्डी स्क्रिप्ट से अब हम 3 हज़ार साल पहले चीनी कैलेंडर जान सकते हैं। भारतीय खगोल विज्ञान और कैलेंडर आने से पहले चीन में कैलेंडर का बड़ा विकास हो चुका है, लेकिन फिर भी चीन में भारतीय खगोल विज्ञान और कैलेंडर पर ध्यान दिया गया और उसका इस्तेमाल किया गया। थाङ राजवंश के दौरान चीन में सरकार ने खगोलीय घटना का निरीक्षण करने और कैलेंडर बनाने के लिए विशेष विभाग भी स्थापित किया। भारतीय विद्वानों ने भी इस विभाग में काम किया था। चीनी ऐथिहतिहासिक उल्लेख के मुताबिक, 7वीं से 8वीं सदी तक भारत के दो विद्वान चीन में काम करते थे। उन दोनों ने चीन में कैलेंडर बनाने और भारतीय पंचांग का अनुवाद करने में सहायता की। थाङ राजवंश के दौरान ज्यादा बौद्ध सूत्रों का चीनी भाषा में अनुवाद किया गया, बौद्ध सूत्रों में भारतीय खगोलीय कैलेंडर का बहुत उल्लेख मिलता है। भारतीय खगोल विज्ञान स्वभाविक रूप से चीनी खगोल विज्ञान के विकास के लिए लाभदायक है।

खगोलीय कैलेंडर और गणित शास्त्र से भी संबंधित है। भारतीय गणित शास्त्र चीन में आने के बाद प्राचीन चीनी वैज्ञानिकों ने इसे महत्व दिया। उदाहरण के लिए 'ब्राह्मण गिनती शास्त्र', 'ब्रह्म कलन विधि' आदि किताबों का अनुवाद स्वई राजवंश के दौरान ही चीनी भाषा में किया गया। इनका सक्रिय प्रभाव भी पैदा हुआ। हम गणित सीखते समय 1,2,3,4,5,6,7,8,9 नौ अरबी नंबर और '0' यह प्रतीक सबसे पहले सीखते हैं। वास्तव में भारतीय लोगों ने '0' का आविष्कार किया। फिर अरबी लोगों ने भारत से '0' सीख लिया और उसे भारतीय नंबर कहते थे। फिर अरबी लोगों ने इसे यूरोप में परिचित किया, इसलिए यूरोपीय लोग उसे अरबी नंबर कहते हैं। इसलिए भारतीय गणित ने न केवल चीन पर, बल्कि पूरी दुनिया पर प्रभाव डाला।

बौद्ध धर्म और चीनी मूर्तिकला, पैगोडा, मंदिर, चित्रकला, संगीत, नृत्य आदि कला

चीन और भारत दोनों देशों में बौद्ध कला विकसित थी। लेकिन चीनी कला का विकास भारतीय बौद्ध धर्म से प्रभावित हुआ था। ऐतिहासिक रिकॉर्ड के अनुसार, प्राचीन भारतीय भिक्षु न केवल बौद्ध धर्म और बौद्ध सूत्र चीन में लाए, उन में कुछ खुद भी कलाकार थे, वे चीन में विभिन्न कला भी लाए। चाहे वास्तुकला, मूर्तिकला, चित्रकला क्षेत्रों में पर या संगीत, नृत्य और नाटक आदि क्षेत्रों पर, इन सब पर भारत का बहुत प्रभाव पड़ा।

बौद्ध मूर्तिकला

प्राचीन काल में चीन और भारत में मूर्तिकला का विकास अलग तौर पर हो रहा था। चीनी मूर्तिकला का इतिहास भी बहुत पुराना है। पूर्व छिन राजवंश काल में ही चीनी मूर्तिकला बहुत उच्च स्तर पर पहुंची। चीन के श्येनशी प्रांत में स्थित सम्राट छिन शीह्वांग (Qin Shihuang) का मकबरा और टेराकोटा वारियर्स व घोड़े संग्रहालय इसका एक सबूत है। इसे विश्व सांस्कृतिक इतिहास का एक बड़ा चमत्कार कहा जाता है। पूर्वी हान राजवंश के बाद चीनी मूर्तिकला और भारतीय मूर्तिकला के बीच संपर्क हुआ, जिससे चीनी मूर्तिकला में परिवर्तन हुआ। बौद्ध धर्म के

साथ भारत से गांधार मूर्तिकला भी चीन में आई, जिससे चीनी मूर्तिकला में भारतीय विशेषता दिखाई देने लगी। युनगांग बौद्ध गुफा समूह इसका एक नमूना है। युनगांग बौद्ध गुफा समूह की खुदाई 4वीं शताब्दी में शुरू हुई। ऐतिहासिक रिकॉर्ड के अनुसार, न केवल इसका पैटर्न भारत से लाया गया, बल्कि भारतीय भिक्षुओं ने काटने के काम में भी भाग लिया। युनगांग बौद्ध गुफा समूह बहुत भव्य है, जिसे तीन पूर्वी मूर्तिकला में से एक माना जाता है। युनगांग बौद्ध गुफा समूह में गांधार शैली की विशेषता दिखाई जाती है, क्योंकि उसी समय गुप्ता राजवंश की कला में गांधार शैली की विशेषता शामिल की गई। यह कला चीन में आने के बाद चीनी जनता की रचनात्मकता, बुद्धि और ज्ञान ज्यादा अच्छे रूप से दर्शाई गई। चीनी परंपरागत मूर्तिकला और भारतीय कला का मेल हो गया। ऐसा कहा जाता है कि भारतीय मूर्तिकला चीन की धरती पर ज्यादा आगे बढ़ाई गई, चीनी जनता की क्षमता पूरी तरह से अमल में लाई गई। चिन राजवंश के बाद बौद्ध कला का प्रसार और विकास चीन में लगातार रहा, जिससे चीनी कला में विषय-वस्तु से स्वरूप तक, सिद्धांत से अभ्यास तक बड़ा बदलाव हुआ। मूर्तियां और भित्ति चित्र न केवल राजमहल और कब्र में बनाए जाते थे, बल्कि गुफाओं और मंदिरों आदि भवनों में भी। दक्षिणी और उत्तरी राजवंशों के दौरान चीन में बौद्ध धर्म का बड़ा विकास हुआ, मूर्तिकला को भी काफी महत्व दिया गया, चीन में मूर्तिकला का विकास उच्च स्तर पर पहुंचा। वर्तमान में बरामद कुछ प्राचीन गुफा समूहों को प्राचीन कला का खजाना माना जाता है, लोंगमन (Longmen) बौद्ध गुफा समूह और युनगांग बौद्ध गुफा समूह का काटना उत्तरी वेइ राजवंश के दौरान शुरू हुआ, जो आज भी दुनिया में प्रसिद्ध हैं। स्वई और थाङ राजवंशों के दौरान मूर्तिकला अधिक प्रतिभाशाली बन गई। खासकर वू जेथ्येन प्रशासन के काल में बौद्ध मूर्तिकला अपने चरमोत्कर्ष पर पहुंच गई। वू जेथ्येन ने बौद्ध मूर्तियां बनाने का प्रोत्साहन किया, इसलिए बहुत बढ़िया बौद्ध मूर्तियां बनाई गईं। चीन के स्छ्वान प्रांत में स्थित लेशान (Leshan) विशाल बुद्ध दुनिया में प्रसिद्ध है, इसे थाङ राजवंश में खोदा गया और खोदने में 90 साल लगे थे, इसकी ऊंचाई 71 मीटर है, दुनिया में सबसे बड़ा बुद्ध कहा जा सकता है।

भारत में ज्यादातर विशाल बुद्ध प्रतिमा भी बौद्ध गुफाओं में स्थित हैं, जैसे प्रसिद्ध अजंता गुफा समूह और एलोरा गुफा समूह में। गुफा खोदकर बौद्ध मूर्तियां बनाने की कला चीन में जारी रहा। उत्तरी वेइ राजवंश से स्वई और थाङ राजवंश तक बहुत महान काम पूरा किया। उक्त युनगांग बौद्ध गुफा समूह और दुनह्वांग के हज़ार बौद्ध गुफाएं इस कला का चीन में प्रवेश होने का परिणाम है। इन गुफाओं में बढिया बौद्ध मूर्तियों से हमें चीन और भारत संस्कृतियों का मेल देखने को मिलता है।

बौद्ध पैगोडा और मंदिर का चीन में प्रवेश

चीन में बौद्ध पैगोडा और मंदिर का निर्माण बौद्ध धर्म से संबंधित था। बौद्ध पैगोडा और मंदिर का निर्माण, वास्तुकला, मूर्तिकला ये सब बौद्ध धर्म के साथ चीन में आए। 4वीं-6वीं शताब्दी ईस्वी चीन में कई जगहों में भव्य पैगोडा और मंदिर का निर्माण किया गया। दुनिया में प्रसिद्ध दुनह्वांग, युनगांग और लोंगमन आदि गुफा समूह चीनी मूर्तिकला के खजाने हैं।

चीन-भारत सांस्कृतिक आदान प्रदान

चीन में पैगोडा का निर्माण भारत से सीखा गया है। संस्कृत में पैगोडा को स्तूप कहलाते हैं। भारत में सबसे पहले शरीर दफ़नाने के लिए स्तूप का निर्माण किया जाता था, इस लिए इसे शरीर स्तूप भी कहलाते थे। भारतीय स्तूप अर्धवृत्ताकार के थे, लेकिन चीन में आकर चीनी संस्कृति के प्रभाव में स्तूप का आकार बदल गया, जिससे एक नई वस्तुकला शैली स्थापित हुई। चीन में आकर स्तूप सबसे पहले मंदिरों में लकड़ियों से बनाए जाते थे, जिनका आकार समकोण का था। बाद में षट्कोण और अष्टकोण का आकार भी दिखाई गया। स्वई राजवंश और थाङ राजवंश के बाद ईंट और पत्थर से पैगोडा का निर्माण शुरू किया, क्योंकि लकड़ी आसानी से आग लगती है। पैगोडा के भीतर खोखला था, ल्याओ राजवंश के बाद ठोस पैगोडा बनाए जाने लगे। सुङ राजवंश के बाद पैगोडा का निर्माण अधिक सुंदर हो गया, पैगोडा पर फूल, बुद्ध और जानवर की मूर्तियों से सजाया जाता था। यह भारत से मूर्तिकला का चीन में आने से संबंधित था।

मंदिर का पैगोडा के साथ घनिष्ठ संबंध है, मंदिर के निर्माण पर भी भारत का प्रभाव पड़ा था। आम तौर पर मंदिर और पैगोडा एक साथ बनाया जाता था, मंदिर बौद्ध अनुयायियों के पूजा करने का स्थान था, सामान्य तौर पर पैगोडा मंदिर के केंद्र में स्थित है, जो बुद्ध भवन के साथ मंदिर का मुख्य शरीर माना जाता था। थाङ राजवंश के दौरान बौद्ध धर्म के ज्यादा विकास से बौद्ध मंदिर का निर्माण भी शानदार और भव्य हो गया। एक मंदिर में कई आंगन हैं, कुछ मंदिरों में तीन आंगन हैं, बड़े मंदिर में दस आंगन हैं। मिंग राजवंश और छींग राजवंश में बौद्ध मंदिर के निर्माण में कोई बड़ा बदलाव नहीं हुआ।

चित्रकला

बौद्ध धर्म चीन में आने के बाद चीनी चित्रकला पर भी प्रभाव पड़ा। चीनी धार्मिक चित्र भारत से संबंधित थे। ऐतिहासिक रिकॉर्ड के अनुसार भारत से आए कई भिक्षु चित्रकार भी थे। भारत में चित्रकला की जड़ मंदिर में थी, चीन में आने के बाद सबसे पहले भी मंदिरों में चित्र बनाए जाते थे। दक्षिणी और उत्तरी राजवंशों, स्वई राजवंश और थाङ राजवंश में, चित्रकार अकसर मंदिरों के लिए चित्र बनाते थे, चित्रों के विषय आम तौर पर बौद्ध कहानी, भगवान और भूत के बारे में थे। बौद्ध चित्र कला मुख्य तौर पर भित्ति चित्र थे। थाङ राजवंश तक भित्ति चित्र से बौद्ध सूत्रों की कहानी दिखाई जाती थी। इस दौरान कई प्रसिद्ध चित्रकार भी थे।

बौद्ध धर्म के शुरूआत समय में भारतीय लोग बुद्ध के चित्र और मूर्तियां नहीं बनाते थे, बाद में यूनानी कला के प्रभाव में उत्तर-पश्चिम भारत में यूनानी शैली पत्थर बुद्ध मूर्तियां बनाई जाती थीं, फिर पूरे भारत में यह कला प्रसारित हुई। बौद्ध धर्म की लोकप्रियता के साथ यह कला भी चीन में आई, पहले शिनच्यांग में, फिर भीतरी चीन में प्रसारित हुई। चीनी लोग न केवल बौद्ध मूर्तियां बनाते थे, बल्कि अर्हत् मूर्तियां और भूत व देवता मूर्तियां भी। चीनी लोग न सिर्फ पत्थर से, बल्कि मिट्टी से भी मूर्तियां बनाते थे। भारत में बौद्ध धर्म के प्रसार से लोग गुफाएं खोदते थे, गुफाओं में भी मूर्तियां और भित्ति चित्र बनाते थे। यह परंपरा भी चीन में आई। भित्ति चित्र बनाते की रस्म भी चीन में परिचित हुई, लोंगमन गुफा समूह और युनगांग गुफा समूह आदि इसके

उदाहरण हैं।

चीन में बौद्ध धर्म का लागतार प्रसार से चीनी बौद्ध कला पर भी लगातार असर पड़ता रहा, जिससे चीन की चित्रकला विकसित हो गई। खास कर वेइ और चिन राजवंशों, दक्षिणी व उत्तरी राजवंशों के दौरान, चीनी चित्रकला का स्तर लगातार बढ़ता रहा। चित्र बनाने का स्थान राजमहल और कब्र से गुफाओं और मंदिरों में पहुंचा, चित्रों का विषय भी शासकों के जीवन से धार्मिक विषय बना। चित्रकला आम लोगों के जीवन के बहुत नज़दीक आई। चीनी चित्रकारों ने चीनी चित्रकला की परंपरा के आधार पर भारतीय बौद्ध चित्र भी सीखा। इससे कई प्रसिद्ध चित्रकार सामने आए। इन चित्रकारों को अपनी विभिन्न विशेषता थी, लेकिन वे सब बौद्ध चित्र बनाने में निपुर्ण थे। इन चित्रकारों में छाओ बुशिंग (Cao Buxing), वेइ श्ये (Wei Xie), गु खाईजी (Gu Kaizhi), लू थानवेइ (Lu Tanwei), त्सांग सेंगयाओ (Zhang sengyao), त्सान जीयू (Zhan ziyu) बहुत प्रसिद्ध थे। छाओ बुशिंग को चीन में बौद्ध चित्र का प्रथम पूर्वज माना जाता है। निम्न लेख में मैं कुछ चित्रकारों का परिचय करूंगा।

उत्तरी छी राजवंश के काल में एक प्रसिद्ध चित्रकार थे, उनका नाम है छाओ जोंगडा। उनके चित्रों में लोगों के कपड़ों के वलन बहुत असली लगते हैं, जैसे कपड़े पानी में भीगकर शरीर से चिपटते हैं, साथ ही पारदर्शी भी लगते हैं। उत्तरी छी राजवंश के काल में छाओ जोंगडा सबसे श्रेष्ठ चित्रकार थे, उनके चित्र में कपड़े के निचे गिरने का झुकाव दिखाया जाता है। कलाकारों का मानना है कि उनके चित्रों पर गांधार कला शैली का प्रभाव पड़ा है।

छाओ बुशिंग तीन राज्य काल में एक प्रसिद्ध चित्रकार थे। बताया जाता है कि सम्राट ने उन्हें एक स्क्रीन पर चित्र खींचने का आदेश दिया। उन्होंने लापरवाही से स्याही की एक बूंद स्क्रीन पर गिराई। इसलिए उन्होंने स्याही की इस बूंद को एक मक्खी के रूप में खींचा। जब सम्राट आए, उन्हें लगा कि यह एक असली मक्खी है, उसे भगाने की कोशिश की, लेकिन मक्खी नहीं उड़ गई।

वू दाओजी, चीनी लोग उन्हें चित्रकार संत मानते हैं। बचपन में ही उनके माता पिता मर गए। उनका परिवार बहुत गरीब था। उन्होंने मेहनत से चित्र बनाना सीखा। कहते हैं कि उन्होंने एक भिक्षु से मुलाकात की, लेकिन यह भिक्षु बहुत असभ्य और असभ्य था। वू दाओजी को क्रोध आ गया, उन्होंने मंदिर की दीवार पर एक गधे का चित्र बनाया। हर रात को यह गधा दीवार से निचे आकर चीखता था। भिक्षु बहुत परेशान था, उसने वू दाओजी से गधा का चित्र मिटाने की मांग की। वू दाओजी ने बहुत भित्ति चित्र बनाए, केवल छांगआन और लुओयांग में ही उन्होंने 300 से अधिक भित्ति चित्र बनाए। बताया जाता है कि उन्होंने छांगआन के जींगयुन मंदिर में नरक के विषय पर भित्ति चित्र बनाया, यह भित्ति चित्र इतना असली और भयंकर लगता था कि कसाई इसे देखकर भय में अपना काम त्याग दिया। उन्होंने एक दिन में ही 150 किलोमीटर लंबी जालिंग नदी का सुंदर दृश्य का चित्र बनाया। भित्ति चित्र के अलावा उन्होंने सम्राट और प्रसिद्ध विद्वानों के चित्र भी बनाए थे।

संगीत और नृत्य

चित्रकला और मूर्ति कला के अलावा, संगीत, नृत्य और कलाबाज़ी आदि क्षेत्रों में चीन ने भी भारत से सीखा था। चीन में अपनी संगीत और नृत्य परंपरा का इतिहास बहुत पुराना है, लेकिन बौद्ध धर्म आने के बाद इन क्षेत्रों में प्रभाव भी पड़ा। ऐतिहासिक रिकॉर्ड के मुताबिक हान राजवंश के बाद यह प्रभाव अधिक मज़बूत हो गया। 3वीं शताब्दी ईस्वी में ही चीन में भारतीय संगीत उपकरण लोकप्रिय था। दक्षिणी राजवंश के ल्यांग वू सम्राट भारतीय बौद्ध संगीत पर वकालत की थी, इसलिए उसी समय भारतीय संगीत और नृत्य का बड़ा पैमाना था। 'स्वई राजवंश का इतिहास' के मुताबिक 4वीं शताब्दी में ही भारत से संगीत और नृत्य दल चीन में आया। राजभवन में भी भारतीय संगीत और नृत्य का प्रदर्शन किया जाता था। थाङ राजवंश के दौरान चीन में विदेशी संगीत और नृत्य बहुत लोकप्रयि था, भारत से भी संगीत, नृत्य और कलाबाज़ी के समूह चीन में प्रदर्शन करने के लिए आए थे। चीनी ऐतिहासिक ग्रंथ 'नई थाङ राजवंश की पुस्तक', 'पुरानी थाङ राजवंश की पुस्तक' में लिखा है कि उसी समय भारत से संगीत, नृत्य और नाटक का दल चीन आया था। थाङ श्वेनजोंग के शासन काल में (8वीं सदी के आरंभ में) राजभवन के संगीत दल में भारतीय संगीत भी शामिल था। उस समय लोकप्रिय संगीत में कुची राग और भारत राग शामिल थे। 'नई थाङ राजवंश की पुस्तक', 'पुरानी थाङ राजवंश की पुस्तक' में भारतीय संगीत और नृत्य संबंधी बहुत उल्लेख मिलते हैं। इसी दौरान भारत संगीत में विभिन्न ड्रम और तारवाला वाद्ययंत्र भी बहुत प्रचलित थे। थाङ राजवंश में भिक्षुओं के बौद्ध सूत्र ज्ञान समझाते समय पास में लोग सूत्रों में कविताएं गाते थे। बाद में बौद्ध सूत्र समझाते की ये कविताएं साहित्यिक रचना बनीं और अलग होकर 'ब्येनवन' बनी। फिर बाद में उपन्यास, नाटक आदि का विकास हुआ। गाने का राग परवर्ती काल में नया राग बना।

भारतीय संगीत और वाद्ययंत्र बड़ी हद तक बौद्ध धर्म के माध्यम से चीन में आए। भारतीय संगीत का चीन में प्रवेश छिन राजवंश और हान राजवंश के दौरान में शुरू हुआ, स्वई राजवंश और थाङ राजवंश के दौरान चीन में भारतीय संगीत का विकास शिखर पर पहुंचा, फिर य्वान राजवंश और मिंग राजवंश के दौरान इस का पतन हुआ। प्रवेश का मार्ग सीधा नहीं, बल्कि पश्चिम क्षेत्र से चीन में हुआ। चीनी अनुदित सद्धर्मपुण्डरीक सूत्रों में बांसुरी, वीणा, पीपा और झाल आदि वाद्ययंत्रों के उल्लेख मिलते हैं। ये यंत्र दुनह्वांग गुफाओं के भित्तिचित्र और युनगांग के प्रस्तर पर उत्कीर्ण मूर्तियों में भी मिल सकते हैं। भारतीय संगीत वाद्य चीन में आने के बाद चीन के परंपरागत संगीत में भी बड़ा परिवर्तन हुआ। पीपा वाद्ययंत्र भारत और फारस दोनों देशों में मिलता है। संस्कृत में इसके लिए शब्द है भार्भु, जो पीपा से ध्वनि में मिलता जुलता है। वीणा वेदयुग का एक प्रतिनिधि वाद्ययंत्र है और इसका चीन में प्रवेश भी हान राजवंश के दौरान हुआ। शीघ्र ही लोकप्रिय बना। हान राजवंश के एक संगीतकार ने वीणा के लिए खोंग हऔइन (वीणा के लिए संगीत) नामक संगीतलिपि लिखी। उत्तरी वेइ राजवंश काल में पत्थरों में उत्कीर्ण मूर्तियों में हमें बहुत से संगीतकारों के हाथों में वीणा देखने को मिलती है। भारत के बौद्ध धर्म के तीर्थस्थान बौद्धगया की खुदाई में प्राप्त पत्थर की मूर्तियों में भी वीणा-वादन करता हुआ आदमी दिखता है। दोनों के बीच समानताएं आकस्मिक नहीं हैं, इन दोनों में निश्चित रूप से सांस्कृतिक

संबंध के सूत्र मिलते हैं। चीनी ऐतिहासिक ग्रंथ 'नई थाङ राजवंश की पुस्तक', 'पुरानी थाङ राजवंश की पुस्तक' में लिखा है कि उसी समय भारत से संगीत, नृत्य और नाटक का दल चीन आया था। थाङ श्वेनजोंग के शासन काल में (8वीं सदी के आरंभ में) राजभवन के संगीत दल में भारतीय संगीत और नृत्य भी शामिल था, जैसे ब्राह्मण संगीत आदि। उक्त से हमें पता चल सकता है कि भारतीय संगीत लंबे समय से पहले ही चीन में आया और लोकप्रिय भी बना।

चीन में आने के बाद भारतीय संगीत और नृत्य का चीनीकरण हुआ। चीन में प्रसिद्ध 'सफेद पंख वस्त्र का मधुर संगीत (Melody of White Feathers Garment)' इसका एक उदाहरण है। ऐतिहासिक रिकॉर्ड के मुताबिक सन् 754 में भारत से आए 'ब्राह्मण गीत' का समायोजन करके 'सफेद पंख वस्त्र का मधुर संगीत' रचा गया। 'सफेद पंख वस्त्र का मधुर संगीत' राजमहल में पैदा हुआ, लेकिन साहित्यकार वर्ग के सभी लोग इसे पसंद करते थे। 'सफेद पंख वस्त्र का मधुर संगीत' एक प्रतीकात्मक संगीत और नृत्य है।

थाङ राजवंश में राजमहल नृत्य का विकास शिखर पर पहुंचा। कलात्मक उपलब्धि के दृष्टिकोण से 'सफेद पंख वस्त्र का मधुर संगीत' सबसे श्रेष्ठ है। प्रसिद्ध कवि पाइ जूयी ने इसकी बहुत प्रशंसा की थी।

स्वई राजवंश और थाङ राजवंश के दौरान विदेशी संगीत और नृत्य का चीन में अहम स्थान था।

कलाबाजी और जादू

भारतीय कलाबाजी बहुत लंबे से पहले ही चीन में आयी। 'अमर की कहानियां' के अनुसार चिन राजवंश के दौरान भारत से कई लोग चीन में आए। वे जादू कर सकते थे, वे अपने ज़बान काटकर फिर जोड़ सकते थे, कपड़े काटकर फिर बहाल कर सकते थे, वस्तुओं पर आग लगाकर वस्तुओं को नुकसान नहीं पहुंचा कर सकते थे, मुंह से आग थूक सकते थे। कुछ भिक्षु भी कलाबाजी और जादू के ज़रिए बौद्ध धर्म का प्रसार प्रचार करते थे। 'पुरानी थाङ पुस्तक' में ऐसी रिकॉर्ड है कि चीन में कलाबाजी और जादू मुख्य तौर पर पश्चिम, खास कर भारत से आया है। हान राजवंश के दौरान भारत से जादूगर चीन में आने लगे।

चीनी जादू भी बहुत पुराना और समृद्ध था, लेकिन बौद्ध धर्म से भारतीय जादू चीन में आने के बाद चीनी जादू अधिक समृद्ध हो गया। चीनी जादू की शुरुआत ईसा पूर्व पश्चिमी हान राजवंश के काल में हुई। पूर्वी हान राजवंश में भारतीय जादू बौद्ध धर्म के साथ चीन में आया।

भारतीय बौद्ध धर्म से प्रभावित होने के कारण चीन में कमल के बारे में भी बहुत जादू थे। बताया जाता है कि भारत से आए प्रख्यात भिक्षु फ़ो तुछेंग ने कमल का जादू किया था। इसके अलावा प्रख्यात भिक्षु कुमारजीव ने भी रस्सी का जादू किया था।

भारतीय जादू ने न केवल बौद्ध धर्म के प्रसार में मदद की, बल्कि चीनी लोगों की दृष्टि को चौड़ा किया।

दूसरा, भारत में चीनी संस्कृति

चीन और भारत विश्व की चार प्राचीन सभ्यताओं में से दो हैं। दोनों पड़ोसी देश भी हैं। दोनों के बीच आदान प्रदान 2वीं शताब्दी ईसा पूर्व में ही शुरू हुआ था। दोनों के बीच सरकारी आदान प्रदान है और गैर सरकारी आदान प्रदान भी है, भौतिक सांस्कृतिक आदान प्रदान है और आध्यात्मिक सांस्कृतिक आदान प्रदान भी। इताहिसा के लंबे समय में दोनों देशों की जनता ने एक दूसरे से सीखा, आवाजाही बनाए रखा, जिससे न केवल अपने सांस्कृतिक विकास पर सक्रिय प्रभाव पड़ा, बल्कि दोनों देशों ने वैश्विक सांस्कृतिक विकास में भी महत्वपूर्ण योगदान दिया।

1980 के दशक में मैंने भारत की यात्रा की थी, उसी समय अनेक भारतीय दोस्तों ने मुझ से यह कहा कि प्राचीन समय में चीन पर भारत का प्रभाव पड़ा, आधुनिक समय में भारत पर चीन का प्रभाव पड़ा। यह कहना ठीक तो लग रहा था, लेकिन ध्यान से कुछ विचार करके पता चला कि यह कहना चतुर्मुखी नहीं था, सच के अनुरूप नहीं था। मैंने उसे समझाया कि प्राचीन समय में भारत ने चीन से भी सीखा था और आधुनिक समय में चीन भी भारत से सीख सकता है। हम सब सहमत थे कि प्राचीन समय में चीन पर भारत का बहुत प्रभाव पड़ा, चीन ने भारत से बहुत कुछ सीखा, यह सच है। लेकिन इस दौरान भारत पर चीन का प्रभाव भी पड़ा था। ऐसा कहा जा सकता है कि प्राचीन समय से आज तक चीन और भारत एक दूसरे से सीखते रहे, एक दूसरे की अच्छाइयां सिखकर अपनी कमियां पूरी करते रहे, कठिन समय में एक दूसरे का समर्थन करते रहे। दोनों देशों के बीच यह सांस्कृतिक संबंध दुनिया में बहुत कम मिलता है।

कुछ दिन पहले मैंने कई ऐसे लेख पढ़े, जिनमें सिर्फ चीन पर भारत के प्रभाव के बारे में चर्चा की गई, यह तो महत्वपूर्ण है, लेकिन भारत पर चीन का प्रभाव नहीं बताया गया। चीन और भारत दोनों प्राचीन सभ्यता वाले देश हैं, दोनों के बीच आदान प्रदान होता रहता है, दोनों के बीच प्रभाव पारस्परिक है, एकतरफा नहीं हो सकता। इससे पहले मैंने 'प्राचीन समय में चीन-भारत सांस्कृतिक आदान प्रदान और इसका प्रभाव' किताब में चर्चा की थी, आज यहां मैं भारत पर पड़े चीन के प्रभाव के बारे में फिर से कुछ लिखूंगा।

ची श्येनलिन ने स्पष्ट रूप से कहा था कि चीन पर भारत का प्रभाव व्यापक और गहरा है, आज तक भी कमज़ोर नहीं हुआ। लेकिन भारत पर चीन का प्रभाव बहुत कम मिलता है।

इसलिए बहुत लोगों की नज़रों में चीन-भारत आदान प्रदान एकतरफा है। लेकिन यदि हम गहराई से अध्ययन करें, तो पता चलेगा कि यह सच नहीं है। इतिहास के प्रति चीन और भारत का रुख बिल्कुल अलग है। मार्क्स ने कहा था कि प्राचीन भारत का कोई इतिहास नहीं है। इसलिए भारत में चीन के प्रभाव के बारे में बहुत कम ऐतिहासिक रिकॉर्ड मिलती है।

लेकिन फिर भी कुछ सुराग तो मिल सकता है। ची श्येनलिन ने इस के बारे में बहुत अध्ययन किया और समृद्ध व सराहनीय कामयाबियां भी हासिल की हैं। बेशक इस क्षेत्र में चीन और भारत के विद्वानों को और ज्यादा अनुसंधान करने और लगातार कामयाबियां हासिल करने की ज़रूरत है।

प्राचीन भारतीय किताबों में 'चीन' के बारे में उल्लेख है। उदाहरण के लिए, भारतीय महाकाव्य 'महाभारत' में 'चीन' के घोड़े और सैनिकों का उल्लेख मिलता है। इसके अलावा 'रामायण' और 'मनुस्मृति' में भी 'चीन' के बारे में रिकॉर्ड मिलती है। प्राचीन समय में भारतीय लोग चाइना को 'चीन' कहलाते थे। ऐसा अनुमान है कि 'चीन' शब्द चीनी भाषा के 'छिन (Qin)' से आया है। ऐसे में चीन और भारत के बीच आदान प्रदान का इतिहास छिन राजवंश और हान राजवंश (200 ईसा पूर्व) में ही शुरू हुआ था, अब तक 2 हज़ार अधिक साल रहा। इतने लंबे समय में चीनी संस्कृति का प्रभाव भारत पर ज़रूर पड़ा।

1 चीनी भौतिक संस्कृति का भारत में प्रवेश

लंबे समय के आदान प्रदान में चीन और भारत एक दूसरे से सीखते रहे, एक दूसरे से प्रभावित होते रहे। भारतीय संस्कृति का चीन पर प्रभाव पड़ा, ठीक इसी तरह चीनी संस्कृति का भारत पर भी प्रभाव पड़ा, चाहे भौतिक संस्कृति हो या आध्यात्मिक संस्कृति हो। तथाकथित भौतिक संस्कृति का मतलब है भौतिक वस्तुएं। ऐतिहासिक रिकॉर्ड के अनुसार, चीन से रेशम, इस्पात, चीनी, चाय, बांसुरी, सिंगरिफ, आडू, नाशपाती आदि भारत में आए, जिससे सकारात्मक प्रभाव पड़ा था।

हम सब जानते हैं कि चीन में सबसे पहले रेशम कीड़ा का पालन किया गया और रेशम कपड़े बनाए गए। यह वैश्विक संस्कृति में चीनी लोगों द्वारा दिया गया एक अहम योगदान है। 3 हज़ार साल पहले, यानी शांग और चो राजवंशों के दौरान, चीनी लोगों ने रेशम कीड़ा का पालन करके भव्य रेशम का उत्पादन किया। युद्धरत राज्य अवधि में चीनी रेशम दुनिया में मशहूर थे, कुछ यूरोपीय देशों में चीन को 'रेशम देश' कहा जाता था। चीनी रेशम भारत में भी गए। प्राचीन भारत की किताब 'अर्थशास्त्र' में 'चीनपट्ट (Cinapatta)' का शब्द मिलता था, मतलब है चीन में उत्पादित रेशम का बंडल। इसके अलावा संस्कृत में रेशम से संबंधित शब्द 'चीनांशुक' है, जिसका मतलब है चीनी कपड़े, रेशम कपड़े। रेशम संबंधी इन शब्दों में 'चीन' का भाग मिलता है। ज़ाहिर है कि रेशम सबसे पहले चीन में उत्पादित था। 4वीं शताब्दी ईसा पूर्व चीनी रेशम भारत में आए और लोकप्रिय भी थे। हान राजवंश के दौरान चीन के राजदूत जांग छ्येन ने

पश्चिम क्षेत्रों की यात्रा की, इससे रेशम मार्ग स्थापित किया गया। चीनी रेशम भारत में आने के बाद रेशम बनाने का तकनीक भी भारत आया, इसके बारे में बहुत सबूत हैं। ची श्येनलिन ने गहराई से अध्ययन किया, उनकी किताब 'चीन-भारत सांस्कृतिक आदान प्रदान का इतिहास' और 'चीन-भारत सांस्कृतिक संबंधों के इतिहास पर निबंध संग्रह' में पुष्टि की गई है।

चीन में बहुत समय से पहले 'चीनी' का उत्पादन किया गया। 5वीं शताब्दी ईसा पूर्व के अंत और 6वीं शताब्दी ईसा पूर्व की शुरुआत में दक्षिण चीन में गन्नों से शक्कर का उत्पादन करने का तकनीक प्राप्त किया गया था। थाङ राजवंश के दौरान, सन् 647 में मगध देश के राजदूत चीन की तत्कालीन राजधानी छांगआन में आए, उसने सम्राट थाङ थाईजोंग के सामने भारतीय गुड़ की प्रशंसा की थी। इसलिए थाङ सम्राट थाङ थाईजोंग ने भारतीय गुड़ का उत्पादन करने का तकनीक सीखने के लिए कई दूत मगध देश में भेजे। इन दूतों ने चीन वापस आने के बाद यांगचो में उत्पादित गन्नों से 'चीनी' का उत्पादन किया, इस नए तकनीक से उत्पादित चीनी का रंग और स्वाद भारतीय गुड़ से भी बेहतर थी। फिर चीन से चीनी बनाने का तकनीक भारत में परिचित हुआ। इसलिए हिन्दी भाषा में सफेद शक्कर को चीनी कहा जाता है। इससे पता चल सकता है कि प्राचीन काल में चीन और भारत ने एक दूसरे से चीनी बनाने का तकनीक सीखा था। ची श्येनलिन ने इस क्षेत्र में विस्तृत सबूत और स्पष्टीकरण किया, उन्होंने प्रसिद्ध 'चीनी का इतिहास' लिखा।

चीन में चीनी मिट्टी बनाने का इतिहास बहुत पुराना है और वह पूरी दुनिया में प्रसिद्ध है। 8वीं शताब्दी यानी थाङ राजवंश से चीन ने विदेशों में मिट्टी के बर्तन का बाज़ार खोल दिया है, उसके बाद इसका अनवरत विकास होता रहा। निस्संदेह इसका भारत के साथ भी आदान प्रदान का संबंध था। भूमि पर रेशम मार्ग के पास मध्य व पश्चिम एशिया और मिस्र में, समुद्र में चीनी जहाज़ और अरबी जहाज़ों पर लदकर हिंद महासागर के पास विभिन्न देशों में इस का प्रवेश हुआ। इन क्षेत्रों में थाङ राजवंश में उत्पादित मिट्टे के बर्तनों के टुकड़े बरामद हुए हैं। 9वीं शताब्दी से कई अरब किताबों में चीन के मिट्टे के बर्तनों के बारे में रिकॉर्ड थी। इब्नेबतूता ने अपनी किताब अल-मसलिक वाल-मामालिकॉ में चीन के समुद्रतटवर्ती क्षेत्रों के प्रसिद्ध बंदरगाहों में चीनी मिट्टी के बर्तनों की बिक्री का उल्लेख किया है, जिस में कई बार भारत का उल्लेख किया गया। भारत के कोलोमोन्डोर समुद्रीतट के अरिकामेडु की खुदाई से यह पता चला कि रोमन साम्राज्य काल में यह विदशी व्यापार का एक विकसित और विस्तृत बंदरगाह था। सन् 1937 और 1945 में अंग्रेज़ों ने यहां खुदाई का काम किया। सन् 1947-48 में फ्रांस की सरकार ने भी वहां खुदाई करवाई और वहां नौवीं सदी से दसवीं सद तक के चीन के युयेयाव नामक स्थान के मिट्टी के बर्तन मिले हैं। एक नीले रंग की छोटी देगची और नीले और सफेद रंग के बर्तन का अवशेष। सन् 1945 में अंग्रेज पुरातत्त्वशास्त्री मार्सल के नेतृत्व में तीन महीनों तक खुदाई की गई। इस उत्खनन में ऊपरी परत में सुङ राजवंश के 14 चीनी बर्तन युयेयाव स्थान के बर्तन, लोंगछुअन नीले बर्तन के अवशेष, छचौ प्रदेश के बर्तन के अवशेष प्राप्त हुए। साथ ही 11 वीं सदी से लेकर 12 वीं सदी के अंत में चुलुओ नामक चीनी स्थान के कांसे के बर्तन भी मिले। इससे स्पष्ट है चीनी मिट्टी के

बर्तन का बहुत पहले भारत में प्रवेश हो चुका था। सन् 1983 में एक भारतीय मित्र ने मुझे एक चीनी बर्तन दिखाया, जिस पर चीनी चित्राक्षर अंकित थे। यह बंगाल में पाया गया था। यह मिंग राजवंश काल का प्रतीत होता था। चीन में बने मिट्टी के बर्तन का भारत में प्रवेश हुआ था, यह यथार्थ है, हिन्दी में एक शब्द है चीनी मिट्टी, जिसका अर्थ है चीन की मिट्टी जो भारत और चीन के बीच आपसी संबंधों को संकेतित करता है।

कागज बनाने की कला भी वैश्विक संस्कृति में चीन का एक बड़ा योगदान है। दुनिया में सबसे पहले चीन ने कागज़ बनाया। 105 ईस्वी में छाई लून ने मछली पकड़ने का जाल, वृक्ष की छाल, पटसन आदि आम सामग्रियों से कागज़ बनाया। यह तकनीकी बहुत जल्दी से फैल गई। उसी समय भारत में कागज़ नहीं था, भारतीय लोग पत्र के पत्रों और पेड़ की छालों पर लिखते थे। भिक्षु यी जिंग ने भारत यात्रा के दौरान कागज़ देखा था। कागज़ चीन से भारत में आया था, लेकिन कब आया, इस सवाल पर विभिन्न विचार हैं। विद्वानों के शोध के मुताबिक कान्सू प्रांत के पश्चिम क्षेत्र लौलान, तुर्फान, काओछांग, कूचा, येरचियांग, खोतान आदि क्षेत्रों में पूराने ज़माने के कागज़ का उत्खनन हुआ है। इन खोज़ों के वर्षकाल के आधार पर यह कहा जा सकता है कि छाई लून द्वारा कागज़ के आविष्कार के तुरंत बाद कागज़ का इन क्षेत्रों में प्रसार होने लगा। चीन की सीमा के बाहर दक्षिणी एशिया और फारस, अरब आदि पश्चिमी एशिया देशों में इसका प्रचार प्रसार हुआ, भारत भी बेशक इसमें शामिल हैं।

इसके अलावा और एक मानना है कि यह तकनीक पहले तिब्बत में आया, फिर तिब्बत से नेपाल और भारत में आया। चीन के भिक्षु यीजिंग वर्ष 671 से 695 तक भारत में रहते थे, उनके भारत जाने से पहले भारत में कागज़ का उत्पादन शुरू हुआ। अर्थात 7वीं शताब्दी ईस्वी से पहले कागज भारत में आया। जो भी हो, कागज़ और इसे बनाने का तकनीक भारत में गया, यह सत्य है। कागज़ और इसे बनाने का तकनीक भारत में जाने के बाद भारतीय सांस्कृतिक विकास और चीन-भारत सांस्कृतिक आदान प्रदान आगे बढ़ाया गया।

चीन ने बहुत समय से पहले इस्पात बनाने का तकनीक पाया। वसंत व शरद काल (770-476 ईसा पूर्व) में ही चीन में लोहे की खोज की गई, युद्धरत राज्य अवधि (476-221 ईसा पूर्व) इस्पात बनाया। इन वर्षों की पुरातात्विक खुदाई से पता चला कि उसी समय इस्पात बनाने का तकनीक बहुत उन्नत था। पश्चिमी हान राजवंश के दौरान चीन में मैटलर्जिकल प्रौद्योगिकी और आगे बढ़ाई गई। भारत ने इस्पात बनाने का तकनीक भी बहुत समय पहले पाया, आर्यों ने 1100 साल ईसा पूर्व यह तकनीक भारत में लाया। संस्कृत में इस्पात को 'चीनज' कहते हैं, मतलब है चीन में उत्पादित हुआ। इसलिए यह संभव है कि इस्पात बनाने का तकनीक चीन से भारत में आया। इस्पात उत्पादित करने के क्षेत्र में चीन और भारत के बीच कब का आदान प्रदान शुरू हुआ। हान राजवंश के दौरान चीन और कश्मीर क्षेत्र ने राजनयिक संबंध भी स्थापित किए और बड़े पैमाने पर भौतिक आदान प्रदान किया। उसी समय भारत से चीन में खजाना, सफेद जेड, क्रिस्टल और सुलेमानी पत्थर का आयात हुआ। पहली शताब्दी ईस्वी में चीन से भारत में आड़ू और नाशपाती के पेड़ों का आयात हुआ। पुराने समय में भारत में नाशपाती पेड़

को चीनी राजकुमार कहते थे। आड़ू और नाशपाती चीन के गानसू प्रांत से भारत में परिचित होने की संभावना है।

चीनी आध्यात्मिक संस्कृति का भारत पर प्रभाव

आध्यात्मिक संसकृति जगत में चीन ने भारत पर प्रभाव डाला था। लेकिन इसके बारे में कम एतिहासिक रिकॉर्ड है। भारतीय विद्वानों के इस क्षेत्र में और अधिक कामयाबियां हासिल करने की आवश्यकता है। भारतीय विद्वान सुनीति कुमार चटर्जी ने इस जगत में बहुत अनुसंधान किया है, उन्होंने किताब *India and China: Anlient Contacts What India Recelved from China* में लिखा है:

'जब दो महान देशों की जनता मिली, हम कल्पना कर सकते हैं कि उनके बीच आपसी प्रभाव पड़ा था। यह प्रभाव केवल व्यापार, भौतिक आदान प्रदान से नहीं पड़ा, बल्कि मुख्य तौर पर विचारों के आदान-प्रदान, बुद्धि, विचारधारा और आध्यात्मिक आदान प्रदान से पड़ा।' 'अगर उसी समय भारत ने चीन से आध्यात्मिक पोषण नहीं पाया, तो सिर्फ इसी कारण हुआ कि उसी समय भारतीय लोगों को बुद्धि और स्वीकृति की कमी थी। इससे एक सवाल है कि चीन-भारत आदान प्रदान के इतने लंबे समय में, क्या सिर्फ चीन को समृद्ध कामयाबियां हासिल हुईं, क्या यह प्रभाव एकतरफा था, चीन ने भारत से कुछ सीखा, क्या भारत ने चीन से नहीं?' उन्होंने बहुत सही कहा। इस प्रकार भारत के एक अन्य विद्वान प्रसाद चंद्र बागची ने अपनी किताब 'भारत और चीन-सहस्त्राब्दी सांस्कृतिक संबंध' में लिखा है:

'चीन और भारत के बीच सांस्कृतिक आदान प्रदान में मुख्य तौर पर भारतीय संस्कृति का चीन पर प्रभाव पड़ा। भारतीय संस्कृति ने चीन पर इतना बड़ा प्रभाव डाला कि किसी ने नहीं सोचा कि चीनी संस्कृति ने भारत पर क्या प्रभाव डाला।' लेकिन क्या यह सच है? अवश्य नहीं। प्रसाद चंद्र बागची का मानना था:

'प्राचीन समय में भारतीय लोगों की विचारधारा पर पड़े विदेशी प्रभाव का अध्ययन करना बहुत मुश्किल है, प्राचीन किताबों में किसी विचारधारा का स्त्रोत नहीं बताया जाता, चाहे यह विचारधारा विदेश से आई थी या नहीं। भारतीय लोग अपनी ऐतिहासिक परंपरा पर विश्वास रखते थे, वे किसी विचारधारा के स्त्रोत पर ध्यान नहीं देते थे। वे सिर्फ विचारधारा पर ही ध्यान देते थे कि इस विचारधारा से उनकी संस्कृति को क्या लाभ मिल सकता था। विदेशी विचारधारा स्वीकार करना तो संभव था, लेकिन भारतीय संस्कृति के साथ इतना अच्छा मेल हुआ कि यह विचार कहां से आने का कोई सुराग अब नहीं मिल सकता।' इसी कारण से भारत में चीनी संस्कृति के प्रभाव के बारे में बहुत कम सामग्री मिलती है।

उक्त भौतिक सांस्कृतिक आदान प्रदान के अलावा, आध्यात्मिक सांस्कृतिक आदान-प्रदान क्षेत्र में चीन ने भारत पर भी प्रभाव डाला। उदाहरण के लिए इतिहास लिखने का तरीका, लेख की शैली, रहस्यमय पूजा, चित्रकला और साहित्या आदि क्षेत्रों में भारत पर चीन का प्रभाव पड़ा है। इसलिए प्रसाद चंद्र बागची का मानना था:

'सच पूछिये तो प्राचीन समय में हमें इतिहास लिखने या ऐतिहासिक क्रॉनिकल बनाने की परंपरा नहीं थी। प्राचीन इतिहास में इतिहास का उल्लेख किया गया था, लेकिन हमें पता नहीं कि वह किस शैली में लिखा गया। कुछ 'पुराण' में शासक वंश और राजाओं की नामसूची थी, लेकिन किसी विशेष राजवंश की राजनीतिक घटना और शासकों के उत्तराधिकार के अनुक्रम के बारे में कोई रिकॉर्ड नहीं मिल सकती। ऐसी सूची ऐतिहासिक क्रॉनिकल नहीं मानी जा सकती। शाही राजवंश के शासकों ने अपने को प्राचीन कुषाण राजवंश के वंशज मानते थे, शाही शासकों ने रेशम कपडों पर राजवंश का क्रॉनिकल लिखवाया गया, लेकिन मुस्लिम के आक्रमण में यह क्रॉनिकल नष्ट किया गया। श्वेन त्साङ ने इसे नीला-पीला कहते थे, नीला और पीला रेशम कपड़ों का रंग था, इन रेशम कपड़ों पर लिखने की आदत चीन से ही आई थी। कुषाण राजवंश चीन के साथ घनिष्ठ संबंध रखता था, संभव है इस क्रॉनिकल रिकॉर्ड करने का उपाय चीन से सीखा था।' उन्होंने किताब में और लिखा था:

'मध्य प्राचीन काल से ही भारत में हिंदूशाही राजा क्रॉनिकल अधिकारी नियुक्त करके अपने शासनकाल का इतिहास रिकॉर्ड करवाने लगे। कश्मीर और नेपाल में सबसे पहले क्रॉनिकल को महत्व दिया गया। राजा तरंगिनी (Rajatarangini) कश्मीर राज्य की क्रॉनिकल थी। 9वीं शताब्दी में नेपाल में विभिन्न राजवंश और विशेष राजनीतिक घटनाओं की क्रॉनिकल लिखी गई, जो कश्मीर क्रॉनिकल की तुलना में ज्यादा सटीक भी थी।' भारत के असम में भी क्रॉनिकल लिखने का तरीका था, इसलिए भीतरी भारत में यह तरीका परिचित होना कोई आश्चर्य की बात नहीं है। इसलिए बागची ने कहा कि 'राजवंश क्रॉनिकल रिकॉर्ड करना भारतीय परंपरा के लिए एक नई बात थी, लोग मानते है कि इस क्षेत्र में भारत पर चीन का प्रभाव था, क्योंकि चीन में बहुत लंबे समय से पहले यह परंपरा हुई। प्राचीन भारत में चीन से नज़दीक और चीन के साथ घनिष्ठ संबंध बनाए रखने वाले कई राजवंशों ने भी इसे सीख लिया।' यह कहना संभव है।

भारत में चीनी ताओ धर्म का प्रभाव भी पड़ा था। भारतीय विद्वान प्रसाद चंद्र बागची ने कहा कि ताओ धर्म और प्राचीन भारतीय दर्शनशास्त्र के बीच बहुत समानताएं थीं। 'चीन में गए भारतीय विद्वानों का समान विचार है कि सबसे पहले भारत से जो बौद्ध भिक्षु चीन गए, वे ताओ धर्म मंदिरों में रहते थे। इन भिक्षुओं ने भारत वापस आने के बाद ताओ धर्म ज्ञान से अपना दर्शनशास्त्र का विकास किया, यह बहुत संभव है। कुमारजीव महायान बौद्ध धर्म के अनुयायी थे, लेकिन उन्होंने ताओवादी सूत्र (Tao Te Ching) की व्याख्या लिखी।' खासकर थाङ राजवंश के दौरान ताओ धर्म में भारतीय लोगों की रुचि बढ़ गई, मध्य 7 वीं शताब्दी के आसपास, पूर्वी भारत में कुमार नामक एक ब्राह्मण ने चीनी राजदूत वांग श्वेनचे से लाओजी (Lao Zi) का एक चित्र और ताओवादी सूत्र का संस्कृत संस्करण मांगा। लेकिन भारत में ताओवादी सूत्र का संस्कृत संस्करण प्रसारित हुआ या नहीं, इस सवाल पर विवाद है, काफी सबूत नहीं है। लेकिन बागची का मानना था कि 'हम विश्वास कर सकते हैं कि ताओवादी सूत्र का संस्कृत संस्करण भारत में आया और बौद्ध रहस्यवादियों के हाथों में आया, जिन्होंने ताओ धर्म के आधार पर अपनी राय

से एक नई विचारधारा स्थापित की, इस विचारधारा के कुछ सिद्धांत महायान बौद्ध धर्म से आए थे और कुछ विदेश से। इस विचारधारा से संबंधित किताबें 7वीं शताब्दी और 12वीं शताब्दी के बीच लिखी थीं।' बागची ने कहा कि 'भारतीय लोग परवर्ती ताओ धर्म जानते थे, भारत में बौद्ध धर्म, ब्राह्मण धर्म अपने सिद्धांतों का विकास करते समय ताओ धर्म का लाभ उठाया। लेकिन इन सिद्धांतों का अभ्यास दोनों देशों के रहस्यमय समाज में सीमित था।' यह बागची का विचार है, लेकिन मुझे लगता है कि इसमें और अधिक उदाहरण दे सके हो, तो अच्छा होगा।

चीनी कला ने भारत पर प्रभाव भी डाला। भारत में गुप्त राजवंश के दौरान बनाए गए सिक्कों पर हम यह प्रभाव देख सकते हैं। भारतीय विद्वान सुनीति कुमार चटर्जी ने इस क्षेत्र में बहुत अध्ययन किया। उन्होंने कहा 'कला क्षेत्र में भी चीन के साथ भारत के संबंधों के प्रतिफलन देखने में आते हैं। गुप्तकालीन सिक्कों पर चौथी और पांचवीं सदी की गुप्त ब्राह्मी लिपि में लिखे संस्कृत के अभिलेख हैं। ये संस्कृत अभिलेख सिक्कों के किनारों पर भारतीय विधि के हैं और अक्षर बायें से दायें की तरफ लिखे गए हैं। उदाहरण के लिए संस्कृत का यह अभिलेख सिक्कों पर खुदा हुआ है। 'अप्रतिरथो राजा जित्वा महीम सुचरितेर दिवम जचति ' (अप्रतिरथ राजा ने धरती पर विजय प्राप्त कर ली और अपने सुचित्र से अब वे स्वर्गलोक पर भी विजय प्राप्त कर रहे हैं।) राजा का नाम सिक्के के बीच में खड़ी हुई मुद्रा में उसके चित्र के साथ उत्कीर्ण है और अक्षर चीनी प्रचलन के अनुसार ऊपर से नीचे की ओर लिखे गए हैं, अभिलेख की दो पंक्तियां दायें से बायें की ओर लिखी गई हैं। अभिलेख के अक्षर दो पंक्तियां में हैं और समुद्र और गुप्त ऊपर से नीचे की ओर लिखे गए हैं। बाद में चीन के थाङ राजवंश काल में बनाए गए चीनी-संस्कृत शब्दकोश में संस्कृत के शब्द भी इसी तरह लिखे गए थे। चीनी रेखाक्षर की तरह संस्कृत के अक्षर भी ऊपर से नीचे की ओर एक के बाद एक करके लिखे गए हैं। स्पष्ट है कि सिक्कों की रूपरेखा बनाने वाले ने भारतीय वर्णमाला को नई साजसज्जा के साथ प्रस्तुत किया और ऐसा प्रतीत होता है कि उसे इस सजावट की प्रेरणा चीनी चित्रलिपि की लेखनकला से मिली थी। अनुमानतः कलाकार ने चीनी चित्रलिपि देखी होगी और इस नूतन शैली से प्रभावित होकर उसने सिक्कों पर इस का अनुकरण किया होगा। अगर यह तर्क दिया जाए कि यह चीनी लेखनकला से प्रभावित न होकर कलाकार के मन में स्वतंत्र रूप में उपजा हुआ एक मौलिक विचार था, तो हम यही कह सकते हैं, हममें और चीनियों में काफी तालमेल था और समन्वय का यह इतिहास तब शुरू हुआ जब भारत और चीन के बीच आदान प्रदान विकसित अवस्था में थे। इसके अलावा कुछ गुप्तकालीन सिक्कों में उदाहणार्थ-अश्वमेध सिक्कों में घोडे का चित्र समकालीन चीनी की तरह चित्रों दिखलाया गया है। यहां भी हम चीन से समानता पाते हैं।' इससे जाहिर है कि 4वीं-5वीं शताब्दी में जब चीन और भारत के बीच आपसी संपर्क का सिलसिला जारी था, भारत की कला पर भी चीनी कला का प्रभाव पड़ा। उक्त उदाहरण से हमें पता चला सकता है कि चीन और भारत के बीच संस्कृति का आपसी प्रभाव हुआ था।

चीनी चित्रकला ने भारत पर असर डाला था। चीनी और भारतीय लोग कला के प्रति समान रुख रखते हैं। यह पारस्परिक प्रभाव का परिणाम हो सकता है। एक और बात पर ध्यान

दिया जाना चाहिए कि अजंता गुफाओं में बहुत भित्ति चित्रों के विषय फूल, फल और पेड़ हैं। लेकिन भारतीय चित्रकला में प्राकृतिक दृश्य का विषय कम है। चटर्जी का मानना है कि चीनी लोगों को बहुत लंबे समय से पहले ही खुद को प्रकृति से स्वतंत्र करने की आदत थी, इस आदत से वे तटस्थ भाव से प्रकृति का पर्यवेक्षण कर सकते थे, इसलिए चीनी लोग लंबे समय से पहले प्राकृतिक दृश्य के चित्र करने लगे, लेकिन भारतीय कला में इसकी कमी है।' इसके अलावा 'हर्षचरित' में भी लिखा गया है कि चीनी चित्रकला भारत में आई। 'थाङ राजवंश से फारस चीनी कला पंसद करता था, चीनी चित्रकला की शैली की नकल भी की। यह शैली फिर फारस से भारत में आई। भारत के फूल और पक्षी चित्रों पर चीनी चित्रकला का प्रभाव पडा।' इसलिए चीनी और विदेशी विद्वान मानते थे कि न केवल अजंता गुफाओं के भित्तिचित्रों में चीनी शैली है, बल्कि हो सकता है कि कुछ चीनी चित्रकार इसे बनाने में भी भाग लिया।

साहित्य क्षेत्र में सुनीति कुमार चटर्जी मानते थे कि हमने बरामद किया कि भारतीय साहित्य में, उदाहरण के लिए संस्कृत साहित्य में कुछ नई अभिव्यक्ति तकनीक थे, जो चीन से संपर्क होने से पहले नहीं थे। पहला प्रकृति के प्रति भारतीय लोगों का रुख। वैदिक युग से भारतीय लोग मानते थे कि मनुष्य और प्रकृति अलग नहीं हो सकते, मनुष्य ही प्रकृति का एक भाग है, मनुष्य प्रकृति में है, प्रकृति से स्वतंत्र नहीं हो सकता। भारतीय लोगों का सरल विचार उनकी विचारधारा का आधार था। प्राचीन भारतीय एतिहासिक रचनाओं में इस संबंध में बहुत सबूत हैं। मनुष्य प्रकृति का एक भाग है, मनुष्य और प्रकृति के बीच रिश्तेदारी होता है। कालिदास ने 'शकुंतला' में लिखा था कि शकुंतला एक पौधा को अपनी बहन मानती थी। यह बहुत साधारण बात थी। 'ऋग्वेद' आदि किताबों में भी ऐसा वर्णन था। प्रकृति की शक्ति मानव के भाई और बहन है, इसलिए क्लासिक संस्कृत कविता पढ़ते समय हमें लगता है कि पेड़ों और जंगलों को जीवित आत्मा होती है। इसलिए सुनीति कुमार चटर्जी मानते थे:

'बहुत लंबे समय से पहले चीन और भारत में, संतों को गड़बड़ दुनिया से दूर करके वैराग्य जीवन रहने की आदत बनी। ज्यादातर भारतीय संत अपने को प्रकृति के साथ युक्त करते थे, चीनी संत वैराग्य जीवन बिताते समय प्रकृति से आनंद लेते थे। संसार त्याग करने वाले भारतीय ऋषि और तपस्वी वन और पहाड़ में स्थित झोपड़ी में रहते थे। कुछ गुफाओं में रहते थे, उनके आवास के पास हमेशा नदियां बहती थीं। वे समाधि करते थे, अपने को अनंत ब्रह्मांड के साथ एकीकृत करने की कोशिश करते थे, प्रकृति की सुंदरता से आनंद लेते थे। ऐसा करने के बावजूद, कुछ हद तक प्रकृति से अलग होना भी अनिवार्य था, साधारण था। संस्कृत साहित्य कृतियों में ऐसा वर्णन बहुत मिलते हैं: वन में संन्यास करने वाले साधु गुफा या झोंपड़ी में अकेला जीवन बिताते हैं, वे विभिन्न तरीके से अदृश्य और असीमित वास्तविक निहित एकीकरण और आध्यात्मिक सामंजस्य को महसूस करते हैं। पाली भाषा के बौद्ध सूत्रों में भी कुछ सुंदर कविताएं हैं, जिनमें अकेले भिक्षुओं के मन में आवाज़ सुनाई जाती है। वे अकेले पहाड़ों के वन में खाली स्थान पर बैठते थे, वे गुफाओं को अपने आवास मानते थे, वहां बैठकर अपने सामने विभिन्न ऋतु में प्राकृतिक सुंदरता सुनते थे। इन सब से ऐसी जीवन शैली और रुख से संबंधित एक चित्र

दिखाया जाता है। ऐसी स्थिति चीन में भी थी। चीन में वैराग्य जीवन बिताने की जीवन शैली भारत से संबंधित नहीं थी। चीन में ताओवादी गुरु और विचारक भी इसी जीवन शैली अपनाते थे। प्रकृति के प्रति ये रुख दोनों देशों में जन्म ली गई दो नदियां की तरह अंत में चीनी साहित्य में मिल गए। चीनी प्राचीन कविताओं और प्राकृतिक दृश्य चित्रों में ऐसी जीवन शैली भरी हुई है।

सुनीति कुमार चटर्जी ने और लिखा: 'हालांकि चीनी लोग सुंदर प्रकृति में रहते थे, लेकिन उन लोगों को बहुत समय से पहले प्रकृति से अलग होने का रुख हुआ। यह रुख अपनाने से अधिक हद तक प्रकृति की खूबसूरती महसूस कर सकते थे। स्वयं प्रकृति से अलग रहने की स्थिति आज भी मौजूद है। भारत में कालिदास की किताबों में, खासकर 'मेघदूत' में हमने पहली बार प्रकृति के प्रति दो अलग रुखों की मिलावट देखी। लेख में प्राचीन और मूल समय में मानव और प्रकृति के संबंधों के बारे में ज्ञान बताया गया, साथ ही इस संबंधों पर मानव की समझ भी बताई गई। ऐसा कहा जा सकता है कि वे ज्यादा विकसित, आत्मनिरीक्षण को ज्यादा पसंद करने वाले मानव थे। उन्होंने खुद को प्रकृति से अलग किया, ताकि प्रकृति की सुंदरता को ज्यादा गहरे रूप से जान सके। इस क्षेत्र में मेरा विचार है कि प्रकृति का वर्णन करने वाली संस्कृत कविताओं में प्रकृति से अलग होने की भावना, प्रकृति के प्रति चीनी लोगों के रुख के प्रभाव से पैदा हुई। कालिदास ने 'मेघदूत' में प्राकृतिक दृश्यों का बहुत सुंदर वर्णन किया। इस किताब में हम सुंदर प्राकृतिक परिदृश्य और उसका विशद वर्णन देख सकते हैं।' चटर्जी ने कहा: 'इसी कारण साहित्य और प्रकृति के प्रेमी हमेशा 'मेघदूत' पसंद करते हैं। लेकिन कालिदास के बाद अन्य भारतीय लेखकों ने अच्छी तरह से इसका उत्तराधिकार नहीं किया। परंतु पकृति से अलग होकर प्राकृतिक दृश्य से आनंद लेने की आदत भारत में बनी, या मज़बूत हो गई, मुख्य तौर पर फाश्येन जैसे चीनी विद्वानों और साधुओं से संपर्क करने का लाभ था।'

कालिदास सन् 400 ईस्वी के आसापास रहते थे, उसी समय गुप्ता राजवंश का स्वर्णिम युग था और चीनी भिक्षु फाश्येन इसी काल में भारत गए थे। भारतीय विद्वान सुनीति कुमार चटर्जी का मानना था कि 'मेघदूत' की कहानी के ढांचे पर चीनी साहित्या का प्रभाव था, लेकिन इसकी पूरी पुष्टि नहीं की जा सकती। एक व्यक्ति अपने परिजनों से बहुत दूर तक गया, उसने बादल को अपना दूत मानकर परिजनों के पास भेजा, ऐसी कल्पना बहुत ही स्वाभाविक है। हो सकता है कि कालिदास किसी भी से प्रभावित नहीं हुए, लेकिन बादल को दूत बनाकर अपने प्रेमी या प्रमिका को संदेश भेजना, यह चीनी क्लासिक कविताओं में एक साधारण विषय है। 'मेघदूत' में जिस बगीचे का वर्णन किया गया, वह चीनी क्लासिक बगीचे की तरह है। ऐसे बगीचे में पत्थरों का नकली पहाड़ है, केलों के जंगल और कमल तालाब हैं। चीनी बगीचे और भातीय बगीचे दोनों में बांस का जंगल है, हो सकता है कि ईस्वी होने के बाद चीन के अत्यधिक विकसित बगीचों का भारत पर प्रभाव पड़ा। प्राचीन काल में चीन में बगीचे बनाने का तकनीक बहुत उन्नत स्तर पर था, आज सुचो और हांगचो में भी हम ऐसे बगीचे देख सकते हैं। भारत में अपनी बगीचा कला होती थी, लेकिन इस पर बाहरी प्रभाव पड़ने की संभावना भी थी।

भारत पर चीनी संस्कृति के प्रभाव के बारे में सुनीति कुमार चटर्जी ने एक और उदाहरण

दिया। उन्होंने कहा कि प्राचीन समय में चीन में एक चरवाहे और एक बुनाई परी की कहानी थी। यह कहानी मेघदूत की कहानी से बहुत समान लगती है। बुनाई परी चीनी पौराणिक कथाओं में सूर्य देवता की बेटी थी, उसने भूमि पर एक मानव चरवाहे के साथ विवाह किया, दोनों एक दूसरे से बहुत प्यार करते थे कि बुनाई परी देवताओं के लिए सिलाई काम में पूरी कोशिश नहीं कर पाई। दोनों को सज़ा मिली और विवश होकर अलग किया गया, हर साल में वे सिर्फ एक बार मिल सकते थे। मेघदूत की केंद्रीय सामग्री भी इसी तरह है। दोनों कहानियों के बीच बहुत समानताएं हैं। चीन और भारत के बीच घनिष्ठ आदान प्रदान का विचार किया जाए, तो हो सकता है कि कालिदास ने चीन की कहानी सुनी और इसे भारतीयकरण करके मेघदूत लिखा। यह उनका विचार है, मुझे पता नहीं कि अन्य भारतीय विद्वान इस पर सहमत हैं या नहीं।

धर्म के जगत में भारत पर चीन का प्रभाव भी पड़ा था। हम सब जानते हैं कि बौद्ध धर्म भारत से चीन में आया, जिससे चीन पर बहुत प्रभाव पड़ा। लेकिन बौद्ध धर्म फिर चीन से भारत वापस गया, ची श्येनलिन ने इसका अध्ययन किया। उन्होंने किताब 'बौद्ध धर्म की उल्टी धारा' में लिखा:

'भारतीय बौद्ध धर्म चीन में आया, चीनी लोगों ने इस विदेशी धर्म स्वीकार किया, लेकिन इसकी नकल नहीं की, बल्कि इसका सुधार करके उन्नत और व्यापक किया। बौद्ध धर्म के प्रचार प्रसार के दौरान चीन में कई बौद्ध संप्रदाय स्थापित किए गए। सिद्धांतों के सुधार और विकास के तुलना में, बौद्ध धर्म के नियमों में ज्यादा सुधार नहीं हुआ। बौद्ध धर्म के नैतिक सिद्धांत क्षेत्र में चीनी भिक्षुओं ने कई सौ या हजार साल तक अध्ययन किया और नया विकास किया, फिर बौद्ध धर्म चीन से भारत में वापस गया। इसी है बौद्ध धर्म की उल्टी धारा। चीनी बौद्ध सूत्रों में इस तथ्य की रिकॉर्ड है।'

ची श्येनलिन ने बौद्ध धर्म के इतिहास में इस दुर्लभ घटना का गहरा अनुसंधान किया। लेकिन क्यों सिर्फ महायान बौद्ध धर्म फिर भारत वापस गया और क्यों सिर्फ चीन से वापस गया। ची श्येनलिन ने उदाहरण देते हुए कहा कि ध्यान संप्रदाय नाममात्र बोधिधर्म ने भारत से चीन में आकर प्रसारित किया, लेकिन वास्तव में इसका विकास चीन में हुआ और सबसे लंबे समय तक चल रहा, यह सबसे ज्यादा चीनी विशेषता वाला बौद्ध संप्रदाय है। चीनी एतिहासिक किताब में लिखा है कि सुङ राजवंश के दौरान भारत से आए एक भिक्षु ने चीनी भिक्षु से चीनी बौद्ध सूत्रों का संस्कृत में अनुवाद करके भारत में प्रसारित करने की मांग की थी। जाहिर है कि उसी समय चीन में महायान बौद्ध धर्म का अध्ययन भारत से बेहतर है।

लेकिन क्यों सिर्फ चीनी प्रख्यात भिक्षुओं ने बौद्ध धर्म के नैतिक सिद्धांतों का सुधार और विकास करके फिर भारत में प्रसारित किया। ची श्येनलिन ने चीनी लोगों के आध्यात्मिक गुण के दृष्टिकोण से जवाब दिया, उन्होंने लेख में लिखा है:

'चीन के 4-5 हज़ार वर्षों के सांस्कृतिक इतिहास में चीनी लोगों ने उच्च बुद्धि और महान रचनात्मकता दिखाई है। यह सब जानते हैं, हमें दोहराने की ज़रूरत नहीं है। चीनी लोग सोच करने में योग्य हैं, मेहनती भी हैं। चीनी लोगों का सोच करने का बुनियादी तरीका चतुर्मुखी है,

पश्चिमी लोगों के विश्लेषण से भिन्न है। चीनी लोग व्यावहारिक जरूरतों के दृष्टिकोण से सिद्धांतों का अध्ययन करते हैं, जबकि पश्चिमी लोग काल्पनिक सिद्धांत के दृष्टिकोण से करते हैं। यहां तक कि अधिकतम काल्पनिक गणित में, चीनी प्राचीन गणित के इतिहास में भी यह विशेषता दिखाई दी। महायान बौद्ध धर्म के सिद्धांत का अध्ययन करने में समझने की क्षमता की ज़रूरत है और चीनी लोगों को समझने की अच्छी क्षमता है। इसलिए चीनी प्रख्यात भिक्षुओं ने महायान बौद्ध धर्म के नैतिक सिद्धांतों का सुधार और विकास करके फिर भारत में प्रसारित किया।'

चि श्येनलिन के व्यापक अध्ययन से साबित किया गया कि मुख्य तौर पर महायान बौद्ध धर्म चीन में सुधार और विकास होकर भारत वापस गया। लेकिन महायान बौद्ध धर्म के अलावा अन्य उल्टी धारा की घटनाएं भी मिल सकती हैं। उदाहरण के लिए बौद्ध नियम जगत में भी उल्टी धारा की घटना हुई थी।

संक्षेप में कहा जाए, चीन-भारत सांस्कृतिक आदान प्रदान का इतिहास बहुत पुराना है, दोनों देशों को इस आदान प्रदान से लाभ मिला। दोनों के बीच भौतिक सांस्कृतिक आदान प्रदान हुआ और आध्यात्मिक सांस्कृतिक आदान-प्रदान भी हुआ। ची श्येनलिन समेत चीन और भारत के विद्वानों ने इस क्षेत्र में व्यापक अनुसंधान किया और समृद्ध कामयाबियां भी हासिल कीं। ची श्येनलिन का मानना था कि अगर चीन और भारत के बीच आदान प्रदान नहीं हुआ, दोनों देशों ने एक दूसरे से नहीं सीखा, तो दोनों देशों में सांस्कृतिक विकास आज की तरह नहीं हो सकेगा। यह बात बहुत सही है।